金融合规与审计

基于基金行业的实践与思考

黄乐军◎著

FINANCIAL COMPLIANCE AND AUDIT

Practice and Reflection Based on the Fund Industry

中国经济出版社
CHINA ECONOMIC PUBLISHING HOUSE
·北京·

图书在版编目（CIP）数据

金融合规与审计 / 黄乐军著. -- 北京 ：中国经济出版社，2025. 5. -- ISBN 978-7-5136-8171-1

Ⅰ. D922.280.4；F239.65

中国国家版本馆 CIP 数据核字第 2025UU6489 号

责任编辑　姜　静　马伊宁
责任印制　李　伟
封面设计　任燕飞

出版发行　中国经济出版社
印 刷 者　天津嘉恒印务有限公司
经 销 者　各地新华书店
开　　本　710mm × 1000mm　1/16
印　　张　16.5
字　　数　258 千字
版　　次　2025 年 5 月第 1 版
印　　次　2025 年 5 月第 1 次
定　　价　78.00 元
广告经营许可证　京西工商广字第 8179 号

中国经济出版社　**网址** http://epc.sinopec.com/epc/　**社址** 北京市东城区安定门外大街 58 号　**邮编** 100011
本版图书如存在印装质量问题，请与本社销售中心联系调换（联系电话：010-57512564）

前　言

在全球经济一体化与金融市场日益复杂的背景下，金融合规与审计的重要性越发凸显。作为金融市场的重要参与者，金融机构运营的规范性不仅关系到自身的稳健发展，更直接影响到广大投资者的利益和整个金融体系的稳定。无论是银行、证券公司，还是基金管理公司，合规与审计都是确保其健康运营、维护市场秩序、保护投资者权益的基石。

金融合规主要是指金融机构在经营活动中，严格遵守适用的法律法规、监管要求及内部规章制度，以确保其所有业务活动符合法律和监管的规定，防范合规风险。金融审计则是对金融机构的财务状况、经营活动和内部控制进行独立且客观的评估，旨在识别潜在风险、问题和控制缺陷，并提供改进建议，从而帮助金融机构提升管理水平和风险防范能力。合规与审计相辅相成，共同构建起金融机构风险防控和内部治理的双重屏障。

随着监管环境的不断演变、金融市场的持续创新与发展以及金融产品和服务的日益多样化，金融机构在合规与审计方面面临的挑战日益加剧。复杂的金融工具、日趋严格的监管要求以及多元化的投资者需求，对金融机构的合规管理和审计工作提出了更高的标准与要求。在这种背景下，如何有效识别和应对合规风险，以及如何通过科学的审计方法提升风险管理能力，成为金融机构急需解决的重要课题。

在众多金融机构中，公募基金行业以广泛的投资者基础和多样化的投资产品，承担着集资与投资、促进资本市场发展的双重责任。公募基金作为连接个人投资者与资本市场的桥梁，其合规与审计工作尤为重要。公募基金行业不仅需要遵循严格的监管要求，还需要在投资决策、风险控制、信息披露等方面做到透明、公正和高效。特别是在当前经济环境下，公募基金行业面临的市场波动、投资风险和监管变化，使得合规与审计工作更加复杂和具有挑战性。

本书旨在系统梳理和深入探讨金融监管驱动下的合规与审计实践。全书分为 3 篇，共 11 章，涵盖了金融监管的基本逻辑、基金行业具体的合规管理与审计框架，以及基金业务各环节的合规与审计操作，力求为读者呈现一个相对全面的知识体系。

第 1 篇“金融监管驱动下的合规与审计”旨在系统阐述金融监管的基本逻辑，构建合规管理的全面框架，并探讨金融审计的基础知识，为读者提供扎实的理论基础和实践指导。

关于金融监管的逻辑，首先，通过虚构案例“Q 国‘谷物银行’的故事”，引出了金融监管在当前环境下面临的核心问题和挑战，深入分析案例带来的启示，揭示金融监管的基本运行逻辑。这部分内容回顾了监管机构的发展历程，从单一监管模式到双峰监管模式，解析了宏观审慎监管、微观审慎监管与行为监管的区别和联系，并介绍了规则制定、准入控制和日常监督等监管工具，展示了其综合性与灵活性。在深入研究金融监管规则过程中，探讨了三大监管理念——规则为本、原则为本、风险为本，并分析了这些理念的法律属性及其制定与实施过程。这些规则在指导金融活动和维护市场秩序中起到了关键作用。通过“无形之手”“帮扶之手”和“掠夺之手”理论，剖析了金融市场的监管框架，强调了稳定、公平与效率的平衡，并介绍了预防性、干预性与惩罚性监管手段，展示了市场自律与监管干预的协同机制。其次，对金融机构在金融体系中的作用进行了探讨，重点介绍了合规风控和审计机制及生命周期监管，强调了金融机构在遵循监管要求中的责任与义务。通过分析投资者行为模式，介绍了投资者保护机制，探讨了监管如何通过多种措施保障投资者权益，维护市场信任与公平。最后，回顾了中国金融监管的发展历程，概述了现行监管体系，强调了中国特色的监管模式及其在全球金融环境中的独特定位和实践经验。

在合规管理部分，首先讨论了合规的概念，回溯了其起源与发展，特别是在中国的演变，探讨了合规在金融行业中的重要性及具体表现。其次分析了金融合规管理的五大基本原则：合法性、全面性、有效性、匹配性和独立性，阐述了这些原则如何在实际管理中起到指导作用。在介绍合规管理体系时，探讨了如何构建一个有效的合规管理体系，强调了首席合规官的角色与演变，分析了合规管理的组织架构及其在企业中的定位，解释了“三道防线”模型，强调了组织架构对合规管理的支持作用。在实践内容部分，重点讨论了“对外三大合规关系”和“对内三大合规关系”。最后介绍了建立和完善合规管理制度的方法，强调了及时识别和应对合规风险，推动合规文化建设，加强合规监督与审查，建立与监管机构的良好沟通机制，确保合规管理的全面落实。

在探讨金融审计时，首先概述了审计的定义及其特点，特别是金融审计的独特性，回顾了其发展历程，强调了其在金融监管中的关键作用。从金融活动监督论、金融免疫系统论和金融信息监督论三个角度分析金融审计的本质与核心特征，揭示其在风险防控和信息透明中的关键作用。其次讨论了国家审计、外部审计和内部审计的类别与审计目标，分析了不同审计方式的特点及实际应用。通过回顾 COSO 框架在中国的应用，详细介绍了其五大要素，结合“三道防线”模型，分析了两者在金融审计中的协同作用，提升了审计的系统性与有效性。最后以内部审计为例，详细描述了审计准备、审计实施、审计报告和后续审计全过程，展示了审计在实际操作中的具体步骤与方法。

通过本篇内容，读者将系统理解金融监管的基本逻辑、合规管理的全面框架及金融审计的基础知识，为后续深入探讨合规与审计实践奠定坚实的基础。

第 2 篇“基金行业的合规与审计”深入探讨了中国基金行业在当前复杂金融环境中的监管框架、合规管理体系及审计工作的具体实施，全面解析基金行业在合规和审计方面的实践与挑战。

在介绍中国基金行业的监管体系演变过程中，回顾了资产管理和基金行业的监管发展历程，分析了当前的监管环境现状。通过探讨资产管理行业的监管演变和基金行业的整体监管概况，揭示了基金监管在中国金融体系中的重要地位和作用。在介绍中国基金行业的监管体系时，涵盖了主要监管机构的职责分工，重点分析了证监会在基金行业日常监管与稽查执法中的具体职能及运作机制，展示了监管体系的结构与功能。在监管规则方面，分类解析了基金行业的主要监管规则，介绍了相关法律法规的具体内容，阐述了公募基金在发行、交易和结算机制中的监管要求，强调了监管规则在规范基金运作中的关键作用。同时，探讨了与基金行业密切相关的股票市场、银行间债券市场和交易所债券市场的监管措施，分析了各市场的监管特点及其对基金行业的影响，展示了多层次市场监管的协同作用。在基金管理公司的监管方面，深入解析了其生命周期管理，包括事前审批、事中监管和事后处罚，强调了监管在各阶段的作用与重要性。通过介绍投资者适当性管理、投资者教育及投资者保护机制，探讨了金融消费者权益保护与投资者权益保护的具体措施，强调了通过多元化手段保障投资者权益，维护市场公平与透明。

在合规管理部分，通过虚构案例引出了基金行业合规管理的重要性，概述了基本框架与核心内容。首先，通过虚构案例讲述合规管理部门的故事，帮助读者理解合规管理在基金行业中的实际应用，并概述基金合规管理的基本概念与背景。其次，分析基金合规管理的五大基本原则：健全性原则、有效性原则、权责匹配原则、相互制约原则和及时性原则，阐明这些原则如何在基金合规管理中确保合法性和有效性。通过深入探讨基金合规管理的核心理念，包括全员合规、合规从管理层做起、合规创造价值及合规作为公司生存的基础，强调合规管理对基金行业的重要性和长期可持续发展。最后，分析基金合规管理的重点关注事项，涵盖公司治理、基金产品及相关业务、基金销售、基金投资、基金运营、信息披露、公司资产合规管理及防范未公开信息交易等方面，强调在日常运营中需要密切关注的合规领域。通过详细介绍基金合规管理的主要工作内容，包括合规审查、合规检查、合规咨询、合规宣导与培训，以及与监管机构的沟通与协作，旨在帮助基金公司建立全面的合规管理体系，确保各项业务符合监管要求并有效控制风险。

在审计工作部分，首先介绍了基金公司内部审计的主要职责，区分了内部审计和外部审计的不同功能与作用，明确了内部审计在基金公司治理中的独特地位。解析了基金公司年报审计的法律框架，阐述了会计师事务所的职责与审计流程，探讨了内部审计部门在年报审计中的作用，强调了审计结果与改进建议对公司运营的影响。其次介绍了基金产品年报审计的主要内容，明确了外部审计的职责与内部审计部门的配合，确保了基金年报的真实性与合规性。此外，通过探讨基金公司高级管理人员及基金经理和投资经理离任时的审计与审查要求，确保了关键岗位人员的行为合规，维护了公司声誉与运营稳定。最后介绍了 IT（Information Technology，信息技术）审计、反洗钱审计及基金子公司审计等法定内部审计项目，强调了这些审计在风险控制与合规管理中的重要作用。同时，对前台业务、中台业务及后台业务的内部审计进行了简要介绍，分析了各业务环节的审计重点与方法，确保了基金公司全方位的合规与风险管理。

第 3 篇“基金业务的合规与审计”深入探讨基金行业各业务环节中的合规管理与审计实践。通过系统分析投资研究交易、基金销售、会计运营、产品管理及信息披露等关键业务的合规要求和审计要点，全面展示基金行业在维护合规性和提升审计质量方面的具体操作与挑战。

在投资研究交易过程中，存在哪些合规风险以及如何有效管理这些风险，是最先需要关注的问题。第 7 章通过全面探讨投资管理中的合规与审计工作，重点分析投资管理的各个环节及合规要求，并结合探讨内部审计重点。首先，通过虚构案例“益恬美基金买入‘特味达’股票”，帮助读者了解投资管理流程，包括初步调研、实地验证、股票入库审批、交易指令执行、资金清算与交割，以及持续跟踪与监控等步骤。在研究合规管理方面，重点讨论研究独立性、研究内容的合规要求和备选库管理，确保研究过程的公正性与透明度。其次，分析研究业务的内部审计，包括信息来源合法性、研究流程合规性、利益冲突防控以及内部控制机制的审计，确保符合法规要求并防范潜在风险。在投资合规管理方面，分析投资决策程序的合规性、投资指标控制等内容。投资业务的内部审计聚焦投资活动的内部控制要求，重点对投资决策过程和投资管理措施进行审查。在交易的合规管理和内部审计方面，重点分析交易过程中的合规要求、交易指令执行、资金划转等环节，确保交易活动合法合规并符合监管要求。

在基金销售过程中，如何确保信息披露的透明与合规是一个关键问题。第 8 章首先介绍基金销售的基本流程，通过虚构案例“客户老赵买基金”帮助读者了解基金销售的各个环节，并对流程中的每个部分进行详细分析。其次重点讨论基金销售中的合规管理，涵盖基金销售合作机构的选择与管理、基金销售的禁止行为、宣传推介材料的合规性、投资者适当性管理、私募产品销售的合规管理以及直播业务的合规管理，强调各环节中的合规要求，确保基金销售活动的合法合规性。最后分析基金销售业务的内部审计重点，包括基金销售业务活动的审计、宣传推介材料的合规性审计、基金销售费用的审计以及销售合作机构的审计。

会计运营在基金管理中有哪些关键合规要求也是需要重点探讨的内容。第9章深入讨论基金会计运营中的合规管理和审计工作，首先分析基金会计运营的基本流程与主要目标，如资金核算、估值和清算管理等。在会计运营的合规管理方面，重点讨论注册登记管理业务、巨额赎回应对、基金分红及单一投资者比例控制；资金清算管理中的销售与投资清算，以及基金会计核算和估值核算的合规性。会计运营的内部审计则关注会计制度与操作流程的合规性、职责划分与岗位分工的合理性、基金会计独立核算的实施情况、会计控制措施的有效性，以及估值方法和清算交割工作的规范性。

基金产品的生命周期管理如何确保各阶段的合规性，是本篇探讨的又一重要问题。第10章通过对基金产品业务的合规管理与内部审计展开讨论，分析基金产品生命周期中的各阶段合规要求。通过虚拟案例“一个公募基金产品的一生”，帮助读者了解基金产品从设计与注册、新基金募集与发行，到存续与运作、清算与终止的全过程。在基金产品业务的合规管理方面，重点关注产品设计、募集发行、运作管理及清算终止阶段的合规性，确保各环节符合法律法规。在基金产品业务的内部审计方面，审查各阶段是否遵循相关法律法规和公司内部控制要求，以防范潜在风险，确保基金产品在整个生命周期中合规运营。

信息披露工作的合规要求有哪些，以及如何确保信息披露的准确与及时，也是本篇重点分析的内容。第11章通过探讨信息披露的合规管理与内部审计，分析信息披露在基金管理中的关键作用。通过虚构案例“基金年报的编制”，了解信息披露业务的流程，并概述信息披露的工作内容。在信息披露的合规管理方面，重点分析信息披露的法规体系，尤其是定期报告和临时报告的合规要求，确保基金管理公司按时、准确地披露相关信息，符合法律法规。此外，本章还对信息披露的内部审计重点进行了讨论。

本书基于笔者相对深入的理论研究和较为丰富的实务操作经验，旨在为金融从业者、金融法律人员、合规管理人员、审计专家以及相关领域的研究者提供参考和指导。通过系统的知识梳理和案例分析，期望帮助读者更好地理解金融合规与金融审计在基金行业中的应用和挑战，进而提升在实际工作中的合规管理与审计能力。书中案例均出于观点表达和内容理解需要而虚构撰写，如有雷同纯属巧合，案例中业务流程与实际存在一定差异，仅供参考。

在编写过程中，本书始终关注最新的法规动态和行业发展趋势，力求内容的时效性与前瞻性，同时争取结合国际金融监管的经验与中国金融市场的特殊性，提供具有本土化特色的分析与建议，助力中国基金行业在全球化背景下实现稳健发展。尽管笔者力求全面和深入，但由于水平有限，在此过程中难免有所疏漏，恳请读者给予理解与指正。

黄乐军

2024 年 12 月

目　录

第2篇

基金行业的合规与审计

第3篇

基金业务的合规与审计

第 1 篇

金融监管驱动下的合规与审计

1 金融监管的逻辑

1.1 引言

为了更深入地理解金融监管的必要性和逻辑，本书将以一个虚构案例——Q 国“谷物银行”的故事作为开篇。这个故事的灵感来源于古埃及的谷物银行。早期埃及有一套银行系统，农民将谷物存入国家提供的仓库中，获得“存款凭证”作为财富的证明，这些凭证在埃及托勒密时期被用来支付债务、日常交易和缴纳税费，甚至作为神殿捐赠的一种方式。[①] 下面将参照古埃及谷物银行的设定，讲述一个因缺乏监管而引发危机的故事。

1.1.1 虚构案例：Q 国“谷物银行”的故事

在遥远的古代，有一个富饶的国家叫 Q 国。这里土地肥沃，河水滋养着庄稼，农民们一年四季都能收获大量的谷物。由于当时还没有货币，人们用谷物进行交易，这给生活带来了很多不便。为了改善这种状况，一个名叫阿财的农夫想出了一个好主意。

阿财提议建立一个谷物银行。他向农民们说明，他们可以把多余的谷物存放在他的粮仓里，他会给每个人一张标明储存数量的木牌凭证。这样，农民们就能凭借这些凭证在市场上进行交易，而不必背着沉重的谷物四处奔波。

---

① Armstrong Economics. Origins of the Monetary History of the Greek World – Egypt [EB/OL] . (2016-01-08) [2024-12-30] . https://www.armstrongeconomics.com/research/monetary-history-of-the-world/the-monetary-history-of-the-greek-world/egypt/origins/.

农民们觉得这是个好主意，纷纷把谷物存到阿财的粮仓里。木牌凭证在市场上很快流通起来，交易变得方便多了。看到大家都受益，阿财又开始提供谷物贷款，以少量利息借出谷物，帮助有需要的人。村里的经济一下子繁荣起来，大家的生活越来越好。

阿财的谷物银行取得了巨大的成功，消息传开后，其他人也纷纷仿效。很快，各式各样的谷物银行在全国各地出现了。有些人真心想为大家服务，但也有一些人只是为了快速牟利，对谷物银行的运作一知半解，甚至别有用心。

由于缺乏统一的规定，这些谷物银行各自为政，发行的木牌凭证标准不一。有些不良经营者为了牟利，过度发行凭证，也就是发出了比实际储存的谷物更多的凭证。市场上凭证越来越多，结果造成凭证的购买力下降，农民们发现手中的凭证能兑换的物品越来越少，开始感到不安。

更糟糕的是，一些谷物银行在没有仔细核实借款人还款能力的情况下，轻率地发放了贷款。当这些人无法偿还时，谷物银行的资金储备就出现了缺口。有的银行因此倒闭，引发了连锁反应。人们纷纷涌向谷物银行，要求取回自己的谷物，但许多银行已无法提供足够的谷物来兑付。

农民们的恐慌达到了顶点。清晨，谷物银行门前排起了长长的队伍，大家焦急地等待着，脸上写满了不安和愤怒。信任危机爆发，交易停滞，经济陷入了混乱。农民们的利益受到了严重损害，整个 Q 国的经济稳定都受到了威胁。

面对这样的局面，Q 国的国王深感忧虑。他立即召集大臣和智者，共同商讨应对之策。经过深入讨论，大家一致认为，必须对谷物银行进行严格的规范和管理。

于是，国王颁布了《谷物银行法》，并采取了一系列措施：设立皇家金融监管局，专门负责监督谷物银行的运营；要求所有谷物银行必须取得国家颁发的牌照，对准备设立谷物银行的经营者执行严格准入制度；规定谷物银行定期披露储备和财务状况，使农民们能够随时了解自己存储的谷物是否安全；统一凭证的格式并引入防伪技术，防止虚假凭证流通或超额发行。

通过采取这些措施，谷物银行的运作逐渐回到了正轨，农民们的信心也得以恢复，经济开始好转。

1.1.2 案例的启示

Q 国“谷物银行”的故事揭示了金融活动在促进经济发展的同时，蕴藏着潜在的风险和不确定性。缺乏监管的金融体系容易导致货币超发、道德风险和系统性风险等问题。

金融作为经济活动的核心组成部分，其诞生源于人类社会商品交换和生产活动的发展。当物物交换的局限性逐渐显现，媒介物（如货币）的出现使得交换更加便利和高效，金融活动由此产生。金融的主要作用在于优化资源配置、促进资金流动、提供风险管理和价格发现等。在 Q 国的案例中，阿财创立的谷物银行和木牌凭证，提升了交易效率，促进了经济的繁荣发展。然而，随着谷物银行的迅速扩张和他人纷纷效仿，缺乏统一标准和监管的金融活动开始暴露出风险。

案例中，过度发行凭证导致凭证购买力下降，类似于现代经济中的通货膨胀现象。货币不加限制地超发，削弱了持有者的实际购买力，从而损害了经济主体的利益。在现实社会中，当国家或者金融机构不受约束地扩张信用和货币供给时，可能会引发货币价值贬损和经济失衡。

信息不对称和道德风险在案例中得到了充分体现。案例中的一些谷物银行在发放贷款时未能有效评估借款人的偿付能力，导致贷款无法收回，银行资金储备出现缺口。在现实社会中，金融机构的经营者有时会为了自身利益忽视风险控制，从而导致道德风险的发生。

案例也展现了系统性风险的蔓延对整个金融体系造成了冲击。个别谷物银行的倒闭引发了公众对银行体系的信任危机，导致挤兑事件和经济活动的混乱。在现实社会中，金融机构之间存在紧密的关联性，个体风险可能通过金融网络效应扩散，演变为系统性风险，危及金融市场稳定。

案例揭示了金融监管的必要性和关键作用。案例中的国王通过立法并设立监管机构，对谷物银行进行规范管理，恢复了经济秩序。这体现了政府和监管机构在维护金融稳定、保护公众利益方面的职责。在现实社会中，通过制定法律法规、加强信息披露、统一市场标准和强化风险监管等措施，金融监管能够有效防范和化解金融风险，保障金融体系的稳健运行。

1.1.3 金融监管的运行逻辑

金融监管包含了监管机构、监管规则、金融市场、金融机构和投资者五大基本要素。金融监管的运行逻辑即以监管机构作为监管主体，通过建立健全监管机构和监管规则，围绕金融市场、金融机构和投资者三个监管对象展开全面监管，以最终实现四大监管目标：维护金融系统的稳定、保障市场的公平和效率、实现金融机构合规稳健经营、保护投资者权益。

监管机构的设立和职能发挥是金融监管运行的基础。不同国家和地区根据自身的金融体系结构和发展阶段，设立了相应的金融监管机构。这些机构通常包括中央银行、证监会、银保监会等，各自承担着不同的监管职能。例如，中央银行主要负责货币政策和金融稳定，证监会则负责证券市场的监管与秩序维护。监管机构通过明确的职能分工和协作机制，形成了覆盖金融市场各个领域的监管网络，确保监管工作的全面性和有效性。

制定并执行系统性的监管规则是实现有效监管的重要手段。监管规则包括成文的法律法规和不成文的监管指导意见，为金融机构和市场参与者提供了明确的行为规范及操作标准。这些规则不仅涵盖资本充足率、流动性要求、风险管理等技术性指标，还涉及信息披露、市场行为规范、投资者保护等内容。通过制定科学合理的监管规则，监管机构能够引导金融机构规范运作，防范系统性风险，促进市场的透明和公平。

对金融市场、金融机构和投资者实施全面而深入的监管是确保监管效果的重要保障。金融市场的监管包括对股票、债券、衍生品等各类金融产品的交易行为进行监督，防止市场操纵、内幕交易等违法行为。对金融机构的监管则涉及银行、保险公司、证券公司等不同类型机构的监管，确保其具备足够的资本实力和风险管理能力，以应对各种潜在风险。同时，投资者保护也是监管的重要内容，监管机构通过建立投资者教育和投诉处理机制，提升投资者的风险意识和维权能力，维护市场的公平和秩序。

在具体的监管手段上，宏观审慎监管、微观审慎监管和行为监管的有机结合是实现全面监管的重要保障。宏观审慎监管侧重整体金融体系的稳定，通过监测系统性风险、评估金融体系的脆弱性、制定反周期的政策工具，预防和化解可能引发金融危机的系统性风险。微观审慎监管聚焦于单个金融机构的稳健运营，通过审查资本充足率、流动性指标、风险管理制度等，确保金融机构具备足够的风险抵御能力，防止个体机构的风险扩散。行为监管关注金融市场参与者的行为规范，通过规范金融产品的销售、信息披露要求、打击金融欺诈等措施，维护市场的公平和透明，保护投资者的合法权益。

这种多个维度相结合的监管模式不仅能够从不同层面对金融体系进行全面覆盖，还能够相互补充、相互支持，形成一个有机整体。例如，宏观审慎监管可以通过识别和防范系统性风险，为微观审慎监管提供指导和依据；微观审慎监管则能够确保各个金融机构稳健运营，减少系统性风险的积累；行为监管则通过规范市场行为，提升市场透明度和公平性，增强金融体系的韧性。

通过上述运行逻辑的实施，金融监管能够有效推动实现其四大监管目标：维护金融系统稳定、保障市场公平和效率、实现金融机构合规稳健运营以及保护投资者。这四大监管目标相辅相成，共同构成了金融监管的核心任务。

维护金融系统稳定是金融监管的首要目标。金融系统的稳定性是经济健康发展的基础，任何金融体系的动荡都可能对实体经济造成严重冲击。通过宏观审慎监管，监管机构能够及时识别潜在的系统性风险，采取相应的政策措施，防止金融危机的发生和蔓延。例如，在经济过热时期，监管机构可以通过提高资本要求、限制信贷增长等手段，抑制金融泡沫的形成；在经济下行阶段，监管机构则可以适当放宽监管限制，支持金融机构稳定信贷，促进经济复苏。

保障市场公平和效率是实现完备金融市场的重要条件。公平的市场环境能够吸引更多的投资者参与，提升市场的流动性和深度；高效的市场机制则有助于资源的优化配置，促进经济的高质量发展。通过制定并执行透明、公正的市场规则，监管机构能够减少信息不对称，打击市场操纵和内幕交易等违法行为，确保所有市场参与者在平等的基础上进行交易。同时，监管机构还可以推动金融创新，完善市场基础设施，提高市场运作的效率和透明度。

推动和实现金融机构合规稳健运营是金融监管的关键。金融机构是金融体系的核心，其稳健运营直接关系到整个金融体系的稳健运营。通过微观审慎监管，监管机构可以推动金融机构构建充足的资本储备、强化风险控制体系和健全内部控制架构，从而提升应对经营风险和市场波动的能力。

保护投资者是金融监管的重要职责之一。投资者，尤其是中小投资者，往往处于信息不对称和话语权不足的劣势地位，容易受到市场波动的影响和金融欺诈的侵害。通过行为监管，监管机构能够加强对金融产品销售的监管，提高信息披露的要求，提升投资者的风险认知和投资决策能力。同时，监管机构可以通过建立有效的投资者投诉和纠纷解决机制，保障投资者的合法权益，提升其对金融市场的信心和参与度。

1.2 监管机构：职能不断演进的监管主体

1.2.1 监管简史

金融监管的演进深刻揭示了金融体系在面对经济环境变动和风险复杂性时的调整与适应过程。早期金融市场相对简单，集中控制的监管方式能够有效维持市场稳定。然而，随着工业化和全球化的推进，金融市场的规模和复杂性不断增加，传统的单一监管模式已难以应对日益增长的跨行业风险。不同历史阶段的金融危机和市场波动也对金融监管机构提出了新挑战，监管方式逐渐从集权化向多机构协同进行演变，以满足现代金融市场对风险管理的需求。

在全球金融市场演变过程中，主要监管模式经历了单一监管模式、分业监管模式、混业监管模式和双峰监管模式。这些监管模式的演变不仅反映了各国对金融体系风险理解的深化，也展示了监管机构在维护金融市场稳定与推动经济发展双重目标下的不断创新。以下将逐一分析各历史阶段的监管模式。

1.2.1.1 单一监管模式：中央银行主导的集权监管

19 世纪末，工业革命推动了金融需求的迅速增长和银行体系的扩展，同时暴露出金融体系的脆弱性，频发的流动性危机和系统性风险促使各国政府意识到需要通过集中控制维护金融市场的稳定，由此开启了统一监管时期。此阶段，中央银行在货币发行和流动性管理中扮演核心角色，货币稳定和市场安全成为中央银行的主要工作目标。

英国于 1844 年通过的《银行特许状法》被视为中央银行发展的标志性事件，奠定了现代银行监管制度的基础。该法建立了纸币发行的法律框架，明确规定除英格兰银行外，其他银行不得自由发行纸币，从而限制了私人银行的货币发行权，抑制了通货膨胀，维护金融稳定，巩固了英格兰银行在国家货币政策中的核心地位。

进入 20 世纪，随着银行体系的发展，各国对中央银行的职能有了更深入的理解。1907 年，美国的金融危机暴露了银行系统的流动性风险，促使美国于 1913 年通过《联邦储备法案》，正式设立美联储，赋予其“最后贷款人”的角色，即在金融危机期间为商业银行提供流动性支持，防止金融恐慌和系统性风险的扩散。这一职能确立了中央银行在 20 世纪金融监管中的核心地位，成为现代金融体系监管制度的重要基石。

1.2.1.2 分业监管模式：分工细化的多机构协同

20 世纪 30 年代的经济大萧条是金融监管的重要转折点。这场全球性经济危机暴露了金融市场内部自我调节能力的不足，银行倒闭、股票市场暴跌与高失业率引发了社会不安和信任危机。各国政府逐渐意识到，不同金融业务间的相互影响可能引发跨行业风险，因此需要通过精细化分工的监管模式应对金融业务的复杂性，从而为之后的多机构协同监管奠定基础。

1933 年，美国实施的《格拉斯—斯蒂格尔法案》（也称为《1933 年银行法》），在金融监管史上具有里程碑意义，该法将投资银行业务与商业银行业务严格区分，确保商业银行远离证券业风险，从而奠定了银行业分业经营的监管框架。

分业监管进一步扩展到证券市场领域。1934 年，美国通过《证券交易法》，并成立了证券交易委员会（Securities and Exchange Commission，SEC），赋予其对证券市场的全面监管职责，以保障市场的公平与透明。美国 SEC 的成立标志着美国证券市场步入了一个新的监管阶段，为投资者利益构建了较为完善的保护机制。从当时的历史背景来看，分业监管通过区分不同金融领域的监管，有效降低了系统性风险，为金融监管的未来发展提供了宝贵经验。

1.2.1.3 混业监管模式：金融自由化推动下的统一管理

20 世纪 70 年代以后，全球金融市场步入了快速自由化与一体化的新阶段。随着布雷顿森林体系的解体、跨境资本流动的加快以及金融产品创新的推进，传统的分业监管模式在应对跨领域风险管理方面显得力不从心。在此背景下，混业监管逐渐成为主流趋势，通过整合银行、证券和保险的监管职能，加大了对跨行业金融活动的风险控制力度，以适应日益多样化的金融市场需求。

1999年，美国通过《金融服务现代化法案》，废除了《格拉斯—斯蒂格尔法》中关于业务隔离的相关规定，允许银行、证券和保险机构在更为宽松的监管框架下跨行业经营。这一新的监管模式虽然适应了金融市场的快速发展，但也带来了更高的系统性风险。

与此同时，英国通过一系列改革强化了统一监管框架。为了消除当时多重监管机构之间的重叠和不协调，英国成立了金融服务管理局（Financial Services Authority，FSA）。此时，FSA的作用是统一监管金融市场，协调不同的金融监管职能。FSA继承了当时包括证券投资委员会（Securities and Investments Board，SIB）在内的多个监管机构的原有职能。《2000年金融服务和市场法》（*Financial Services and Markets Act 2000*，FSMA）的通过，标志着英国FSA正式成为独立的监管机构，实现了对银行、证券、保险等金融领域的统一监管。

1.2.1.4 双峰监管模式：审慎监管与行为监管的分离

2008年国际金融危机暴露了统一监管模式在控制系统性风险方面的不足，进而催生了双峰监管模式的发展。双峰监管模式将金融监管职能明确划分为"审慎监管"和"行为监管"两个独立领域，分别由不同的机构承担，以实现对系统性风险和消费者权益的双重控制，提升监管的灵活性和针对性。

金融危机后，英国实施了双峰监管模式，将FSA拆分为审慎监管局（Prudential Regulation Authority，PRA）和金融行为监管局（Financial Conduct Authority，FCA）。其中，PRA隶属英格兰银行，负责对银行、保险和投资机构的审慎管理，维护金融体系的安全与稳健；FCA则专注于市场行为监管，负责保护消费者权益和保障市场公平与透明。

美国在金融危机后也采取了类似措施。2010年通过的《多德—弗兰克法案》设立了金融稳定监督委员会（Financial Stability Oversight Council，FSOC）和消费者金融保护局（Consumer Financial Protection Bureau，

CFPB）。FSOC 负责识别和监控系统性风险，CFPB 则专注于保护消费者免受不公平金融行为的影响。尽管如此，美国的监管体系仍保持较多分业监管特征，形成了分散的多机构协同监管体系，而非典型的双峰模式。

1.2.2 宏观审慎监管、微观审慎监管与行为监管

如前文所言，双峰监管模式将金融监管职能明确划分为“审慎监管”和“行为监管”两个独立领域，分别由不同的机构承担，以实现对系统性风险和消费者权益的双重控制。审慎监管的重点在于金融交易的供给方，而行为监管的重点在于金融交易的需求方。在实践中，审慎监管可以进一步细分为宏观审慎监管和微观审慎监管，因此，金融监管可以分为宏观审慎监管、微观审慎监管与行为监管三种模式，这种分类不仅有助于监管机构更精准地分配资源和职责，还为应对复杂多变的金融环境提供了清晰的监管框架。

1.2.2.1 宏观审慎监管：维护金融系统稳定

宏观审慎监管旨在监测和控制整个金融系统的风险，防止系统性危机的发生。其核心任务是识别和评估可能对金融体系产生重大影响的风险因素，并采取预防性措施降低这些风险。不同于微观审慎监管主要关注单个金融机构的稳健性，宏观审慎监管主要关注整个金融体系的健康状况。

监管机构通过反周期资本缓冲、杠杆率限制、对系统性重要金融机构的特别监管等工具实现宏观审慎目标。例如，在经济繁荣时期，监管机构可能会要求金融机构增加资本缓冲，以防经济下行时资本不足。此外，宏观审慎监管还涵盖了对金融市场基础设施的监管，其目的是确保支付系统、清算系统和交易所等关键基础设施在危机爆发后能够稳定运行，从而维护整个金融系统的稳定。通过这种监管，可以预防和降低潜在的系统性风险，保障金融市场的顺畅运作和金融安全。

1.2.2.2 微观审慎监管：确保金融机构合规和稳健运营

微观审慎监管聚焦于单个金融机构的健康状况，确保其具备足够的资本和风险管理能力以抵御潜在风险，防范机构性风险扩散至整个金融系统。其核心内容包括资本充足率、流动性管理、风险管理制度和内部控制体系等要求。监

管机构通过定期审查和压力测试，评估金融机构的资本充足性和风险承受能力，确保其具备应对不利经济环境的能力。

此外，微观审慎监管还涉及对金融机构流动性管理的监督，利用流动性覆盖率（Liquidity Coverage Ratio，LCR）和净稳定资金比率（Net Stable Funding Ratio，NSFR）等关键指标，对金融机构的流动性管理进行评估和指导。同时，健全的风险管理制度是微观审慎监管的核心组成部分。监管机构通过审查金融机构的风险管理机制，包括风险的识别、评估和控制流程，旨在提升金融机构应对各种风险挑战的能力，从而促进其稳健运营，对维护整个金融系统的稳定性起到积极作用。

1.2.2.3 行为监管：保障市场的公平和效率、保护投资者权益

行为监管旨在规范金融市场参与者的行为，确保市场运作的公平性和透明度，保护投资者权益。其目标是通过制定和执行行为准则，打击金融欺诈和不当行为，提升市场信心，促进金融市场的健康发展。

行为监管主要包括信息披露要求、金融产品销售规范和投资者保护机制等内容。例如，监管机构要求金融机构在销售金融产品时提供充分的信息披露，以减少信息不对称，防止误导性宣传和不当销售行为。此外，行为监管还涉及对金融机构的合规监督，推动其遵守反洗钱、反恐融资、客户数据保护等相关法律法规和行业标准。

投资者保护是行为监管的重要组成部分，监管机构通过建立投资者教育和投诉处理机制，提升投资者的风险意识和维权能力，保障其合法权益。行为监管还包括打击金融犯罪和不当行为，如内幕交易、市场操纵和金融欺诈，通过加大市场监控和执法力度，维护市场的公平竞争环境，增强投资者对金融市场的信心。

1.2.3 监管机构的“七种武器”

在宏观审慎监管、微观审慎监管与行为监管中，监管机构通过采取多层次、多方位的措施确保金融体系的稳定与健康发展。为实现监管目标，监管机构依托一系列强有力的工具和手段，形成全面系统的监管执行体系。本部分将

介绍监管机构常用的“七种武器”，这些工具不仅有助于制定和执行相关政策，还确保在维护金融市场稳定、保障公平与效率、实现金融机构合规稳健运营以及保护投资者权益方面发挥关键作用。

1.2.3.1 制定规则与政策引导

制定规则涉及具体的法律法规、标准和指导意见的制定，为金融机构和市场参与者提供明确的行动指南。这些规则覆盖资本充足、风险管理、信息披露等多个方面，旨在确保金融机构在合规框架内运行，降低系统性风险，保护投资者和消费者的利益。规则的制定不仅为市场设定了明确的界限，也为监管机构的市场监督和执法工作提供了法律基础，有助于减少市场的不确定性，提升市场的透明度和公平性。

政策引导则更侧重宏观层面的指导和调控，包括一系列旨在指导金融市场发展的政策措施。这些措施不仅包括监管规则，还涵盖对市场趋势的预判、对潜在风险的评估以及对市场行为的引导。政策引导的目的在于通过宏观调控，促进金融市场的整体稳定和长期发展。政策引导通过货币政策调整、市场监管强化、风险教育宣传等方式，影响金融市场的发展方向，维护整体金融系统的稳定。

1.2.3.2 准入控制与许可管理

准入控制主要关注金融机构整体的市场准入资格，确保只有具备一定财务能力、合规水平和风险管理能力的机构才能进入市场；许可管理则针对金融机构开展的特定业务进行审批，确保其在经营过程中符合法律法规要求。

准入控制通过审查金融机构的法人资格、资本实力、股东背景、治理结构等，评估其是否具备开展金融业务的基本条件。只有满足相关要求的金融机构才能进入市场，这样可以防止不具备持续经营能力的机构进入市场，避免恶性竞争与不合规行为，确保金融市场的稳定性和公平性。此外，准入控制还能有效降低系统性风险，通过对金融机构的严格筛选，保障市场的健康发展。

许可管理则是在准入控制后，针对金融机构的特定业务进行审批。即使金融机构已获得准入资格，仍需根据不同业务类型申请相关许可。例如，基金公司需要单独获得社保年金业务、合格境内机构投资者（Qualified Domestic

Institutional Inveotor，QDII）业务等许可。许可管理的作用是确保金融机构在特定业务领域符合法律法规要求，从而有效防止金融风险的扩散。

1.2.3.3 日常检测与现场检查

金融监管机构执行日常检测主要通过非现场监管方式，要求金融机构定期提交财务报表、风险管理报告和内部审计报告等关键文件，以此对金融机构的风险状况与合规性进行综合评估。在这个过程中，监管机构会特别关注资本充足率、LCR 和资产质量等关键监管指标，通过深入分析这些指标识别金融机构可能面临的风险点和合规性问题。基于这些数据和指标的分析，监管部门能够及时采取必要的监管措施，从而为维护金融市场的稳定和安全提供了一种有效的监管手段。

现场检查则是指监管机构派遣检查组进入金融机构进行实地检查，以验证非现场监管中发现的问题和风险点。这包括定期现场检查、突击检查以及针对特定问题或风险领域的专项检查。在现场检查中，监管人员会与管理层面谈，了解其对风险管理和合规政策的理解与执行情况，并审查金融机构的内部控制文件、交易记录、客户资料等，以评估其合规性和风险管理措施的有效性。

1.2.3.4 风险监控与压力测试

在金融监管中，风险监控与压力测试是识别、评估和应对金融机构及市场潜在风险的核心工具。这些机制有助于监管机构在金融市场或金融机构面临压力时，及时采取有效措施，确保金融体系的稳定性与韧性。通过全面的风险监控和压力测试，监管机构能够预测系统性风险的可能性，并为应急响应和政策调整提供科学依据。

风险监控是监管机构日常监管的基础，通过持续跟踪和分析金融市场及金融机构的各项关键指标，如资本充足率、流动性状况、资产质量等，实时评估风险水平。一旦发现某些指标偏离安全范围，监管机构就会提前采取预防措施，防止潜在风险的扩散。风险监控不仅要关注个别金融机构的运营情况，还要评估整个金融体系的健康状况，确保在全球化和市场波动性增加的背景下，金融系统具备足够的抗压能力。

压力测试则是评估金融机构在极端经济或市场情境下的表现和风险承受能力的工具。通过模拟不同的宏观经济冲击情景，如经济衰退、市场大幅波动或利率剧烈变化等，监管机构能够了解金融机构在面临严重压力时的表现，及其风险管理体系是否足够有效。压力测试的结果有助于揭示金融机构的潜在脆弱性，为监管机构采取针对性干预措施提供参考。例如，监管机构可以根据压力测试结果要求金融机构增加资本缓冲、调整流动性管理或改善风险控制措施，从而增强金融机构的抗风险能力。

1.2.3.5 应急管理与危机应对

金融市场的突发危机可能对市场稳定和金融机构运营产生重大影响，因此，监管机构必须具备有效的应急管理和危机应对机制，确保在危机发生时迅速采取措施，防止风险蔓延，维护市场稳定。监管机构的首要任务是迅速启动应急预案，采取紧急措施，如提供流动性支持、暂停交易或临时调整监管要求，以缓解市场紧张情绪，防止事态恶化。

在危机应对过程中，监管机构还需确保信息透明、及时发布，以减少市场恐慌。清晰的危机通报有助于降低不确定性，并帮助市场参与者做出合理判断。此外，监管机构还需与金融机构、政府部门及国际监管机构加强协调合作，确保跨部门协同应对，形成合力，共同稳定金融市场。通过有效的应急管理与危机应对，监管机构能够快速响应，减少危机对金融体系的负面影响，保障金融市场的长期稳定。

1.2.3.6 违规调查与临时接管

违规调查是监管机构发现或接到举报后，对金融机构是否遵守法律法规进行的全面检查。违规调查的目的是识别并查处金融机构及其相关人员的违法违规行为，如内幕交易、市场操纵、财务造假等。在调查过程中，监管机构通过对金融机构的财务报表、交易记录、风险控制措施、内部审计等方面进行审查，收集证据，并与其他监管部门、执法机构进行协作。

临时接管则是监管机构在金融机构出现重大风险、无法正常运营或严重威胁金融市场稳定时采取的一种紧急措施。临时接管的目的是保护存款人和其他利益相关者的利益，防止风险扩散，恢复金融机构的正常运营。在接管过程中，监管机构会成立接管组，接管组将接管金融机构的经营管理权，负责处理日常业务，制订风险处置计划，并采取必要措施以稳定金融机构状况。接管期间，监管机构会密切监控金融机构的运营状况，并与金融市场沟通，以减少不确定性对金融市场的影响。一旦金融机构恢复正常运营能力或风险得到有效控制，监管机构将结束接管状态，并将控制权交还给金融机构。

1.2.3.7 问责机制与惩戒措施

问责机制与惩戒措施是对违规违法行为的最终处置手段。问责机制的主要目的是对金融机构及其管理人员的违规行为进行追责。监管机构需要确认违规行为的性质和影响范围，识别责任人，并根据情况进行责任划分。问责不仅针对个体的不当行为，还包括对管理层失职、决策错误和内部控制失败的追究。问责机制的设立有助于强化金融机构的合规意识，避免管理层和员工忽视法律法规的要求，从而推动整个金融行业健康发展。

惩戒措施是问责机制的重要组成部分，旨在对违规行为实施相应的制裁，确保金融市场的规范运作。监管机构会根据违规行为的性质和严重性，采取相应的惩罚手段。具体措施包括罚款、暂停或限制业务、吊销许可证以及限期整改等。在面对特别严重的违规行为时，监管机构有权追究相关责任人的刑事责任，使其为违法行为承担法律后果。通过这些惩戒措施，监管机构不仅能对违规行为形成强有力的震慑，还能有效促使金融机构和市场参与者主动遵守法律法规，减少金融风险的发生，维护市场的稳定与公正。

1.3 监管规则：金融监管体系的“指南针”

1.3.1 规则为本、原则为本和风险为本

在英文中，“监管”通常有两种翻译方式，分别是“regulation”和“supervision”，“regulation”强调的是制度和规则，而“supervision”则侧重对具体行为和合规性的检查与执行。具体而言，“regulation”是指广义上的监管行为和制度，包括政府或监管机构为了确保金融市场或特定行业的稳定性和合法性，制定的一系列规则和指导方针；“supervision”更多侧重具体的

监管活动，是指对行业或机构的日常监控和检查，以确保其遵守相关法律法规。

1.3.1.1 三大监管理念

在监管实践中，依据具体目标和行业特点，形成了三种主要的监管理念：“以规则为本的监管理念”（Rule-Based Regulation）、“以原则为本的监管理念”（Principles-Based Regulation）和“以风险为本的监管理念”（Risk-Based Regulation）。

“以规则为本的监管理念”是指监管机构制定一系列具体的规则和要求，金融机构必须严格遵循这些规定。该监管模式强调合规性，即金融机构的业务活动应当严格符合现行的监管要求。然而，这种方式在实际操作中可能存在一些局限性，如容易引发所谓的“打钩式合规”现象，即金融机构仅满足最低的合规标准，而忽略了对实质性风险的全面管理。随着金融环境日益复杂化，以规则为本的监管模式有时无法充分应对不断涌现的新型风险。

“以原则为本的监管理念”与“以规则为本的监管理念”存在较大差异，前者更加注重金融机构的自我监管与风险管理能力。在这一理念的指导下，监管机构制定一些宽泛的原则，鼓励金融机构根据其特有的风险状况和业务特点制定相应的内部政策与程序。该监管理念重在风险管理和内部控制，要求金融机构主动识别、评估并管理潜在的风险，而不仅仅是形式上遵循规则。

“以风险为本的监管理念”则强调根据金融机构或特定业务活动的风险水平来分配监管资源。这一理念要求监管机构和金融机构共同对可能的风险进行评估，并根据风险的高低采取适当的监管措施。相比前两种方法，以风险为本的监管模式更加灵活且具备动态调节能力，能够更好地适应金融创新和市场的快速变化，从而提升监管的效率与有效性。

1.3.1.2 监管理念的协同

这三种监管理念在现代金融监管体系中并非孤立存在，而是相互补充、协同作用，共同构建了一个全面而灵活的监管框架。“以规则为本”提供了基本的合规标准和操作指南，确保金融机构的基本行为规范和市场的公平竞争；“以原则为本”则在规则的基础上，赋予监管机构和金融机构更大的灵活性，鼓励创新和适应性发展，同时提供高层次的行为导向；“以风险为本”确保监管资源和措施集中在最具潜在威胁的领域，通过动态的风险管理，提升整个金融体系的抗风险能力和稳定性。将这三种监管理念有机结合，监管机构能够在确保合规和稳定的同时，保持对新兴风险和市场变化的高度敏感与快速响应，推动金融市场健康持续发展。这种协同作用不仅增强了监管框架的全面性和灵活性，还提升了监管机构应对复杂金融环境的能力。通过将规则的明确性、原则的灵活性与风险导向的精准性相结合，现代金融监管体系能够更有效地维护金融市场的稳定与健康，保障投资者权益，促进金融创新与发展。

1.3.2 监管规则的法律属性

在全面理解了以规则为本、以原则为本和以风险为本这三大监管理念及其协同作用后，有必要进一步探讨这些监管规则所具备的法律属性。这些法律属性不仅决定了监管规则的制定和实施方式，还影响着其在实际操作中的效果和可持续性。通过深入分析监管规则的法律基础、结构和特性，可以更好地理解其在维护金融市场稳定、公平与透明中的关键作用。

1.3.2.1 监管规则的法律基础

金融监管规则作为现代金融法律体系中的核心组成部分，致力于维护金融市场的稳定性、保障市场参与者的合法权益以及保护社会公共利益，其法律基础源于经济法、行政法和社会法的融合，为金融市场的调控和监管提供了法理支持。作为经济法的分支，金融监管规则通过规范市场主体行为、平衡市场效率与公共利益，实现国家对金融市场的有效干预。经济法的特征赋予了金融监管规则在信息不对称、外部性和道德风险等方面的矫正功能，以减少市场失灵的可能。与此同时，作为行政性法律工具，金融监管规则依赖监管机构的监督、管理和处罚权力来实施，确保金融机构和市场主体的行为符合法律规范。行政法的权力约束原则在金融监管规则中得到具体体现，使监管措施具备合法性和权威性。此外，金融监管规则的社会法特性反映了其公共属性，金融市场的波动不仅影响个体市场参与者的利益，也会对整体社会经济产生影响。金融监管规则通过维护金融秩序、保护投资者权益，确保了金融市场对社会经济的稳定性贡献，彰显了其公益性和社会责任性。

1.3.2.2 监管规则的法律结构与特征

金融监管规则的法律结构主要包括主体、客体、权力、权利与义务等要素。其主体包括拥有法定监管权的监管机构（如中央银行、证券监管委员会）和金融市场的参与者（如银行、保险公司、证券公司等金融机构）。监管机构是金融监管规则的立法和执行主体，享有法律赋予的监督、管理和处罚权力；而市场参与者则在法律框架下拥有正当的经营权和保护权，同时承担合规义务。金融监管规则的客体是金融市场的行为与活动，包括金融机构的经营、市场交易以及投资者的活动。通过对这些行为的规范，金融监管规则保障了市场的健康运行和参与者的权益。监管机构享有立法、检查、处罚等权力，这些权力确保了金融监管的执行力，使得监管机构可以及时应对市场中的合规风险。市场参与者则在法律保护下享有正当的权利，同时需履行资本充足、信息披露、风险管理等义务。这种权利和义务的设置确保了市场主体在受到法律保护的同时，承担起相应的法律责任。

金融监管规则具有一系列法律特征，为其在金融市场中的有效运作奠定了基础。这些特征包括强制性、公共性、普遍适用性和动态适应性。强制性是指金融监管规则对市场主体行为的刚性约束力，确保任何不合规行为都将受到法律惩罚，这使得监管规则不仅是政策指引，还是具备法律效力的规制措施。公共性反映了金融市场的运行对社会整体利益的影响，金融监管规则通过维护市场行为的合规性，不仅保护了市场主体的利益，也保障了社会公共利益的安全，防止系统性风险的扩散。普遍适用性是金融监管规则的另一重要特征，表明其广泛适用于各类金融机构和市场活动，确保金融市场中所有参与者在同一法律框架下运作，有助于消除监管盲区和套利行为，从而增强市场的公平性与一致性。动态适应性是指金融监管规则能够随市场变化和金融创新进行调整。现代金融市场的创新性和复杂性要求金融监管规则具有较高的灵活性，监管机构可以通过监管沙盒、压力测试等手段应对新的风险和挑战，增强了规则的适应性和包容性。

在具体实施中，金融监管规则遵循法治、透明性、比例性和保护性等法律原则。法治原则强调金融监管的所有活动均需依法进行，监管机构的权力来源于法律授权，确保监管措施的合法性和合理性。透明性原则要求金融机构在提供产品和服务时应公开风险信息，以减少信息不对称问题，保护投资者权益。比例性原则要求金融监管的力度与所防范的风险相匹配，避免过度监管或监管不足。例如，针对系统重要性金融机构，监管机构应当实施更高的资本和流动性要求，而针对中小型金融机构则实施相对宽松的措施，从而在有效性和适度性之间取得平衡。保护性原则强调通过投资者保护基金、适当性管理标准等机制，维护投资者的合法权益，降低信息不对称和市场操纵的可能性，进一步巩固金融市场的健康发展。

1.3.3 监管规则的制定与实施

1.3.3.1 监管规则的制定

在制定监管规则时，需要确定监管的目标和优先考虑的事项。监管机构需要根据国家的金融政策和经济发展战略，确定监管的重点领域和具体目标。这一阶段通常涉及广泛的内部研究和分析，以识别金融市场中的关键风险点和潜在问题。接下来，监管机构会通过公开咨询、听证会和专家讨论等方式，广泛收集金融机构、行业协会、投资者及其他利益相关者的意见和建议。这一过程确保了监管规则的全面性和可行性，提高了规则的接受度和执行力。在收集到充分的意见和建议后，监管机构会根据这些信息起草或修订相关法规。法规草案的编制需要结合现有法律框架和国际监管标准，确保其内容科学、合理且具备可操作性。草案完成后，需提交立法机构进行审议、修改和批准，确保监管规则具备法律效力和权威性。

1.3.3.2 监管规则的实施

监管规则一旦制定完成，实施机制便随之启动。监管机构应当通过官方网站、公告和培训等渠道，向金融机构和公众发布新的监管规则，确保所有相关方了解并理解其要求。同时，监管机构会制定详细的实施指南和操作手册，组织培训和研讨会，帮助金融机构正确理解和执行监管规则。对于比较复杂或影响广泛的规则，监管机构可能采取分阶段、分步骤实施策略，给予金融机构足够的时间进行调整和准备，以确保其平稳过渡。

在规则实施过程中，监管机构承担着执行与监督的重要职责。在新的监管规则实施一段时间以后，监管机构通常会要求金融机构提交针对新监管规则落实情况的自查报告，判断金融机构是否遵守相关监管规则，并及时发现和处理潜在的违规行为。对于违反监管规则的金融机构，监管机构将会依法采取处罚措施，如罚款、限制业务活动或吊销执照，并要求其进行整改。这不仅维护了市场的公平性和透明度，也增强了投资者的信心。

此外，监管规则的有效性需要通过持续的评估与优化来保障。监管机构需要定期对监管规则的实施效果进行评估，分析其对金融市场稳定性、公平性和透明度的影响，识别存在的问题和不足。与此同时，监管机构需要建立有效的反馈机制，及时收集金融机构与其他利益相关者对监管规则的意见和建议，为监管规则的更新和优化提供充分的依据。根据评估结果和市场变化，监管机构应当及时修订和完善监管规则，确保其始终适应金融市场的发展和风险应对的需要。

1.4 金融市场：自律与干预的协同路径

1.4.1 “无形之手”“帮扶之手”和“掠夺之手”

在金融市场监管中，如何有效协调政府与市场的关系是关键问题之一，也是大多数金融监管理论的核心议题。基于政府与市场的互动关系，金融监管理论主要分为三类：“无形之手”（Invisible Hand）、“帮扶之手”（Helping Hand）和“掠夺之手”（Grabbing Hand）。[①] 这三种理论在基本观点和政策主张上存在显著差异，并在具体政策实施过程中展现出不同的影响力和作用机制。下文将对这三种理论进行深入分析，并探讨其在实现金融市场监管目标中的协同作用。

1.4.1.1 “无形之手”理论

“无形之手”理论源自 18 世纪经济学家亚当·斯密的古典经济学思想，主

① 马勇. 理解现代金融监管：理论、框架与政策实践［M］. 北京：中国金融出版社，2021：1.

张市场具有自我调节能力。亚当·斯密认为，市场主体在追求自身利益的过程中，通过供求关系和价格机制实现资源的最优配置，进而实现整体经济效率的最大化。金融市场作为高度发达的资本市场，是该理论的重要应用领域。

在“无形之手”理论框架下，金融市场的竞争与创新被视为解决资源配置和风险分散的有效途径。政府的主要职责是营造公平的市场环境，而非过度干预市场的自由运作。该理论倡导金融自由化和市场化改革，如减少对资本流动的限制、放宽对金融创新的监管等，以增强市场主体的自主性和活力。该理论认为，市场供求关系的变化能够自动调节价格和资源配置，降低市场失灵的可能性，甚至能够有效应对金融风险。

然而，现实中信息不对称、外部性和市场失灵等问题频繁出现，削弱了市场自律的能力。例如，在金融危机期间，市场主体之间的信任崩溃，往往会导致市场无法自我调节，演变为系统性风险。尽管如此，“无形之手”理论对金融监管的发展仍具有深远影响，特别是在推动金融创新和市场开放政策方面。该理论提醒监管者应谨慎评估监管政策对市场活力的影响，尽量减少对市场的直接干预，使市场机制充分发挥作用。

1.4.1.2 “帮扶之手”理论

与“无形之手”理论不同，“帮扶之手”理论认为，虽然市场自我调节在多数情况下有效，但在特定情境下仍需要政府的适度干预。该理论指出，金融市场并非总能有效配置资源和管理风险，尤其是在信息不对称、负外部性和市场失灵频发的情况下，政府的干预可以弥补市场缺陷，维持金融体系的稳定性和可持续性。

“帮扶之手”理论的核心在于，政府应在市场失灵时发挥积极作用，确保金融市场的健康运行。例如，在2008年国际金融危机中，各国政府通过紧急干预措施，如大规模救助银行和金融机构，避免了整个金融体系的崩溃。该理论认为，政府有责任在市场波动性增加或系统性风险爆发时采取救助措施，这样既有利于保护中小投资者的利益，也有利于稳定宏观经济环境。

在“帮扶之手”理论指导下的监管实践中，包括了制定严格的资本充足率标准、实行全面的信息披露制度、严厉打击市场操纵和欺诈行为等措施，目的在于维护投资者权益、增强市场信任、预防金融风险的积聚。“帮扶之手”理论不仅在应对金融危机时扮演了关键角色，在日常金融监管中也得到了广泛的应用。例如，银行业的存款保险制度、证券市场的信息披露规范，都是该理论在监管实践中的具体体现。

不过，该理论面临的一个主要挑战是如何在不抑制市场活力的前提下实施有效监管。过度的政府干预可能会增加市场主体的道德风险，甚至抑制金融创新和竞争。因此，“帮扶之手”理论强调政府在金融监管中应扮演适度而精准的角色，避免过度干预对市场造成负面影响。这一理论为金融监管提供了一种平衡稳定与效率的方法，确保监管政策在保护市场的同时，不会限制其长期发展。

1.4.1.3 “掠夺之手”理论

“掠夺之手”理论从批判性视角出发，强调应防范政府在金融市场中的过度干预。该理论指出，政府的干预并不总是出于公共利益，有时可能由于寻租行为或政治动机而损害市场的自由和公平竞争。过度的政府干预不仅会导致资源配置的低效，还可能阻碍市场机制的正常运转，甚至引发经济停滞和社会不公。因此，“掠夺之手”理论的价值在于提醒监管者，任何干预措施都需要经过谨慎的考量，确保政策的设计与执行真正有利于市场的公平和效率。

在“掠夺之手”理论视角下，政府对金融市场的干预经常被视为一种“征收式”行为，可能受制于各种利益集团的影响。在实践中，某些监管政策表面上旨在维护金融稳定或保护投资者利益，实际上却可能成为行政权力滥用的工具，阻碍正常的市场竞争，对创新和效率产生负面影响。

该理论在实践中提醒，应加强对监管权力的监督和问责机制，以防止监管权力被滥用。例如，可以在金融监管的制度设计中引入公众参与和定期审查机制，确保政策制定过程的透明性和科学性。此外，“掠夺之手”理论主张减少政府对金融市场的直接干预，支持市场自律和行业自治，以实现更为健康和可持续的经济发展。

“帮扶之手”理论在实践中也存在一定的局限性，主要表现为有时会忽略政府干预在纠正市场失灵和保护公共利益方面的重要性。如果政府对金融市场采取完全放任的态度，可能会使得系统性风险逐渐积聚，特别是在全球化的金融市场中，风险的传染性和破坏力会更加显著。

1.4.2 金融市场的监管框架

金融市场监管的核心目标在于实现市场的稳定、公平与效率。这三个目标相互关联，共同构成了健全金融市场体系的基础。为了系统性地实现这些目标，监管机构需综合运用不同的监管理念和理论，包括“无形之手”“帮扶之手”与“掠夺之手”。以下将详细阐述金融市场监管的主要目标，并分析如何通过这三种理论实现这些目标。

1.4.2.1 稳定、公平和效率

稳定是金融市场监管的首要目标。金融市场的稳定性直接关系整个经济体系的健康运行。市场的不稳定可能导致资金链断裂、资产价格暴跌，甚至引发系统性金融危机，进而影响实体经济的发展。监管机构需要通过制定和实施宏观审慎政策，监控系统性风险，确保金融机构具备足够的资本和流动性，以应对潜在的市场波动，防范金融危机的发生。

公平是金融市场监管的重要目标。公平性体现在市场参与者能够在一个透明、公正的环境中进行交易，避免信息不对称和市场操纵行为。监管机构通过制定严格的信息披露要求、打击内幕交易和市场操纵行为，保障所有投资者，特别是中小投资者的合法权益，促进市场的公平竞争。这不仅提升了市场的透明度，还增强了投资者的信心，促进了资本市场的健康发展。

效率关注金融市场在资源配置中的有效性。高效的金融市场能够通过合理的价格机制，优化资金的配置，促进经济资源的有效利用。监管机构通过规范金融产品设计、提升市场透明度和降低交易成本，促进市场高效运行。同时，监管机构需鼓励金融创新，推动金融科技的发展，以提升金融服务的质量和效率，满足经济发展的多样化需求。

1.4.2.2 政府与市场的动态平衡

为了实现上述目标，监管机构需要在“无形之手”“帮扶之手”与“掠夺之手”三种监管理论之间找到动态平衡，构建全面而灵活的监管框架。

“无形之手”理论强调市场自律的力量，主张通过供需关系和价格机制自发调节资源配置，提高经济效率。在金融市场监管中，应用“无形之手”理论意味着监管机构应尽量减少对市场的直接干预，允许市场机制发挥自我调节功能。这有助于提升市场效率，通过鼓励竞争和创新，促进资源的优化配置。然而，仅依赖市场自律可能不足以应对信息不对称和系统性风险，因此需要与其他监管理念相结合。

“帮扶之手”理论则主张在市场失灵时，政府应积极介入，通过制定和执行金融法规、监督金融机构的合规行为以及提供必要的公共服务，纠正市场缺陷，维护市场秩序。这一理论在实现市场的稳定性和公平性方面发挥着关键作用。例如，通过宏观审慎政策，监管机构能够监控和防范系统性风险，确保金融机构具备足够的资本缓冲，以应对潜在的市场波动。同时，信息披露制度的完善能够减少信息不对称问题，提升市场透明度，促进公平竞争。

“掠夺之手”理论提醒监管机构警惕政府过度干预可能带来的负面效应，如监管套利、市场扭曲和效率低下。过度的监管不仅可能抑制金融创新，增加金融机构的合规成本，还可能削弱市场参与者的信心。因此，监管机构需在干预与放任之间寻求平衡，既要有效防范风险，又要避免对市场活力和创新能力过度限制。这一理论强调了监管政策的适度性和精准性，确保监管措施既能实现稳定和公平，又不损害市场的效率。

通过综合运用“无形之手”“帮扶之手”与“掠夺之手”三种监管理论，监管机构应建立一个有效平衡政府与市场关系的监管框架。该监管框架第一层面的要求是鼓励市场自律，允许市场机制在资源配置中发挥主导作用，实现市场效率最大化。通过降低过度干预，鼓励竞争与创新，市场的活力将得以保持。然而，仅依靠市场自律并不足以应对市场失灵和系统性风险。因此，监管框架第二层面的要求是需要有效的政府干预，当市场出现不稳定或不公平时，监管机构应果断介入，通过宏观审慎政策、合规监管和透明度要求，维护市场的稳定和公平性。同时，保护金融市场的参与者，尤其是中小投资者，减少信息不对称的影响，维护市场秩序。监管框架第三层面的要求是保持适度的干预，避免监管过度带来的市场扭曲或效率损失。监管机构应审慎设计政策，确保干预的时机和程度恰到好处，以维护市场活力，防止抑制创新和增加不必要的合规成本。

通过这种三层结构的监管框架，金融市场的稳定性、公平性与效率可以得到有机结合和持续提升。同时，这一框架具有适应性和前瞻性，能够随着市场环境的变化动态调整，确保金融市场在复杂多变的全球经济环境中保持健康、可持续发展，并有力支撑实体经济的增长。

1.4.3 金融市场的主要监管规则

金融市场的主要监管规则包括发行规则、交易规则和结算规则，分别涉及证券和金融产品的发行、市场交易行为和交易完成后的结算过程。每一项规则都在维护市场秩序、保护投资者利益和促进市场稳定方面发挥着重要作用。

1.4.3.1 发行规则

发行规则是证券市场的核心制度，旨在规范证券和金融产品的发行过程，确保信息透明、流程规范，并保护投资者利益。在这一框架下，注册制和核准制作为两种截然不同的监管机制，分别扮演着重要角色。注册制侧重信息披露，要求发行人向监管机构提交满足基本要求的注册申请，而监管机构主要负责审查信息的真实性和完整性，不对发行内容进行实质性判断。这种机制提高了发行效率，能够迅速推动资本市场的融资活动，增强市场的自我调节功能。与注册制相比，核准制要求监管机构对发行申请进行更为深入的实质性审查，以确保发行人的合法性和发行内容的合理性，从而在源头上减少不合格企业进入市场的机会。

在发行过程中，发行人必须向市场提供详尽的财务信息、经营状况及其他相关资料，以便投资者能够做出知情决策。这些信息通常通过招股说明书、定期报告以及公告等形式公开披露。招股说明书需要详细说明发行的条款、发行人的历史、财务状况、业务模式、市场分析、风险因素等关键信息，是投资者评估投资价值的重要依据。定期报告，如年度报告和季度报告，需要上市公司持续披露其财务状况和经营成果，使投资者能够跟踪公司的长期表现。临时公告则一般用于临时披露可能影响证券价格的重大事件，如并购、重大合同、管理层变动等。

发行规则包含了一系列投资者保护措施，如对内幕交易和市场操纵的禁止、对虚假陈述的法律责任追究等，以及提供了投诉和纠纷解决机制，以便投资者在权益受到侵害时能够寻求帮助。虽然不同国家和地区的证券市场可能采用不同的发行机制，但它们的共同目标是确保证券市场的公平性和透明度，保护投资者利益。随着全球金融市场的发展和监管环境的变化，发行规则、注册制和核准制也在不断演进，以适应市场的需求和挑战。

1.4.3.2 交易规则

交易规则主要是对金融市场中证券、期货等金融产品的交易行为进行规范，确保市场交易的公平性和流动性。交易规则的核心内容通常包括以下四个方面。

一是交易方式。金融产品的交易方式因类型而异。股票交易通常采用公开竞价方式，即买卖双方在交易所平台上通过竞价机制确定最终的交易价格。债券既可以在交易所进行交易，也可以在场外市场（Over the Counter，OTC）进行交易。在交易所进行交易的债券通常采用公开竞价方式；而在 OTC 债券交易方式更为灵活，通常包括询价交易、双边报价、回购交易等形式。期货和衍生品市场则普遍实行保证金交易制度，允许投资者利用杠杆放大市场敞口，从而以较少的资金参与较大规模的交易。

二是价格限制与波动控制。为了防止市场价格剧烈波动，许多市场对证券的价格波动设置了涨跌幅限制。例如，某些市场可能规定单个交易日内股票价格的涨跌幅度不得超过 ±10%。这样的规则有助于抑制投机行为，减少市场过度波动，保护投资者利益，并确保市场稳定。

三是交易单位与最小交易量。不同市场和不同金融产品对交易单位有不同的规定。例如，股票市场一般以“手”为单位进行交易，每“手”可能包含 100 股或其他单位。而债券市场的交易单位可能是“张”或“手”。期货市场则可能设定不同的合约规模，交易单位的设置通常是为了适应市场的流动性需求和投资者的交易习惯。

四是异常交易监控与监管要求。交易所和监管机构会密切监控市场中的异常交易活动，识别潜在的操纵行为、内幕交易或市场操控等违法行为。为了保障市场秩序和投资者权益，监管机构对交易行为有严格的监管要求，包括交易行为的透明度、信息披露的及时性以及市场交易的公平性。市场监管还要求参与者遵守交易规则、履行报备义务，并及时披露可能影响市场价格的信息。

1.4.3.3 结算规则

结算规则涉及证券交易完成后的结算与交割过程。良好的结算系统能够确保交易顺利完成，保证资金和证券及时交割，减少交易过程中的风险。

清算是指证券交易中对买卖双方的账户进行核对、确认交易结果的过程，能够确保每笔交易的正确性。交割则是指买方支付资金、卖方交付证券的过程。清算和交割是交易完成的重要步骤，能够确保投资者按照约定的条件收到资金或证券。

市场上一般会规定证券交易的结算周期。例如，股票交易的结算周期通常为（T+1），即交易日后的第一个工作日完成结算。结算周期的规定旨在平衡市场流动性与资金安全，确保交易能够及时完成，同时避免过长的结算周期带来流动性风险。

为保证资金安全和交易顺利进行，市场中的资金通常会由托管银行或其他金融机构进行管理。托管机构负责确保交易双方按约定履行资金交割义务，并提供相应的风险管理措施，如保证金制度、风险准备金等。

1.4.4 金融市场的监管工具

为了实现金融市场的稳定、公平和效率，监管机构运用了多种监管工具。这些工具根据功能和应用场景，主要分为预防性工具、干预性工具和惩罚性工具。为确保金融市场的稳定、公平与效率，监管机构在运用各类监管工具时，应结合“无形之手”“帮扶之手”与“掠夺之手”三种监管理论的指导思想，形成协同效应。合理且有效地使用这些工具，不仅有助于监管机构应对市场动态变化，规范市场秩序，还能增强市场参与者的自律性和风险管理能力，从而推动金融市场健康发展。

1.4.4.1 预防性工具

预防性工具体现了“无形之手”和“帮扶之手”理论的结合，主要通过设定资本充足率、流动性管理和信息披露等措施，实现风险防控。监管机构利用这些工具，在鼓励市场自律的同时，弥补市场可能存在的不足，预防系统性风险的发生。这类工具不仅提升了市场的透明度和抗风险能力，还为市场主体提供了稳定的运营环境，促进市场高效运作。

资本充足率要求是金融监管的基础工具，可以确保金融机构具备抵御市场波动的能力，防止因资本不足而引发连锁危机。通过设定资本充足率，监管机构可以限制市场主体过度杠杆化，避免高杠杆带来的市场失衡。例如，在证券市场中，当金融机构进行大量投资时，充足的资本可以提供抗风险缓冲，防止市场剧烈波动时出现大规模资本撤离，减缓市场价格的急剧下跌。

流动性管理工具侧重确保市场主体在面对短期资金压力时具有足够的支付能力。在市场不确定性较强的情况下，流动性比率的要求，如 LCR 和 NSFR，可以帮助金融机构保持较高的流动性储备，应对突然出现的市场波动。流动性管理适用于应对突发性交易波动，如在股票市场大幅调整或债券市场剧烈波动期间，降低金融机构因无法满足短期流动性需求而被迫抛售资产的风险，减少因流动性缺乏引发的市场恐慌。

压力测试作为一种模拟极端市场条件的工具，可以帮助金融机构识别在市场下行情景下的潜在损失，并制定应对策略。例如，当股市或期货市场剧烈波动、信贷市场承压时，压力测试能够帮助金融机构衡量可能的损失范围，促使其提前调整投资组合，减少系统性风险的扩散。监管机构也会依据测试结果，督促市场参与者增强资本准备或降低风险敞口，确保金融市场在高压情境下仍能保持稳定。

信息披露要求，从透明度角度出发，规定金融市场参与者必须定期公布财务状况、风险管理状况及其他关键信息，帮助投资者和市场各方准确判断金融机构的财务健康程度。信息披露制度在证券市场中尤为重要，通过提升市场信息的公开性和透明度，投资者可以更理性地评估风险和收益，减少信息不对称导致的市场定价失误。透明的信息流动也增强了投资者信心，降低了市场波动性。

1.4.4.2 干预性工具

干预性工具更多地体现了“帮扶之手”理论。当市场出现异常波动或潜在风险时，监管机构通过窗口指导、熔断机制、流动性支持和汇率干预等手段，及时介入以稳定市场情绪，防止风险扩散。此类工具的核心在于及时性和适度性，能够在关键时刻控制风险扩散，在维护市场稳定和公平竞争方面发挥了重要作用，但需要谨慎使用，以避免“掠夺之手”理论中所警示的过度干预风险。

窗口指导是一种柔性干预措施，通过与金融机构直接沟通引导其行为。监管机构通过非强制性建议，引导金融机构符合市场稳定和发展目标，避免强制措施可能带来的市场扰动。这种方式既施加了适度压力，又保留了机构的决策灵活性。

熔断机制是市场出现剧烈波动时用于缓和市场情绪的暂停交易工具。当市场指数波动超过设定阈值时，交易所会暂停交易，以冷静市场情绪，防止非理性抛售。该措施在抑制市场波动方面非常有效，能够在市场恐慌中提供冷静期，避免极端波动带来的系统性风险。

流动性支持被称为“最后贷款人”机制，尤其指在流动性短缺或市场信用恶化时中央银行提供资金支持。此类措施常见于金融危机期间，监管机构通过向市场注入大量资金，帮助金融机构化解流动性压力，维持金融系统的正常运转。快速注入的流动性往往能够防止市场紧缩造成的连锁反应，有效控制系统性风险的蔓延。

汇率干预是在外汇市场剧烈波动时，通过调控汇率稳定本币价值。监管机构通过买卖本币或外汇调整市场供需，尤其是在资本大量流出或本币贬值压力增大时，减轻对本币的市场抛售压力。汇率干预在小型开放经济体中尤为重要，及时介入能避免货币动荡导致的更大经济不稳定性。

1.4.4.3 惩罚性工具

惩罚性工具主要体现了“帮扶之手”理论，通过设立严厉的制裁措施，监管机构能够有效打击违规行为，维护市场的公正与秩序。然而，在使用惩罚性工具时，需要特别警惕“掠夺之手”理论中所警示的政府过度干预和滥用惩罚性工具的风险。因此，在实施惩罚性措施时，监管机构应确保其公平、透明，并防止政策的滥用，以维护监管的公信力和市场的健康发展。常见的惩罚性工具包括警告、罚款、吊销执照、限制业务活动和刑事处罚，这些措施有助于维护市场规则的权威与公信力。

警告是一种轻度的惩戒手段，通常用于初次违规或违规行为尚未产生重大影响的情形。通过发出警告，监管机构以较小的成本提醒市场主体纠正违规行为，实现早期干预效果，帮助其合规运作。

罚款是直接的经济制裁措施，通常针对市场操纵、内幕交易等严重违规行为。监管机构根据违规性质和严重程度对相关机构或个人处以罚款，直接产生惩戒效果并形成威慑。罚款不仅惩罚了违规者，还强化了其他市场参与者的合规意识，提醒其遵守市场规则。

吊销执照是最严厉的惩罚手段，适用于重大或反复违规行为。若金融机构严重违反市场规则、威胁客户利益或破坏市场秩序，监管机构可吊销其营业执照，禁止其继续运营。该措施对违规者有毁灭性影响，在市场中具有极强的威慑作用，能够有效保障市场的公平竞争和消费者的合法权益。

限制业务活动是对特定违规行为的针对性处罚。监管机构可以限制或暂停违规机构的某些业务活动，如暂停发行某类产品或限制高风险业务。该措施能够促使违规主体整改违规行为，同时将影响范围控制在有限的业务领域，减少对整体市场的负面影响。

刑事处罚适用于最严重的违规情形，涉及欺诈、洗钱、贪污等违法行为。监管机构可将涉嫌犯罪的案件移交司法机关，依法追究刑事责任。刑事处罚通过法律手段保护市场安全，以严厉的制裁震慑市场主体，降低恶意违规的发生率。

1.5 金融机构：监管框架下的责任实体

1.5.1 金融机构的定义、分类与作用

金融机构是现代金融体系中不可或缺的组成部分，承担资金中介、风险管理、支付结算及金融创新等多重职能。它们通过多样化的金融服务，促进资金的有效流动和资源的优化配置，支持经济活动健康发展。金融机构的类型繁多，主要包括银行、保险公司、证券公司及基金管理公司等，每类机构在金融市场中扮演独特而重要的角色。

作为金融机构中基础且关键的一类，银行的主要功能包括吸收公众存款、发放贷款、提供支付结算服务和销售各种金融产品。商业银行服务于广大个人和企业，通过存贷款业务实现资金的转移和资源的有效配置，推动经济增长。随着金融市场的发展，银行的业务范围不断扩展，涵盖了投资银行的部分职能，如证券承销、并购咨询等，但投资银行通常被归类于证券公司之下，以便更好地体现其在资本市场中的专业化角色。

保险公司则通过提供各类保险产品，如寿险、健康险、财产险和责任险，帮助个人和企业转移并分散风险。保险公司通过精算和风险评估合理定价保险产品，确保在保险事故发生时能够履行赔付义务，为社会发展和经济稳定提供保障。此外，保险公司还通过投资保费资金，实现资金的保值增值，支持长期经济发展和社会保障体系的建设。

证券公司在金融市场中扮演资本市场中介的角色，主要从事证券交易、证券承销、资产管理和投资咨询等业务。作为资本市场的重要参与者，证券公司通过协助企业发行股票和债券，帮助其筹集资金，推动企业的发展和资本市场的活跃。同时，证券公司为投资者提供多样化的投资产品和专业的投资建议，提升市场的流动性和效率。投资银行作为证券公司的一个重要分支，专注于高端的资本市场业务，如首次公开募股（Initial Public Offering，IPO）承销、并购重组咨询等，进一步提升了证券公司的专业化水平和市场影响力。

基金管理公司则负责管理和运营各类投资基金，通过集中投资者的资金，进行多元化的投资，分散风险，实现资产的保值增值。根据投资标的和策略的不同，可以将基金分为股票基金、债券基金、混合基金、货币市场基金等多种类型。基金管理公司通过专业的投资团队和科学的投资策略，为不同风险偏好的投资者提供适合的投资产品，满足其多样化的投资需求，促进资金的有效配置和市场的稳定运行。

非银行金融机构如信托公司、租赁公司和金融科技公司等，也在金融体系中发挥着重要作用。信托公司通过信托关系管理资产，实现财富传承和投资管理；租赁公司为企业和个人提供设备、车辆等固定资产的租赁服务，优化资金使用；金融科技公司则利用大数据、人工智能等技术，推动金融服务的创新和效率提升，满足现代金融市场的多样化需求。

金融机构在金融体系中发挥着重要作用，涵盖资金流动、资源配置、市场稳定和经济增长等方面。作为资金中介，金融机构通过提供贷款、储蓄和投资服务，将社会储蓄有效引导至高生产力部门，提升资本使用效率，并为企业发展提供了关键支持。此外，金融机构还通过精准评估投资机会，合理分配资本，缓解了信息不对称问题，从而提高了市场交易效率和透明度。借助保险和衍生品等工具，金融机构在分散和对冲风险方面起到了关键作用，降低了市场波动对企业和投资者的冲击，增强了金融市场的稳定性。同时，金融机构提供的市场流动性确保了资金在不同经济主体间的顺畅流通，有效应对了短期资金需求波动对市场的影响。特别是对中小企业的融资支持，推动了技术创新和业务扩展，进而促进了经济活力与就业增长。

1.5.2 金融机构的合规风控与审计

在金融行业中，合规风控与审计是确保金融机构稳健运营、防范风险和遵守法律法规的重要保障。随着金融市场的快速发展和监管要求的日益严格，金融机构必须建立健全的合规风控体系，并进行有效的审计，以应对日益复杂的市场环境和风险挑战。这不仅能提升金融机构的风险管理能力，还能增强公众信任，确保金融市场的稳定性。

合规管理是金融机构合规风控的基础，旨在确保金融机构的运营符合各项法律法规及监管要求。金融机构应设立专门的合规部门，负责跟踪和解读国内外相关法律法规，及时调整业务流程和操作标准，确保所有业务活动合法合规。合规管理应当覆盖金融机构的所有业务领域和操作环节。金融机构必须通过合规审查、内部培训和定期检查等手段，确保所有员工和业务部门都能遵循相关法律规定。随着监管要求的不断升级，合规管理的范围也越来越广泛，金融机构需要不断提升合规管理水平，确保其业务运营不偏离法律和道德的轨道。

风险管理是金融机构合规风控的核心，包括识别、评估、监控和应对各种风险，如信用风险、市场风险、操作风险、流动性风险等。金融机构应根据业务特点和市场环境，建立全面的风险管理框架，通过风险评估模型和压力测试等手段，定期评估潜在风险并制定相应的应对措施。风险管理还包括为风险事件预设应急响应方案，以确保在风险发生时能够迅速有效地采取措施，减轻可能的损失。此外，风险管理体系的有效运作要求金融机构将风险分层管理，并设立合适的风险限额，避免某一风险因素的过度集中对整体运营产生影响。

审计是金融机构合规风控体系的重要保障，旨在通过独立的第三方或组织内部的审计部门，对企业的财务报表、业务流程和合规性进行系统化的检查与评估。审计不仅关注财务信息的真实性和准确性，还检查运营活动的合法性、合规性及内部控制体系的有效性。审计的关键功能在于为管理层、股东、投资者等利益相关者提供可靠的信息。通过审计，金融机构能够识别潜在的合规问题和风险隐患，评估内部控制措施的执行效果，发现管理漏洞，进而改进管理和控制流程。审计的独立性和客观性是确保其有效性的关键，审计结果将会直接影响金融机构对合规和风险管理体系的改进与调整。

合规管理、风险管理与审计的关系是相辅相成、相互支持的。合规管理为金融机构提供了法律和监管框架，确保所有业务活动在法律范围内进行。风险管理则在此基础上识别、评估和控制各种潜在风险，保障机构能够在合规框架下稳健运营。审计则通过独立检查与评估，确保合规和风险管理措施的有效性，并为改进提供反馈。三者相辅相成，共同构成了金融机构健全的合规风控与审计体系。

通过有效的合规风控与审计体系，金融机构能够识别并应对可能面临的各种风险，遵守法律法规，保护客户和投资者的利益，并在监管机构的要求下保持合规运营。这种综合性体系不仅提升了金融机构的运营效率和透明度，也为金融市场的稳定和健康发展提供了保障。

1.5.3 金融机构的生命周期监管

金融机构的生命周期监管涉及其从设立、日常运营管理，到最终清算和关闭的全过程。有效的生命周期监管不仅能够确保金融机构在各发展阶段的稳健运营，还有助于维护整个金融体系的稳定性与透明度。通过实施严格的监管措施，确保金融机构在不同阶段符合相关法律法规和行业标准，防范系统性风险，促进金融市场的健康发展。

在金融机构设立初期，监管机构扮演着至关重要的角色，主要负责审核和授权，其核心任务是确保金融机构具备充分的资本基础、合规的治理结构和必要的业务能力。为此，监管机构通常设定严格的准入标准，要求金融机构提供详尽的财务计划、业务模式、风险管理框架和高级管理人员的资质背景。这些要求确保金融机构具备足够的财力和管理能力，从而在复杂的金融环境中稳定运营，并能应对潜在的市场波动和业务风险。

随着金融机构进入日常运营阶段，监管机构的重点转向持续监督与管理。在这一阶段，监管机构通过定期报告、现场检查和非现场监督等方式，监控金融机构的运营合规性及财务健康状况。监管机构关注金融机构是否按照既定的法律法规和内部控制标准运营，关注其风险管理体系能否及时识别和应对风险。此外，监管机构会依据行业标准和监管要求，定期审查金融机构的资本充足性、流动性水平、资产质量和风险敞口，确保其具备应对市场变动和突发事件的能力。

在金融机构的清算和关闭阶段，监管机构的任务转向风险防范和危机处置。面对清算或破产的金融机构，监管机构将推动其在清算过程中依法履行对客户、债权人及其他利益相关方的责任。监管机构将密切监控清算过程中的资金流动和资产处置，以防止潜在的金融风险扩散，维护市场的整体稳定。在此阶段，监管工作着重于资产的公正处置、债务的清偿优先级及相关法律程序的规范性，以维护所有相关方的合法权益。

生命周期监管的核心目标是维持金融机构各阶段的稳健性，并预防可能引发系统性风险的因素。在设立阶段，监管旨在使金融机构拥有充足的资本金和合规的治理结构；在运营阶段，监管着重于促进其运营的合法合规，减少风险暴露；在清算阶段，监管致力于维护市场稳定，妥善处理危机。通过这一全生命周期的监管框架，监管机构能够有效应对金融机构运营中的各种风险，促进金融体系持续健康发展。

1.6 投资者：监管的保护重点

1.6.1 投资者和投资者行为

在金融市场中，投资者是资本配置和市场运行的核心主体。根据投资者的性质、资金规模和投资策略，投资者可大致分为个人投资者、机构投资者和专业投资者等类型。每种类型投资者在市场中扮演不同的角色，其行为模式对市场产生深远的影响。

个人投资者，是指以个人身份进行投资活动的个体，通常利用自身资金投资于证券、基金、债券、房地产等多种金融工具。与机构投资者相比，个人投资者的资金规模较小，但其投资目标更加多样化，包括资本增值、收入获取和风险分散等。个人投资者具有较高的决策自主性，能够根据自身的风险偏好和投资知识独立做出投资决策。然而，个人投资者的信息获取能力相对有限，常依赖媒体报道、社交圈建议等非专业信息来源，使得其投资行为容易受到市场情绪、个人财务状况、投资经验和教育水平等多重因素的影响。这些投资行为往往表现为情绪驱动，如恐惧与贪婪，以及行为偏差，如过度自信、锚定效应和损失厌恶，导致一些投资者在短期内倾向于投机，而另一些投资者则注重长期投资收益。

机构投资者是以机构形式存在，代表大量资金进行投资的主体，涵盖养老基金、对冲基金、共同基金、保险公司和投资银行等多种类别。机构投资者因其庞大的资金规模，对市场价格、流动性和整体市场走势具有显著影响。它们的投资决策不仅能引导市场趋势，还能影响特定个股或行业的表现。机构投资者通常具备专业的研究能力和信息获取渠道，能够更有效地进行价值投资和风险管理，提升市场的整体效率和稳定性。此外，机构投资者在市场中的长期投资行为有助于减少市场的短期波动，促进资本的有效配置和企业的稳健发展。

投资者的行为不仅决定了个体投资的成败，更对整个金融市场的运作和稳定性产生深远影响。从行为金融学的视角来看，投资者的决策不仅受到理性分析的影响，还受到情绪、认知偏差和社会影响等心理因素的驱动，这些因素可能导致市场的非理性波动。例如，过度乐观可能导致资产价格泡沫，而过度悲观则可能引发市场抛售。投资者的集体行为，如羊群效应、恐慌性抛售或盲目追涨，能够引发市场剧烈波动，甚至形成泡沫或崩盘。当大量投资者同时采取相似的投资策略时，市场价格可能会偏离其内在价值，导致市场失衡。

投资者的买卖行为直接影响证券的供需关系，从而影响市场价格的形成。理性投资者的决策有助于市场有效定价，使价格反映真实的供求关系和资产的内在价值。然而，非理性决策可能导致价格偏离内在价值，造成市场扭曲。在高效市场中，所有可获得的信息都已反映在证券价格中，投资者无法通过信息优势获取超额收益。然而，投资者的非理性行为，如过度交易和信息不对称，可能导致市场效率受损，价格偏离合理水平，进而影响资源的有效配置。

投资者情绪的波动，如过度乐观或过度悲观，能够引发市场波动，甚至引发金融危机。情绪化的投资行为增加了市场的不确定性和系统性风险。例如，在金融危机期间，恐慌性抛售加剧了市场的下跌，导致经济系统性风险的增加。为管理市场情绪，监管机构可以通过信息披露、市场监控、限制高频交易等手段抑制市场过度波动，同时，加强投资者教育，提高投资者的理性决策能力，能够减少情绪化交易行为，促进市场的稳定和健康发展。

1.6.2 投资者保护机制

在全球化的金融市场中，投资者的行为对市场的运作和稳定性具有深远影响。投资者在决策过程中常常受到情绪、认知偏差和信息不对称等因素的影响，这些因素可能导致非理性的交易行为和市场波动。在这种背景下，建立和完善投资者保护机制显得尤为必要和重要。投资者保护机制不仅能有效预防和减少市场操纵、欺诈等违规行为，保障投资者的合法权益，还能增强市场的透明度和公平性，提升投资者的信心，促进资本市场的健康发展。通过保护投资者的权益，可以减少信息不对称带来的市场失灵，提升市场效率，进而维护金融系统的整体稳定。

投资者保护机制涵盖投资者适当性管理、信息披露机制、投资者教育机制和投资者救济机制四个方面。

第一，投资者适当性管理旨在使金融产品和服务与投资者的财务状况、知识水平和风险承受能力相匹配。金融机构与投资顾问在提供投资建议和销售金融产品时，需要对投资者进行充分的了解和评估，推荐适合其需求和风险承受能力的产品。这一管理制度有助于投资者避免不适当投资产品的风险，同时能提升金融服务的整体质量和市场的信任度。

第二，信息披露机制要求上市公司与金融机构定期、及时、准确地披露财务状况和重大事项，使投资者能够获取全面、真实的信息，做出明智的投资决策。透明的信息披露机制有助于减少信息不对称，提升市场效率，防止内幕交易和虚假陈述等违规行为。

第三，投资者教育机制通过提高投资者的金融素养和决策能力，帮助其识别和规避投资风险，减少行为偏差，促进市场的效率和稳定。在全球范围内，许多国家和国际组织通过开展系统化的投资者教育项目，如金融知识讲座、模拟交易平台和线上培训课程，提高投资者的风险意识和理性分析能力。

第四，投资者救济机制是一套全面的体系，旨在投资者面临市场不公或欺诈行为时为其提供法律途径和赔偿手段。这套机制包括协商解决、调解、仲裁以及诉讼等多种方式，可以及时为投资者提供保护，帮助他们在遭遇不公或欺诈时维护自己的权益，同时增强市场公平性和透明度，提升投资者对市场的信任。

1.7　中国金融监管：中国特色的监管道路

1.7.1　中国金融监管的发展历程

中国金融监管体系的演变随着国家经济转型和改革进程逐步完善，体现了金融市场从高度集中的计划经济向现代市场经济过渡的历程。经过 70 余年的发展，中国的金融监管模式逐渐形成了具有中国特色的体系，既吸收了国际经验，又结合了本国的实际情况。根据不同阶段的金融发展需求，中国的金融监管体系可以大致划分为四个主要阶段："大一统"金融监管体系阶段（1949—1978 年）、金融监管体系的过渡阶段（1979—1991 年）、分业监管体制的建构和发展阶段（1992—2017 年）以及综合监管体系的调整优化阶段（2018 年至今）。[①] 以下将详细介绍各个阶段的特点和发展路径。

在"大一统"金融监管体系阶段，中华人民共和国成立后的 30 年间，金融体系高度集中，完全由政府控制。中国人民银行在此时期集中了货币政策、信贷管理和国库职能，成为唯一的金融管理机构，金融机构的主要任务是为国

① 胡滨 . 中国金融监管报告 2024［M］. 北京：社会科学文献出版社，2024：1.

家经济计划提供资金支持。现代意义上的证券、保险等金融业务尚未发展，金融监管更多依赖政府的全面管理，通过行政命令进行调控。这一高度集中化的管理模式不仅为之后的金融体制改革奠定了基础，也为中央银行的宏观调控积累了宝贵经验。

金融监管体系的过渡阶段始于 1978 年改革开放的启动，这一标志性事件推动了中国金融体系逐步向市场化发展。中国人民银行的垄断地位被打破，其他金融机构开始多样化发展。1979 年，中国农业银行和中国银行等金融机构相继恢复业务，随后多家专业银行、保险公司和信托投资公司陆续成立，金融机构的职能逐渐分化。与此同时，证券市场也在这一阶段开始启动，1990 年和 1991 年，上海证券交易所和深圳证券交易所相继成立。这一阶段是中国从集中管理向市场化金融体系过渡的关键期。

随着市场经济的深化，金融市场的复杂性和多样性显著增强，1992 年至 2017 年，分业监管体制逐步建立和发展。1992 年，中国证券监督管理委员会（以下简称“证监会”）成立，负责监管证券市场；1995 年通过的《中华人民共和国中国人民银行法》进一步明确了中央银行的职责。1998 年，保监会成立，统一监管保险行业；2003 年，银监会成立，专门负责银行业监管。至此，银行、证券和保险业各自独立监管的分业监管体系初步形成。然而，随着金融市场的融合和创新，跨行业风险日益显现，分业监管的局限性开始暴露，尤其是对新型风险的应对能力不足，亟须加强监管机构之间的协调。

2018 年前后，中国金融监管体系进一步调整优化，综合监管逐步增强。2017 年，全国金融工作会议提出设立国务院金融稳定发展委员会，以加强跨部门监管协调，优化金融风险防控机制。2018 年，银监会和保监会合并，成立中国银行保险监督管理委员会（以下简称“银保监会”），强化了对银行和保险业的统一监管。此外，2018 年发布的《关于规范金融机构资产管理业务的指导意见》（以下简称资管新规）标志着中国金融监管进一步统一化。资管新规消除了不同监管机构之间的标准差异，打破了分业监管中的监管套利空间，增强了监管的一致性。2023 年，中国组建国家金融监督管理总局，标志着金融监管进入新的综合监管阶段，提升了对系统性金融风险的防控能力，并进一步优化了监管的协调性与统一性。

1.7.2 中国金融监管体系概述

中国金融监管体系在多年的发展中逐步形成了具有中国特色的架构，涵盖了监管主体、监管规则、金融市场、金融机构和投资者多个方面。随着经济体制的转型和金融市场的多样化，监管体系经历了多次改革和调整，逐步完善以适应复杂的国内外金融环境。

从监管主体来看，目前中国的监管架构主要由“一行一局一会”构成，即中国人民银行、国家金融监督管理总局和证监会。中国人民银行作为中央银行，负责制定和执行货币政策，维护金融体系的稳定，同时在宏观审慎监管方面发挥重要作用，负责系统性风险的防控和金融体系的流动性管理。国家金融监督管理总局依法对除证券业之外的金融业实行统一监督管理，强化机构监管、行为监管、功能监管、穿透式监管、持续监管，维护金融业合法、稳健运行。证监会依法对证券业实行统一监督管理，强化资本市场监管职责。

在监管规则层面，中国逐步建立了多层次、系统化的法律法规体系。金融监管的法律基础包括《中华人民共和国中国人民银行法》《中华人民共和国商业银行法》《中华人民共和国证券法》《中华人民共和国保险法》等，为各类金融活动提供了明确的法律框架。为了应对金融创新和市场变化，监管机构通过发布部门规章等规范性文件，逐步完善监管规则。近年来，宏观审慎政策的引入和资管新规的出台，进一步统一了各类金融机构的监管标准，有效防止了跨行业监管差异带来的套利行为。

金融市场的快速发展对监管提出了更高的要求。中国的金融市场已经从早期的单一市场扩展为货币市场、资本市场、债券市场、外汇市场和衍生品市场等多元化体系。资本市场的逐步成熟，特别是上海证券交易所和深圳证券交易所的设立，使得股票、债券和衍生品交易成为金融市场的重要组成部分。监管机构对发行规则、交易规则、信息披露和风险管理的要求不断提升，确保了市场的透明度和规范性。

金融机构是金融体系的重要组成部分，中国的金融机构种类多样，包括商业银行、保险公司、证券公司、信托公司和基金管理公司等。金融机构的市场化改革推动了金融服务的多元化，使分业监管与综合监管之间的协调变得尤为重要。国家金融监督管理总局的成立强化了银行业和保险业的综合监管，避免了分业监管中的盲点。与此同时，随着金融机构之间业务融合的加剧，监管机构对跨行业风险的防控能力不断提升，确保金融机构的稳健运营与合规管理。

在投资者保护方面，中国的金融监管体系也在不断完善。随着金融市场的不断扩展和金融产品的日益复杂，监管机构加强了对投资者的保护措施。严格的信息披露制度和投资者适当性管理要求，确保投资者在了解风险的前提下参与金融市场。与此同时，监管机构通过建立投诉机制和完善法律救济渠道，为投资者提供了权益保障。此外，开展投资者教育一直是监管机构的一项重要工作，旨在帮助广大投资者提升理性决策能力和风险识别能力。

2 金融合规管理的框架

2.1 合规概述

2.1.1 合规的定义、起源和发展

合规（Compliance）是指企业在运营过程中遵守法律法规、行业标准、监管政策及内部准则的行为和机制，其核心目的是确保企业的运营符合法律和道德要求，避免违法行为并减少风险。这种管理体系通过预防、监控和纠正机制保障企业在复杂市场环境中的稳定运营。合规管理不仅涉及遵循外部法律，还要求企业通过内部政策和流程维护社会责任和诚信标准。尤其是在跨国企业中，合规管理已经成为应对全球各国不同法律法规要求的关键工具。

合规的起源可以追溯到 20 世纪初的美国，最初体现在食品和药品安全领域。1906 年，美国通过了《纯净食品药品法》（*Pure Food and Drug Act*），该法由当时的美国食品和药品局（Bureau of Chemistry，BC）负责执行。1930 年，美国食品和药物管理局（Food and Drug Administration，FDA）接管了该法的执行职能。该法的通过标志着对食品和药品生产企业合规要求的确立，旨在保护公众健康，并推动企业对产品质量和安全进行自我监督。随着时间的推移，合规的范围扩展至其他领域，如反垄断和反腐败。20 世纪五六十年代，美国政府在处理反垄断案件时，推动了企业建立合规体系的进程。其中，1961 年电气设备行业因价格串通被罚的事件，被认为是合规管理的重要“里程碑”事件。1977 年，美国《反海外腐败法》（*Foreign Corrupt Practices Act*）应运而生，要求美国企业在海外运营中遵守反贿赂规定，并建立内部控制机制，

以避免商业活动中的腐败行为。该法不仅加强了美国企业的合规管理，也在全球范围内推动了合规体系的发展。《反海外腐败法》的出台标志着合规管理从国内法扩展至国际层面，并对全球合规管理产生了深远影响。随着合规管理逐步成熟，1991 年，美国修订了《联邦量刑指南》，将企业是否具备有效的合规体系作为决定刑事处罚的重要依据。此后，金融、国防和医药等高风险行业纷纷建立合规体系，以应对日益复杂的监管环境。进入 21 世纪，美国的《萨班斯—奥克斯利法案》（*Sarbanes-Oxley Act*）进一步推动了企业在财务透明和内部治理结构上的合规要求，尤其是对上市公司的监管要求。

随着美国跨国企业在全球的扩展，美国合规理念逐渐被引入其他国家，成为国际企业治理的标准之一，各国纷纷效仿美国的合规模式。与此同时，各大国际组织也在积极推动全球合规标准的建立。1997 年，经济合作与发展组织（Organizationfor Economic Co-operation and Development，OECD）发布了反对国际商业活动中行贿的公约，为各国企业在全球商业活动中的合规管理设立了基本框架。2005 年，巴塞尔银行监管委员会发布了《合规与银行内部合规部门》的高级文件，标志着银行业合规管理现代框架正式形成。随着全球化的进一步深化，国际标准化组织（International Organization for Standardization，ISO）也开始制定与合规相关的国际标准。2014 年发布的 ISO 19600《合规管理体系指南》为世界各地的企业提供了建立、执行和维护合规体系的详细指南。2021 年发布的 ISO 37301《合规管理体系要求及使用指南》为企业合规管理体系的建设和认证提供了更为具体的标准。国际标准为全球企业的合规管理提供了统一的框架，确保了跨国公司在全球不同法律体系下的合规能力。①

2.1.2 合规在中国的发展历程

中国的合规管理起步相对较晚，其发展经历了从审计合规到全面金融合规的演变。1989 年，《民政部关于印发〈民政部审计工作暂行规定〉、〈民政部关

① 雪球 . 合规管理的历史溯源：从美国司法实践到国际标准［EB/OL］.（2023-06-21）［2024-10-01］. https://xueqiu.com/8307311476/110636012.

于违反财经纪律的审计规定〉和〈民政部单位财会工作审计合规标准〉的通知》首次提及“合规”字样。[①] 当时的合规与“合法”相关联，主要在于规范财务和会计行为，确保财务数据的准确性和透明度。随着国家审计监督体制的建立，审计合规逐步走向制度化、法治化。

20 世纪 90 年代，随着中国资本市场的兴起，金融领域的合规需求开始显现。证券市场和银行等金融机构逐渐暴露出管理不善和无序竞争等问题，尤其是在早期证券市场中，存在严重的合规风险。为此，国家开始将合规管理的重点从审计扩展到金融领域。

2000 年以后，合规在中国金融行业内开始全面推行。2006 年至 2008 年，银监会、保监会和证监会先后发布了《商业银行合规风险管理指引》《保险公司合规管理指引》和《证券公司合规管理试行规定》，标志着中国金融业合规管理体系初步形成。这些法规奠定了金融行业监管的基础，促使金融机构逐步完善合规和内部控制体系，以应对日益复杂的市场环境和风险。

在合规管理向央企和跨国企业推广的过程中，2016 年，国务院国资委在部分中央企业开展了合规管理试点，并发布了《中央企业合规管理指引（试行）》。这些央企通过国际化经营的扩展，逐步接触并适应了境外法律法规的要求；同时，合规管理成为央企“走出去”战略中的关键环节。2018 年，国家发展改革委等七个部门联合发布了《企业境外经营合规管理指引》，进一步明确了中国企业在国际业务中合规管理的重要性。

在金融行业快速发展的背景下，国家金融监督管理总局于 2024 年 12 月正式发布了《金融机构合规管理办法》（以下简称《办法》）。《办法》致力于指导金融机构建立横向到边、纵向到底的合规管理体系，将合规基因注入金融机构发展决策和业务经营的全过程、全领域，实现从“被动监管遵循”向“主动合规治理”的转变。[②]

---

① 智合．我国的合规历史，可能比你预想的要长［EB/OL］.（2021-09-16）［2024-10-01］. https://www.weibo.com/ttarticle/p/show?id=2309404682111465423889.

② 国家金融监督管理总局．金融机构合规管理办法［EB/OL］.（2024-12-27）［2024-12-28］. https://www.cbirc.gov.cn/cn/view/pages/ItemDetail.html?docId=1192056&itemId=915.

2.1.3 金融行业的合规管理

金融行业的合规管理与其他行业相比具有显著的特殊性，这种特殊性不仅源于其所处行业的高风险性，而且与金融行业高度复杂的业务特征和严格的全球监管环境密切相关。金融机构面临的合规挑战不仅涉及守法层面的要求，还涉及在全球化、风险管理和金融技术迅速发展的背景下，进行更加复杂的合规操作。通过探讨金融行业与其他行业的差异，及其合规管理的发展历史，可以更清晰地阐述这一特殊性。

金融行业的风险性质远高于其他行业。金融机构的核心业务包括信用、市场、操作和流动性管理，任何一个环节的失误都可能引发严重的市场动荡，甚至影响整个经济体系的稳定。因此，金融行业的合规管理不仅是为了满足法律要求，也是为了防止金融机构因操作不当、风险控制不足而引发系统性风险。这与其他行业的合规管理不同，后者通常更侧重防止个别违法行为或道德风险的发生。对于金融行业而言，合规管理与风险管理紧密相连，甚至可以说，合规管理本身就是金融机构风险管理机制的一部分。

金融行业的合规管理需要面对高度严格的监管体系。由于金融行业对国家经济稳定至关重要，世界各国的监管机构对金融机构实施了严格的监管框架。例如，《巴塞尔协议》（*Basel Accords*）要求银行维持足够的资本充足率和流动性，以应对市场波动带来的潜在风险。相比之下，其他行业的合规要求更多集中在遵守具体的行业标准或道德规范，缺乏像金融行业这样系统化、精细化的监管要求。这使得金融机构的合规管理不仅需要遵守国内法律，还必须符合国际金融市场的标准。

金融行业的合规发展历史也揭示了其独特性。与其他行业相比，金融合规有着悠久而独特的发展历程。正如前文所言，早在 20 世纪初，美国通过了《纯净食品药品法》，开启了合规管理的早期实践，但真正将合规推向现代企业管理的，则是金融行业中的反腐败和反洗钱法律。1977 年美国颁布的《反海外腐败法》和随后出台的《反洗钱法》标志着金融行业合规管理正式确立，为金融机构在全球范围内的业务运营设立了合规标准。相比其他行业，金融行业的全球化特征使其合规管理必须具备跨境性和多元性，要求金融机构在不同的法律环境中都能保持高度一致的合规行为。

金融合规管理在21世纪获得了进一步的发展，尤其是在全球金融市场迅速扩张的背景下，金融机构遭遇了更加复杂的监管环境。例如，在2008年国际金融危机之后，全球监管机构显著加强了对金融机构的监管措施，美国通过了《多德—弗兰克法案》，旨在提升金融市场的透明度和减少系统性风险。同时，欧盟出台的《一般数据保护条例》以及世界各地对金融机构数据保护和隐私的要求，给金融机构的合规管理带来了新的挑战。这些法规不仅要求金融机构在传统金融交易合规上维持高标准，还要求它们在数据安全和隐私保护方面达到高度的合规要求。

2.2 金融合规管理的基本原则

合法性、全面性、有效性、匹配性和独立性构成了金融合规管理的五大基本原则。通过贯彻这些原则，金融机构能够确保合规管理体系的健全和高效运作，防范潜在的合规风险，并在法律和监管框架内顺利开展各项业务。

2.2.1 合法性原则

合法性原则要求金融机构在开展所有业务活动时，必须严格遵守国家及地区的法律法规、监管要求和行业规范，确保其经营行为符合现行法律框架和监管规定的基本原则。这一原则要求金融机构将合规作为运营的底线，确保所有业务活动、交易以及内部操作都在法律许可的范围内进行，从而避免任何违反法律法规的行为发生。

合法性原则不仅关注金融机构在日常经营中的合规性，还强调金融机构应根据不断变化的法律环境及时调整内部政策和流程，确保合规管理体系的动态适应性。合法性原则是防范法律风险、维护机构声誉和保护客户利益的基础保障，也是金融合规管理体系中最基本的原则。

在实际操作中，金融机构应当建立健全合规管理体系，确保所有业务活动始终符合相关法律法规的规定。这包括定期审查和更新合规政策与流程，确保始终符合最新的法律法规要求。同时，对于新业务、新产品以及新市场的拓展，金融机构应进行专门的合规评估，确保这些新的业务活动不违反现行的法律法规及最新的监管要求。此外，金融机构还应加强与外部法律顾问和监管机构的沟通，确保合规措施的合法性和有效性。通过采取这些措施，金融机构能够保持与法律和监管要求的一致性，降低合规风险，确保长期稳定运营。

2.2.2 全面性原则

全面性原则要求金融机构的合规管理体系必须覆盖所有业务领域和操作环节，确保从决策层到执行层及监督层的每个部门、每个岗位、每项业务都被纳入合规管理的范畴，实现全员、全程、全方位合规监管。金融机构的业务操作往往涉及多个领域，如银行业务、证券交易、保险业务、资产管理等，这些领域之间往往有复杂的交集且相互影响。如果合规管理仅限于某些特定的业务领域或操作环节，就无法有效防范潜在的风险。因此，全面性原则要求金融机构在实施合规管理时，考虑到所有业务的各个环节，确保每项业务和每个操作都符合合规要求，避免任何潜在的合规漏洞。

全面性原则的重要性在于，金融机构的各项业务通常并非独立运行，而是相互关联、相互影响的。如果合规管理没有涵盖所有业务环节，就可能会遗漏某些细节，导致合规风险未被及时发现和控制。因此，全面性原则确保了合规管理的全覆盖，能够有效减少风险的盲区。它要求金融机构对每个环节、每项操作、每个岗位的合规性进行严格审查和控制，做到无死角的合规保障。

在实际操作中，贯彻全面性原则需要采取一系列具体措施。首先，金融机构应定期对员工进行合规培训，提高全体员工对合规管理的认识，确保每个员工都清楚自己在合规管理中的责任和角色。全员培训不仅能增强员工的合规意识，还能帮助员工更好地理解和执行合规管理要求，从而避免因个别员工不知情或疏忽导致的合规问题。其次，金融机构需要对业务的各个环节进行严格监控，确保从产品设计、营销推广到客户服务、风险管理等所有环节都符合合规要求。只有每个环节的合规性得到保障，才能确保整个业务流程的合规性。最后，合规部门需要与业务部门、审计部门、风控部门等紧密协作，形成协同工作机制，共同识别和处理企业合规风险。这种跨部门的合作可以确保合规管理措施的全面性和协调性，使合规工作能够在整个组织中形成合力，推动全员共同遵守合规要求。

2.2.3 有效性原则

有效性原则要求金融机构将合规管理落实到实际操作中，并确保各项合规措施能够起到防范和应对合规风险的作用。通过全面的风险评估、实时的监控与反馈机制，以及定期的合规审计，金融机构能够确保其合规管理体系具有高度的实际操作性和执行力，从而有效应对各类潜在风险，保持合规管理体系高效运行。

合规管理的目的不仅是满足监管要求，更是确保金融机构在合规框架下高效、安全地开展业务，防止因合规失效而产生不必要的风险。金融行业的复杂性和动态性要求合规管理体系具备足够的灵活性与适应性，以应对快速变化的市场环境和监管要求。如果合规措施无法有效执行，那么合规管理将失去其应有的作用，甚至可能导致无法防控风险，影响机构的运营效率，降低市场竞争力。因此，金融机构必须将有效性原则贯彻到合规管理的各个环节，确保合规措施能够在实际操作中发挥作用，并有效应对各类风险。

为了确保合规措施的有效性，金融机构需要建立一套完善的风险评估机制。在日常业务的各个环节中，金融机构应定期对现有的操作和管理流程进行合规评估，确保所有操作均符合当前的法律和监管要求，同时，要结合实际情况进行风险分析，识别可能存在的合规漏洞，针对性地制定合规措施，确保其能够有效防范潜在的合规风险。金融机构还应建立实时的监控与反馈机制，对合规措施的执行情况进行持续跟踪和反馈。这一机制能够确保管理层及时了解合规措施的实施效果，并根据反馈信息调整和优化合规策略。当发现合规措施存在执行不到位或效果不佳的情况时，金融机构能够迅速做出调整，以确保合规管理体系持续有效地运行。此外，定期进行合规审计和评估也是确保合规管理有效性的关键环节。通过定期进行内部审计，金融机构能够全面评估合规管理体系的执行效果，及时发现潜在的合规问题和漏洞，并通过审计反馈进行整改。

2.2.4 匹配性原则

匹配性原则主要指权责匹配，即确保合规管理体系中的各项职责和权力清晰分配，并且各个部门和人员的职责范围与其权力和责任相匹配。金融机构必须明确界定每个部门和员工的合规职责，确保每个角色都有明确的合规任务和目标。这种职责的明确性是实现权责匹配的基础，为员工提供了执行职责的明确指导。权力与责任的对等是匹配性原则的关键。员工在拥有执行任务所需权力的同时，应承担相应的责任。对等关系确保了员工在行使权力时能够充分考虑其行为的后果，从而增强了合规管理的内在动力。

有效的监督机制和问责制度是确保职责与权力匹配的重要保障。金融机构需要对违反合规职责的行为进行监督和问责，以维护合规管理体系的严肃性和有效性。随着金融市场和监管环境的不断变化，金融机构应不断审视和调整职责与权力的分配，确保其始终处于最佳匹配状态。动态调整能力是金融机构适应市场变化、遵守监管要求的关键。为了激励员工履行合规职责，金融机构应设计合理的激励机制，并建立约束措施防止权力滥用；同时，提供必要的培训和支持，帮助员工理解合规职责与其执行任务相关的法律和监管要求。

2.2.5 独立性原则

独立性原则强调合规管理体系应具备足够的独立性，确保合规部门在履行其职责时不受业务压力和其他外部利益的干扰。合规部门的独立性不仅体现在组织架构上的独立设置，还体现在其具有足够的权威性，能够有效地监督、评估和问责违规行为，推动合规管理措施顺利执行。只有确保合规部门独立运作，才能确保合规管理的公正性和有效性，防止业务部门的利益冲突或外部干扰对合规决策的影响。

金融机构的业务操作通常涉及复杂的决策和利益博弈。在这种环境下，如果合规部门与业务部门的联系过于紧密，则可能会出现利益冲突，导致合规措施无法得到有效执行。例如，业务部门可能会倾向于忽视某些合规要求，以追求短期经济利益，而合规部门若无法独立于业务决策之外，则可能会受到压力而放松监管或延迟处理违规行为。独立性原则通过确保合规部门不受这些利益冲突的影响，使其能够保持客观、公正的立场，确保合规管理措施得到充分执行。

为了保障合规管理的独立性，金融机构需要采取一系列措施。首先，合规部门应在组织架构中独立设置，确保与其他业务部门相对独立，并能够直接向高级管理层或董事会汇报。这种独立性不仅可以增强合规部门的权威性，还可以确保其对合规问题的处理不受其他部门或个人的影响。其次，金融机构应赋予合规部门足够的职权，使其能够有效地履行合规监控、审计和问责职能。同时，业务部门不得对合规部门及其人员进行考核，以防止因考核压力产生利益冲突。确保合规部门不受业绩压力或业务目标的干扰，可以保证合规部门在处理合规事务时保持独立性，并能够真正做到公正、客观地履行合规职责。

2.3 金融合规管理的组织架构

2.3.1 首席合规官的历史与演变

首席合规官（Chief Compliance Officer，CCO）作为现代企业合规管理的核心角色，随着全球金融市场的发展和监管环境的变化逐步演变。最初，合规官的角色兴起于美国，20 世纪 70 年代美国通过的《反海外腐败法》促使企业设立专门的合规岗位，确保其国际业务合法合规。20 世纪 80 年代末至 90 年代，随着全球金融市场的加速扩展，金融机构的合规要求日益复杂，合规官的职责从法律监督拓展到更广泛的风险管理。

2008 年国际金融危机后，首席合规官的角色在全球范围内进一步制度化。金融危机揭示了合规管理的重大漏洞，导致全球各大金融机构承担了巨额罚款，并引发了大规模法律诉讼。为应对这些挑战，监管机构通过加强合规要求，推动企业设立更独立和高级别的合规管理岗位。美国《萨班斯—奥克斯利法案》和《多德—弗兰克法案》等重要立法推动了企业合规架构的标准化，明确了合规官的职责和独立性。这些变化使得首席合规官从一个简单的监督角色，逐渐演变为战略规划和风险管理中的核心领导者。

在中国，首席合规官的设置发展相对较晚。2006 年，中国银监会发布了《商业银行合规风险管理指引》，明确要求商业银行设立独立的合规管理部门和首席合规官。这一规定标志着中国金融机构正式引入首席合规官制度，旨在通过加强合规管理保障商业银行的运营合法性。随着中国金融市场的开放和国际化，证券公司、基金公司和信托公司等金融机构纷纷设立合规总监或督察长等类似于首席合规官的高级管理职位。2024年12月，《金融机构合规管理办法》正式出台，将负责合规管理工作的高级管理人员的职位统一命名为“首席合规官”，并对首席合规官以及合规官的岗位设置和职责进行了明确规定。

2.3.2 合规管理组织架构及首席合规官的位置

在现代金融机构中，合规管理组织架构的设计通常有两个目标，一是合规工作的高效执行，二是合规工作的独立性。一个典型的合规管理框架包括董事会、首席合规官、合规部门以及各业务线的合规人员。通过这种结构，企业可以从高层决策到基层执行，全面覆盖合规管理的各个环节，确保合规问题能够得到及时的识别与解决。

董事会在合规管理中承担最终责任，负责企业的整体合规战略和重大决策。为加强监督，董事会可能设立合规委员会。合规委员会负责定期审议合规政策，确保其符合最新的法律法规要求，并监督合规计划的执行。例如，在中国的金融行业，银保监会要求银行和保险公司董事会定期对合规管理进行审查，并确保公司的合规政策得到有效实施。合规委员会还为首席合规官提供战略支持，帮助其应对复杂的合规挑战，特别是在全球化背景下，企业面对的合规要求愈加复杂多样。

首席合规官作为合规管理体系的核心角色，通常直接向董事会或总裁汇报。为了保障其履职的独立性，通常会给予首席合规官充分的履职保障，包括参会权、知情权、调查权、询问权、建议权等。同时，还会为首席合规官设定相对独立的考核评价体系，确保其能够有效地履行合规管理职责。此外，首席合规官的独立性保证了其在处理可能涉及利益冲突的事务时能够公正履职。这一机制不仅保障了首席合规官的权威性，还使合规问题能够在战略层面上得到足够的重视。

合规部门在首席合规官的领导下，负责执行具体的合规计划和政策，并对业务部门的合规情况进行监督。合规部门的主要工作职责涵盖事前、事中、事后全流程，包括制定合规规范，推动合规规范的有效执行，检查、评估合规规范的执行状况，预警、识别违规行为，组织对违规行为的处理与纠正等。合规部门的职责还包括开展合规风险评估、制订合规培训计划、监控合规操作的执行情况，并确保公司遵守相关法律法规和行业标准。

此外，各业务线的合规人员通常嵌入具体的业务部门，负责监督其日常操作是否符合企业的合规政策和外部法规。例如，证券公司中的合规人员会密切监督证券交易流程，确保其符合法律要求，避免出现内幕交易或市场操纵的情况。通过业务线合规人员的及时介入，企业在业务开展的初期就能够识别潜在风险，从而减少合规问题对公司整体运营的影响。

2.3.3 合规风险管理的“三道防线”

在现代企业风险管理体系中，合规风险管理通常依赖于“三道防线”模型。“三道防线”模型最初由国际内部审计师协会（The Institute of Internal Auditors，IIA）于2013年提出。该模型为企业提供了一种结构化的方式来识别、评估和控制合规风险，以帮助企业在日常运营中更好地遵循法律法规和行业标准。

业务部门是合规风险管理的第“一道防线”，直接参与日常运营，最接近可能的合规风险。作为合规管理的第一环，业务部门的员工和管理者需理解与其工作相关的法律法规及合规要求，并在日常操作中严格遵守。此外，业务部门负责执行公司内部政策和流程，防止因操作失误或不当行为引发合规风险。一旦发现任何疑似违规的操作或行为，业务部门应立即上报，以防潜在风险进一步扩大。通过日常操作中的自我控制，业务部门作为第“一道防线”，能够提供最直接和基础的合规性保障。

第“二道防线”由合规和风险管理部门构成，负责对业务部门的操作进行监督，确保其符合公司整体的合规框架和风险管理策略。这道防线的核心在于提供指导和监控，包括制定和更新合规政策，为业务部门提供必要的培训，以帮助员工充分理解和遵循相关规定。合规部门还会定期检查业务部门的合规情况，评估操作是否符合内部政策及外部监管要求，并及时发现和纠正偏差。此外，合规部门还负责合规风险的定期评估，并将潜在的合规风险及其可能造成的影响汇报给高级管理层，以便公司能够提前采取应对措施。作为第“二道防线”，合规和风险管理部门为公司提供了独立于业务部门的专业风险监控，增强了风险管理的全面性和有效性。

第“三道防线”包括独立审计和高层管理的最终监督。独立审计部门负责审查合规管理体系的有效性，通常直接向董事会或审计委员会汇报，以保持客观性和公正性。这一层的监督不仅保障了合规管理的独立性，还增强了合规管理体系的可信度。同时，高层管理，特别是董事会，承担对合规风险管理整体策略和框架的监督职责，推动公司投入足够资源，并设立明确的合规文化和目标。在有需要的情况下，公司可引入外部审计机构或第三方评估，以提升合规管理的透明度和信任度。作为最终防线，独立审计和高层管理的监督不仅补充并完善了前两道防线，还提升了合规管理的全面性和深度，为企业在合规风险管理方面提供了坚实保障。

2.4 金融合规管理的实践内容

在金融机构的合规管理中，“对外三大合规关系”和“对内三大合规关系”构成了合规管理的核心工作内容。对外，金融机构通过与监管部门、合作伙伴和客户建立规范的合规关系，可以建立健全的外部合规机制，确保业务活动在法律框架内进行。对内，金融机构通过合规部门与股东、董事会、管理层、业务部门和员工建立良好的合规关系，可以构建有效的合规管理体系，从各个层面提升金融机构的合规管理水平。以下将探讨合规管理的具体内容。

2.4.1 与监管部门的关系

金融机构与监管部门的关系是双向互动的过程，既需要响应监管部门的要求，按照监管规定开展各项合规工作，也需要积极主动地与监管部门沟通交流，以确保其业务活动与监管政策保持一致，树立积极的合规形象。

首先，金融机构必须充分理解并响应监管部门的各项要求。这包括遵守法律法规、及时提交合规报告、配合检查和调查等。其次，金融机构要确保所有业务活动和运营模式都严格符合监管规定，及时对合规风险进行识别与评估，并采取有效措施进行管理。最后，金融机构应当定期向监管部门报告合规状况，包括年度合规报告、风险评估和整改措施等，以确保监管部门对其合规执行情况有清晰了解。

然而，响应监管要求并非单向的被动行为。金融机构应当在此基础上积极主动地和监管部门建立持续的沟通与合作关系。在监管政策的执行过程中，金融机构应主动与监管机构共享其在合规管理方面的创新做法、成功经验及最佳实践。这不仅能够展示金融机构在合规方面的努力与成效，也能够在某些情况下为监管部门提供有价值的反馈，帮助监管机构更好地理解市场动态，调整和完善监管政策。

例如，金融机构可以定期向监管部门介绍其在风险控制、客户保护、信息披露等方面的最佳实践，分享其在合规管理方面的成功案例。这种主动沟通不仅能够增强与监管部门的合作关系，还能够通过展示金融机构在合规方面的创新和努力，进一步提升其合规形象。

同时，金融机构可以在新业务和新产品推出前，与监管部门进行预先沟通，确保这些业务符合监管要求，并获取监管部门的指导与建议。通过这种主动的沟通机制，金融机构能够在政策调整或新的监管要求出台时快速响应，及时调整其业务策略和运营模式，保持业务的合规性。

通过这种双向互动的沟通模式，金融机构不仅能够确保自身合规操作的合法性与透明度，还能够在监管部门面前塑造出积极、负责任的合规形象。这样的合规文化不仅有助于降低合规风险，也能提升金融机构的市场声誉，为其长期稳健发展提供有力支持。

2.4.2 与外部合作伙伴的关系

在金融机构与外部合作伙伴的关系中，合规管理起着关键作用。金融机构必须确保所有合作关系符合相关法律法规和监管要求，避免因合作伙伴的不合规行为引发潜在的法律和声誉风险。通过全面的尽职调查，合规部门能够评估合作方的合规记录、历史声誉及其运营实践，从而减小潜在的风险敞口，确保与合作伙伴的合作不对金融机构本身构成合规威胁。

合规部门应在与任何合作方建立业务关系之前，进行深入的背景审查，重点关注合作方的合规历史和经营状况。调查内容应包括：合作方是否出现过重大合规违规事件，是否有不良记录；合作方的合规管理体系是否健全，是否有专门的合规部门，并且是否定期进行合规培训和审查；合作方是否有良好的监管历史，是否有与监管机构发生争议或遭受处罚的记录。这些审查结果将帮助金融机构识别潜在的合规风险，并在合作协议中采取适当的风险防控措施。

在签订合作协议时，金融机构应确保合同中明确规定合作方的合规义务，包括要求合作方遵守适用的法律法规和行业标准，并符合金融机构的合规政策。这些合规条款应包括对合规要求的承诺、报告义务、定期审查机制等，以确保在合作期间，合作方始终遵循相关的合规标准。为了确保合作方在合作过程中持续遵守合规要求，金融机构还应定期进行合规审查和监控。这些审查不仅应针对合作方的合规执行情况，还应包括对其合规风险的评估。定期的合规检查能够帮助金融机构及时发现潜在的风险点，并采取必要的行动进行干预或调整。

通过这些合规管理措施，金融机构能够有效降低与外部合作伙伴相关的风险，并在业务拓展过程中保护自身的合法权益，同时提升市场信誉和公信力。

2.4.3 与客户的关系

金融机构的合规管理在与客户的关系中起着关键作用，尤其是在客户权益保护和信息透明方面。金融产品和服务通常具有较高的复杂性与专业性，金融机构必须确保其产品和服务符合相关法律法规，避免在销售过程中出现误导行为，从而保障客户的合法权益。

金融机构应确保其提供的所有金融产品和服务严格遵守适用的法律与监管要求。在产品设计和推广过程中，金融机构应确保所有条款、费用、收益预期以及风险提示均准确无误，避免夸大收益或隐瞒风险。这不仅有助于客户做出知情决策，还能够降低因销售不当引发的法律风险和声誉损害。尤其是在涉及高风险金融产品（如衍生品、结构化产品等）时，金融机构应确保客户在购买前充分了解产品的性质、风险水平及可能的投资回报。

在客户关系管理中，建立健全的信息披露机制是非常必要的。金融机构需要确保客户能够获得真实、准确、完整的产品信息，帮助客户在做出决策时有足够的信息支持。这不仅应涉及产品的条款和条件，还应涵盖风险警示、潜在回报、费用结构等关键因素。对于复杂金融产品，金融机构应通过多种方式，如详细的风险揭示文件、客户教育材料、在线工具等，向客户解释产品的风险与回报，确保客户在了解产品的完整信息后做出明智选择。

针对新产品和新业务的推出，金融机构必须在上线前进行严格的合规审查。对于涉及高复杂度的金融产品，金融机构应特别关注其合规性，确保产品的结构和风险评估符合监管要求。此外，合规部门应参与产品设计和销售流程，及时发现潜在的合规问题，并提出改进建议，避免因合规问题影响客户权益或引发法律争议。

合规部门还应推动金融机构内部定期开展合规培训，强化员工的客户保护意识。通过培训，确保所有员工了解客户权益保护的重要性，具备有效识别合规风险的能力，并能够在与客户互动时贯彻合规理念。这种合规文化的内化，将有助于金融机构建立以客户利益为中心的运营模式，提升客户信任度，增强市场竞争力。

2.4.4 与股东、董事会和管理层的关系

在金融机构的内部治理中，合规管理的核心任务之一是确保股东、董事会和管理层在决策过程中充分考虑合规风险，并平衡短期收益与长期合规要求。金融机构运营环境复杂且充满变数，合规失误不仅可能导致法律后果、监管处罚，还可能对企业声誉和市场信任度造成严重影响。因此，合规管理不仅需要在执行层面落实，还需要在战略决策层面发挥作用，确保合规因素被充分纳入企业发展的整体规划。

合规部门在此过程中发挥着重要支撑作用，其主要职责是定期向董事会和管理层报告公司的合规状况，评估现有合规措施的有效性，并提供关于合规风险的分析和预测。这些报告应包括合规审查的结果、潜在风险的识别、整改进展及其可能对公司的影响等，帮助管理层和董事会全面理解合规环境，并做出知情决策。通过这种机制，董事会和管理层能够更加清晰地看到合规风险，并在做出战略决策时有效规避可能的法律责任、财务损失及声誉危机。

为了实现这一目标，合规部门应积极与高层管理团队进行合作，为其提供关于合规管理的专业意见。例如，在制订新业务拓展计划、并购战略或推出创

新金融产品时，合规部门应主动介入，对这些业务进行合规性评估，并识别可能带来的合规风险。通过这种前瞻性的合规支持，管理层能够在商业发展和合规管理之间找到平衡点，避免因为过度追求短期利润而忽视长期合规风险。合规部门还应保证对相关法律法规的持续跟踪和更新，以应对不断变化的监管环境，确保公司始终处于合规的框架下。

合规部门必须密切关注关联交易问题。金融机构的关联交易，是指金融机构与其关联方之间发生的交易，这些关联方包括但不限于母公司、子公司、控股股东、实际控制人、董事、监事、高级管理人员等。关联交易可能涉及信贷、投资、资产管理、服务提供等多个领域。由于关联交易可能存在利益冲突，增加金融机构的风险，监管机构通常要求金融机构对关联交易进行严格的管理和审批。金融机构首先需要识别和定义哪些交易构成关联交易，并建立相应的关联方名单；其次需要建立和完善内部控制制度，确保关联交易的合规性、公允性和透明性。在操作层面，一般由合规部门对关联交易进行审查，评估交易是否符合法律法规和内部政策。对于重大关联交易，一般需要提交给董事会审议，并且需要独立董事的同意。此外，关联交易还需要进行适当的信息披露，并及时报告监管部门，以确保交易的透明性。

2.4.5 与业务部门的关系

在金融机构中，合规部门与业务部门的关系可以从服务与支持、审核与监督两个角度进行总结。两者之间的紧密合作不仅确保了业务发展的合规性，还可以有效地帮助金融机构管理与控制潜在的法律和监管风险。

一方面，合规部门在与业务部门的协作中，扮演重要的服务与支持角色。随着业务部门推动市场拓展、创新产品和拓展新业务，合规部门应当作为业务部门的合作伙伴，提供合规性指导和支持。合规部门需要在业务决策的早期阶段介入，帮助业务部门识别并预见可能的合规风险，确保其操作符合法律法规要求。在这一过程中，合规部门不仅帮助业务部门规避潜在的合规问题，还通过提供专业意见，帮助其在复杂的合规环境中做出合理的商业决策。合规部门的支持有助于确保业务活动的顺利开展，同时避免由于忽视合规风险而引发的法律和监管后果。

另一方面，合规部门承担着对业务部门操作的审核与监督职责。合规审核和合规监督作为合规部门与业务部门关系的两个重要组成部分，共同确保金融机构的合规性。合规审核侧重对业务活动的事前、事中审查和评估，帮助识别和解决潜在的合规风险；而合规监督则侧重对业务活动的持续监控，确保合规性要求在实际操作中得到贯彻落实。两者相辅相成，共同为金融机构的合规管理体系提供保障，帮助其防范法律和监管风险。

因此，合规部门与业务部门之间的关系，不仅是一个单向的控制和监督过程，更是一个双向的互动与协作过程。合规部门通过服务与支持，为业务部门提供专业的合规建议和支持，帮助其在创新和拓展过程中保持合规性；同时，合规部门通过审核与监督，确保业务部门的日常操作符合法规要求，最大限度地降低合规风险。两者的协作实现了业务发展的合规性保障，确保企业在稳定发展的同时，能够有效控制合规风险，避免可能的法律、财务及声誉损失。

2.4.6　与员工的关系

在金融机构的合规文化建设中，普及合规意识对于确保长期合规运营具有重要意义。合规部门通过系统的培训、明确的政策宣导和有效的沟通渠道，确保合规意识深入每位员工的日常工作。

合规部门需定期进行系统化的培训，确保员工了解最新的法规动态及公司内部的合规要求。这些培训应涵盖反洗钱、数据保护、市场行为规范等关键合规主题，旨在使员工不仅认识到合规的重要性，而且能够在实际工作中识别和处理潜在的合规风险。培训内容应根据员工的不同职位和需求进行定制，确保每位员工都能在其岗位上理解并遵守相关的合规规定。通过这些培训，合规部门有助于提升员工的合规意识，促使他们在日常工作中自觉避免违规行为。

合规部门应通过明确的政策宣导，加强员工对公司合规文化的认同。公司可以通过会议、内部通信、公告等多种渠道，定期向员工传达合规政策和公司对合规的重视。特别是在公司面临新的合规要求或政策变化时，合规部门应及时向全体员工传达更新，确保每位员工了解最新的规定，减少因信息滞后或理解不准确导致的合规风险。持续的政策宣导有助于员工理解合规工作与公司运营的紧密联系，从而在日常工作中更加自觉地履行合规职责。

除加强员工对合规知识的了解外，合规部门还负责对员工行为进行管理，如廉洁从业、投资申报管理、因私出境管理等方面。合规部门通常需确保员工在执行职务过程中遵守公司关于廉洁从业的政策，避免任何形式的利益冲突或腐败行为。在证券公司和基金公司，合规部门需要对员工个人的证券投资进行严格的管理，确保员工的投资行为不与其职务产生利益冲突，防止内幕交易、利用未公开信息交易等违法违规行为的发生。此外，有些金融机构的合规部门还需对员工的因私出境进行管理。通过这些措施，合规部门不仅确保了员工行为符合道德和法律标准，还进一步增强了公司整体合规管理的有效性。

2.5 金融合规管理的实施方法

有效的合规管理是金融机构确保其运营符合法律法规、避免潜在风险的重要保障。在全球监管环境日益复杂、市场竞争加剧的背景下，合规管理不仅是企业满足外部要求的工具，更是推动企业内控、提升市场信誉、实现可持续发展的关键策略。通过有效的合规管理，金融机构不仅能够防范违规风险，还能够在激烈的市场竞争中保持合法性和信誉，从而获得长期的市场优势。在构建和优化合规管理体系的过程中，金融机构必须保持灵活性和前瞻性，以及时应对不断变化的监管环境，并确保合规策略与企业的发展目标相一致。通过制定完善的合规制度、及时识别和应对潜在风险、推动合规文化建设以及强化监督与沟通机制，企业能够有效地降低合规风险，提升市场信誉，并为自身的长期竞争力提供坚实保障。

2.5.1 建立和持续完善合规管理制度

在建立和持续完善合规管理制度时，金融机构需要从全局出发，确保制度的有效性和灵活性。这一过程不仅是对现行法律法规的简单响应，更是企业内部风险防控和长期可持续运营的关键举措。

金融机构在设计合规制度时，需结合自身的业务特点和市场环境，制定灵活的流程和操作规范。这一过程的核心在于将合规要求嵌入每一个业务环节中，确保所有操作都能在合规框架下进行。例如，金融机构在开发新产品和扩展市场时，必须确保首席合规官和合规部门参与决策过程，帮助识别和评估潜在的合规风险。这不仅有助于降低违规的可能性，也确保了合规管理的前瞻性。

随着市场和监管环境的变化，合规制度需要定期进行更新和修订。金融机构应建立定期审查机制，确保合规制度能够及时更新。金融机构应根据最新的法规要求和市场发展趋势，对现有的合规政策进行评估和更新，及时填补制度中的空白点。此外，合规制度的持续优化还依赖于技术手段的支持。随着金融科技的快速发展，自动化合规监控系统、数据分析工具和风险管理平台的应用，使合规管理的效率和精准度得到了显著提升。这些技术工具不仅可以帮助合规部门实时监控业务风险，还可以自动生成合规报告，极大地减少了人工操作的失误。

同时，合规管理制度的完善不仅依赖于内部控制，更需要通过合规文化的建设确保制度有效执行。企业应通过持续的合规培训和内部宣导，增强员工的合规意识，使合规成为企业日常运营的一部分。通过制度与文化的双重保障，企业能够在应对外部监管压力的同时，确保合规管理长期、持续地推动企业的合法合规运营。

2.5.2 及时识别、评估并有效应对合规风险

合规风险的识别、评估和应对是金融机构合规管理工作中的核心组成部分。随着全球监管环境日益复杂化，合规风险的多样性和潜在影响力不断上升。金融机构不仅需要制定完善的合规管理制度，还必须建立系统的风险识别和应对机制，以保障其在复杂市场环境中稳健运营。

识别合规风险是合规管理的第一步。在金融机构的日常运营中，合规风险可能来自多个方面，包括但不限于客户交易、反洗钱、反恐融资、市场操控和内幕交易等。合规管理人员，尤其是首席合规官及其团队，需要依托先进的风险管理工具和技术手段，全面监控和分析潜在的风险点。合规风险的识别不仅依赖内部审查机制，还需关注外部环境的变化，包括法律法规的更新和市场的动态变化。金融机构需要根据法律的演变和政策的调整，及时更新合规措施，并采取相应的风险识别和监控机制。

在风险识别的基础上，评估合规风险的严重性和潜在影响是风险管理的关键环节。合规管理人员必须根据风险的性质、发生的概率以及可能带来的处罚等不利后果，全面评估其严重性。这一评估过程可以结合定量与定性分析工具，通过数据建模和情景分析等方法，准确测量风险的严重程度与后果。特别是，在面临复杂或新兴的风险时，金融机构需要结合专业经验和行业标准，形成系统、全面的风险评估框架。

金融机构在识别和评估之后，应当制定具体的应对策略，以有效应对合规风险。这些策略应当包括风险缓解、风险转移、风险控制等多维度的措施。为了确保合规管理体系的有效性，金融机构应定期进行风险监控与评估，并对合规措施的执行情况进行持续优化。同时，强化合规文化建设，增强员工的合规意识和风险防范能力，是降低合规风险的长远之策。

2.5.3 推动合规文化建设，构建合规文化体系

在金融机构的合规管理体系中，推动合规文化建设是确保合规政策得以有效落实并深入企业内部的核心环节。合规文化建设不仅是表面上的制度安排，更是内在的价值观和行为规范的塑造，贯穿企业的各个层级。

合规文化建设的核心在于通过教育和培训使所有员工从思想上理解合规的重要性。金融机构应当通过系统的合规培训，使员工深入了解现行法律法规、内部合规政策以及合规风险的识别和应对方法。这些培训不仅针对合规部门的专业人员，还涵盖所有业务部门，尤其是那些直接面向客户和市场的岗位。这种全员参与的培训模式有助于将合规意识融入每一个业务决策和操作中，防止因个体疏忽或缺乏理解导致的违规行为。此外，内部举报机制也是合规文化的重要组成部分，其为员工提供了一个安全的渠道，使他们可以在发现违规行为时及时上报，从而进一步加强了内部监督的有效性。

推动合规文化建设的一个关键点在于企业高层的支持和参与。首席合规官不仅需要对整个合规管理制度进行设计和监督，还应通过与高层管理人员的紧密合作，确保合规文化从企业最高层向下传递。企业高层的合规承诺不仅能够为合规文化的建设提供强有力的支持，还能够通过自身的行为树立合规标杆，影响员工的日常工作态度。

此外，合规文化建设还应当与企业的长期发展战略相结合。在一个高度竞争的市场环境中，合规文化不仅是企业内控的重要组成部分，还是提高市场竞争力的关键要素。拥有强大合规文化的企业，能够在面对复杂的监管环境和市场环境时更加灵活、稳健地运营，同时增强客户信任，提升品牌声誉。

2.5.4 持续加强合规监督与审查

在现代金融机构的合规管理体系中，持续加强合规监督与审查是确保合规政策得到有效执行的关键环节。通过定期的审查机制、独立监督以及技术支持，金融机构能够不断完善其合规管理体系，及时发现潜在风险并采取相应的整改措施。

金融机构需要在其内部设立独立的监督和审查机制，以确保合规制度的执行力。合规部门在这一过程中扮演重要角色，其职责不仅包括监督业务部门的合规操作，还包括对制度的执行情况定期进行全面审查。前文中提到的“三道防线”模型在这一环节得到具体落实，合规部门作为第“二道防线”，承担着监督和管理的核心职责。通过内部的合规审查与合规监控，金融机构可以有效识别并应对合规操作中的潜在问题，确保各项业务符合最新的法律法规和内部制度要求。

除了合规部门的内部审查，金融机构还应借助外部审计的力量，以提高监督的独立性和公正性。独立的外部审计机构通过对企业合规体系的评估，可以帮助识别合规管理中的漏洞并提出改进建议。这一外部审计不仅有助于确保内部审查的有效性，还能为监管机构提供更加客观的合规报告。此外，外部审计的结果也能够作为企业调整合规政策和操作流程的依据，确保合规风险在早期得到有效处理。

在审查机制的具体执行过程中，技术手段的应用也扮演着重要角色。随着金融科技的发展，金融机构可以通过引入智能化的合规监控系统，实时追踪和分析业务操作中的合规风险。例如，大数据分析、机器学习等技术可以帮助金融机构识别异常交易和潜在的合规违规行为。这不仅提高了合规审查的效率，还显著减少了人工审查中的错误和疏漏。此外，自动化的合规监控工具还可以帮助合规部门快速生成审计报告，提升整个审查流程的透明度和准确性。

持续加强合规监督与审查的另一关键在于通过定期的审查和反馈机制，不断优化合规管理制度。金融机构应定期开展合规检查，并针对检查中发现的问题进行整改。合规部门需要与业务部门和高层管理者紧密合作，确保整改措施能够有效落实，并在必要时调整合规管理政策，以适应不断变化的市场和监管环境。这种定期的反馈机制能够确保合规体系的动态更新，并提升企业的整体合规能力。

3 金融审计的基础

3.1 审计概述

3.1.1 审计的定义与特点

审计是通过独立的第三方或组织内部的审计部门，对企业的财务报表、业务流程和合规性进行系统化的检查与评估，旨在确保财务信息的真实准确、运营的合法合规，以及内部控制体系的有效性。审计的核心功能在于为企业的利益相关者提供可靠的信息，使管理层和外部投资者能够做出明智的决策。

审计最初起源于古代的财务核查，主要用于检查公共资金的使用情况。随着经济的发展，尤其是工业革命的到来，企业规模迅速扩大，所有权与管理权的分离催生了现代审计制度的需求。19 世纪末，随着企业法的出现，审计逐渐被制度化，用于确保财务报表的真实性，维护投资者和债权人的利益。

在现代，独立性是审计最基本的原则。无论是外部审计还是内部审计，审计人员都必须保持客观和中立，避免受到被审计单位或其他利益相关方的干扰。这种独立性既保证了审计报告的公正性，也为投资者和监管机构提供了信任基础。审计的独立性原则在 20 世纪初期得到广泛认可，随着资本市场的发展，外部审计成为上市公司的法律要求。

随着审计理论的演变，系统性成为审计的另一个核心特征。审计不再局限于简单的账目核查，而是通过预先设定的程序和方法，全面检查企业的各项业务流程、财务数据和风险控制机制。审计的系统性使其能够有效覆盖企业运营的关键领域，避免出现盲点。这一概念的发展与 20 世纪中期风险管理理论的兴起密切相关，审计逐步从财务导向转向更加全面的企业风险评估。

在转变过程中，合规性审计逐渐成为审计工作的关键组成部分。金融行业、医疗行业等高度监管的领域要求企业必须符合各种复杂的法律法规。合规性审计通过检查企业的政策和程序，确保其运营符合法律规定。合规性审计的重要性在 20 世纪末全球化进程加速、各国加强监管的背景下尤为突出。随着国际会计准则和全球监管框架的建立，审计的合规性检查越来越受到重视，尤其是在金融危机后，监管要求大幅增加。

除了合规性，现代审计的另一个重要特点是风险导向性。传统的审计关注财务报表是否准确，但现代审计特别强调识别和管理企业面临的各类风险。在信息技术和全球金融市场复杂化的推动下，风险导向审计自 20 世纪下半叶开始普及，审计人员需要识别企业运营中的潜在风险，尤其是在金融、法律、技术等高风险领域进行重点审查。风险导向的审计方法使企业能够提前发现并管理风险，增强了企业的可持续性。

随着企业规模和运营复杂性的增加，审计不仅要核实信息的真实性，还承担着通过改进建议优化企业管理流程的功能。审计的改进和增值功能日益显著。审计人员在审计过程中能够发现企业运营中的薄弱环节，并提出改进建议。这一功能使得审计不再仅仅是发现问题的工具，也成为企业管理改进的重要推动力。技术进步对审计领域的影响日益加深。大数据分析、人工智能和自动化工具的广泛应用，使审计人员能够更有效地处理海量数据，提高审计效率和准确性。随着 21 世纪信息化的快速发展，审计的技术依赖性也逐渐增强。现代审计在技术支持下变得更加精确和高效。通过技术手段，审计人员可以快速识别财务报表中的异常数据和潜在风险，并在大数据背景下进行更细致的风险评估。

3.1.2 金融审计的定义

金融审计是指通过独立的、系统化的审查与评估，确保金融机构的财务报表真实可靠、运营合规、风险管理有效的监督活动。相较于传统企业的审计，金融审计具有更高的复杂性和专业性，因为金融机构不仅面临多样化的业务结构，还处在高度监管的环境中，涉及大量金融产品、资本市场规则和全球监管标准。金融审计的核心目标在于通过全面的审计程序，识别金融机构面临的重大风险，确保其在合规框架内稳健运营，同时保护投资者、债权人和其他利益相关者的合法权益。

金融审计的历史可以追溯到 19 世纪。随着现代银行体系和资本市场的发展，金融审计开始被制度化。早期的金融审计主要集中在对银行和金融机构账目进行核查，以防止财务欺诈和确保资金安全。然而，随着金融工具的复杂化和金融机构业务的扩展，金融审计的职能也在逐渐演变，不仅包括核查财务信息，还包括风险评估、内部控制检查及合规性审查。

风险导向性是金融审计最显著的特点之一。金融机构面临的风险多种多样，包括信用风险、市场风险、操作风险、流动性风险和合规风险等。风险导向的金融审计通过识别和评估这些风险，制订审计计划，确保审计资源优先投向高风险领域。例如，审计师可能使用风险矩阵进行风险评分，以确定审计重点。在金融危机后的全球监管环境中，金融机构需要遵守更加严格的资本充足率要求，审计人员需要对这些风险领域进行重点检查，以确保金融机构具备足够的风险缓冲能力。风险导向审计的理念源自 20 世纪中期审计理论的转型，即从财务报表审查转向更广泛的企业风险管理，金融审计在这一过程中逐渐成为前沿领域的代表。

高度专业化是金融审计的另一个显著特点。金融机构的业务复杂性与金融产品的多样性使得审计工作需要具备专业知识和对于行业的深刻理解。例如，金融审计需要审查资本市场的操作合规性，评估衍生品、证券化产品和对冲工具等复杂金融工具的定价与风险控制。这要求审计人员不仅具备传统审计的知识，还必须熟悉金融产品的设计原理、市场交易机制以及相关的会计处理方法。此外，随着跨境交易和国际化金融业务的增加，金融审计还涉及多个司法管辖区的法律法规要求，因此，审计人员必须了解全球金融监管标准，如《巴塞尔协议》、《国际财务报告准则》（*International Financial Reporting Standards*）以及金融行动特别工作组（Financial Action Task Force on Money Laundering，FATF）的反洗钱规定等。

合规性检查在金融审计中占据重要地位。金融机构的运作涉及大量的法律法规和行业标准，特别是在金融危机后，全球金融监管力度显著加大。金融审计通过对内部控制体系的检查，确保金融机构符合包括反洗钱、反恐融资、资本充足率、流动性管理等在内的监管要求。例如，审计人员需要检查金融机构的客户尽职调查流程，确保其能够有效识别高风险客户和交易，防范洗钱和恐怖融资的风险。合规性审查的加强，尤其是在 21 世纪初全球金融监管框架逐步形成后，成为金融审计不可或缺的一部分。因此，合规性检查是确保金融机构稳健运营的关键环节。

金融审计还具备多层次的审计覆盖范围。与普通企业审计不同，金融审计不仅审查财务报表，还涉及对金融机构资本结构、风险控制机制、内部控制系统的全面评估。金融机构的复杂业务结构，如多元化的投资组合、衍生品交易以及跨境资金流动等，要求审计人员能够在不同层级上进行审查，从整体的风险管理到具体的交易合规，都需要有深入的了解和评估。

3.1.3 金融审计的发展历程

作为企业治理和监督机制的重要组成部分，审计的发展历程可以追溯到早期的财务核查，最初用于保障公共资金的合法使用。随着股份制公司和资本市场的崛起，20 世纪初，现代审计制度逐渐形成，其核心目标从单一的财务核查扩展到对企业内部控制、风险管理和合规性的全面评估。20 世纪中期，独立性、系统性和风险导向成为审计理论的重要原则，为后续金融审计的发展奠定了基础。特别是，随着企业风险管理的重要性日益增加，审计人员逐渐转向识别和应对企业的关键风险。

金融审计的发展与全球金融市场的成熟紧密相连。自 20 世纪后半叶起，全球金融机构的多元化和复杂化推动金融审计从传统的财务审计中逐渐独立。金融机构面临的特殊风险，如市场风险、流动性风险和信用风险，使得金融审计不仅需要审查财务报表，还需要深入分析金融机构的风险管理体系、合规性以及金融产品的定价和交易操作。

在中国，金融审计的发展经历了从政府主导审计向现代化审计体系的转变，逐步适应国家经济体制改革、全球化进程和金融市场成熟的需求。1983 年，中华人民共和国审计署成立，这是中国政府设立的最高审计机构，负责监督国有企业和政府部门的财务状况和运营状况。在早期，审计工作主要集中于公共部门和国有企业的财务核查，而金融审计则以监督国有金融机构为重点。这一阶段的金融审计强调合规性检查和内部控制的评估，确保金融机构的运营符合法律法规和国家政策。

20 世纪 90 年代末，中国的金融审计进入深化改革阶段，逐步与国际接轨。国家出台了《中华人民共和国注册会计师法》和《中华人民共和国审计法》，为金融审计的制度化和规范化提供了法律框架。随着证券市场的崛起和商业银行的改革，金融审计的需求不断扩大，审计范围从单纯的财务审查扩展到更复杂的风险评估和合规审查。尤其是在 1998 年亚洲金融危机后，中国政府意识到加强金融监管和审计的重要性，金融审计逐渐成为推动金融机构治理结构改革的关键工具。

进入 21 世纪，中国加入世界贸易组织（World Trade Organization，WTO）后，金融机构面临全球市场的复杂竞争，金融审计的独立性、专业性和国际化水平得以提升。外资审计公司进入中国市场，为国内金融机构带来了国际先进的审计经验和技术。与此同时，外部审计与国际会计准则的引入提高了中国金融机构的透明度，特别是在资本充足率、流动性管理和风险控制方面，金融审计日益专业化、制度化。中国通过与《国际财务报告准则》趋同，进一步提升了金融审计的透明度和国际化水平。2006 年发布的《中国企业会计准则》基本实现了与《国际财务报告准则》接轨，大幅提高了中国金融机构的财务报表国际可比性，并吸引了外资进入中国市场。

党的十八大以来，金融审计以“维护安全、防范风险、推动改革、促进发展”为审计目标，从以传统的金融机构资产负债损益审计为主转向以金融监管部门和金融机构贯彻落实国家重大决策部署等政策跟踪审计与领导人员履行经济责任情况审计为主，从以银行金融机构审计为主转向金融机构、金融市场、金融行业和宏观调控政策审计并重，从以全国性银行金融机构审计为主转向全国性金融机构与非银行金融机构和地方性金融机构审计并重。[①]

3.2 金融审计的本质和特征

关于金融审计的本质，主要有金融活动监督论、金融免疫系统论和金融信

① 李晓鹏. 金融审计发展回顾与经验启示［J］. 审计研究，2022（6）：21-25.

息监督论三种观点。[①] 金融活动监督论强调审计作为一种对金融活动实施监督的机制确保金融市场的规范运作。金融免疫系统论将审计视为金融体系的“免疫系统”，侧重审计在识别和防范金融风险中的关键作用。金融信息监督论则侧重审计对金融信息的核查与监督，以确保信息的质量和透明度。这三种观点从不同角度揭示了金融审计的本质，为理解其在金融体系中的定位和功能提供了重要参考。[②]

3.2.1 金融活动监督论

金融活动监督论强调审计作为一种对金融活动实施监督的机制，主要是指通过审计手段对金融市场中的各类金融活动进行全面的检查和监督，以确保金融市场的规范运作。审计可以通过对金融活动的检查，确保各项金融业务和交易严格遵守法律法规、行业标准与监管规定。这不仅包括对金融机构的操作规范性进行核实，也包括对金融监管机构的政策执行情况的审查。通过这种方式，可以有效防止金融市场中出现违法违规行为，如市场操纵、内幕交易、资金洗钱等。

此外，金融审计有助于增强市场的公平性，通过对市场参与者（如银行、证券公司、保险公司等）的经营行为进行检查，确保所有市场主体在同一规则下公平竞争，防止个别机构或企业通过不正当手段获得不当利益。这有助于提升投资者对市场的信任，增强市场的公正性和透明度。

金融审计能提升市场的透明度，通过对金融机构的财务状况和运营中可能存在的风险点进行检查，包括资金流动、资产负债情况、合规性等，可以揭示出金融机构的真实状况。透明的信息披露不仅有助于监管机构及时发现问题，也为投资者和公众提供了清晰的市场情况，增强了市场的透明度，从而提高了市场的效率和稳定性。

同时，金融审计能够防范和控制风险。通过对金融机构财务状况和业务活动的审计检查，能够识别出潜在的系统性风险或操作风险，及时发现不合规或

① 郑石桥 . 金融审计本质：一个理论框架［J］. 财会月刊，2018（23）：126-131.

② 侯圆圆，曾雯婷 . 我国金融审计研究的综述［J］. 国际会计前沿，2024，13（4）：624-629.

不健康的金融行为，进而采取必要的措施防止风险蔓延，确保金融市场的稳定与安全。

3.2.2 金融免疫系统论

金融免疫系统论的核心概念源自审计署前审计长刘家义提出的国家治理审计免疫系统理论，刘家义在2007年底全国审计工作会议结束时的总结讲话中首次提出现代国家审计是经济社会运行的一个免疫系统。[①] 刘家义在2008年的一次讲话中系统地阐述了国家审计作为国家经济社会免疫系统的重要理论观点。他指出，国家审计是经济社会运行的一个免疫系统，发挥作用的方式有三种，即预防、提示和抵御。现代国家审计作为国家的免疫系统，有责任更早地感受风险，有责任更准确地发现问题，有责任提出调动国家资源和能力去解决问题、抵御"病害"的建议，有责任在永不停留地抵御一时、一事、单个"病害"的同时，促进其健全机能、改进机制、筑牢防线。[②]

金融免疫系统论将金融审计视为金融体系中的"免疫系统"，强调"金融审计是金融治理及金融监管的组成部分，通过预防、揭示和抵御三大功能的发挥，发挥金融免疫系统的作用，维护金融安全"。[③] 根据该理论，金融审计不仅是对财务报表的核查，更是一种通过识别潜在风险、提前预防危机并有效应对突发问题的机制。就像生物体的免疫系统保护身体免受病原的侵害，金融审计通过三大核心功能——预防、揭示和抵御，增强金融体系的稳定性和抗风险能力。

3.2.3 金融信息监督论

金融信息监督论强调的是金融审计在确保金融信息质量和透明度方面发挥的重要作用。金融审计可以有效减少金融市场中信息不对称的现象。金融审计的实施显著提升了金融信息的准确性和可靠性，优化了金融市场的信息环境，

① 喻婷．金融审计增强金融系统免疫功能的职能定位［J］．审计月刊，2008（12）：14-15.

② 刘家义．以科学发展观指导推动审计工作全面发展［EB/OL］．（2008-04-09）［2024-12-30］．https://www.gov.cn/gzdt/2008-04/09/content_940682.htm.

③ 郑石桥．金融审计本质：一个理论框架［J］．财会月刊，2018（23）：126-131.

进一步增强了金融机构的透明度，为投资者和监管机构提供了更为清晰、透明的决策依据。

金融信息监督论的核心在于强调金融审计在提升金融信息质量和透明度方面的关键作用。具体来说，金融审计不仅涉及对财务报表的核查和验证，还涵盖对整个金融信息环境的监督和改善。金融审计可以有效减少市场中的信息不对称现象。通过独立验证财务数据和经营状况，金融审计有助于提高信息的准确性和透明度，从而使市场参与者更有可能获得可靠的信息，进而降低因信息不对称引发的市场风险和决策失误。在实践中，审计员不仅核查财务报表的合规性，还促使所有财务活动和交易都得到了恰当的披露，帮助投资者和监管机构获得真实可靠的数据。这种透明度提升了金融市场的信任度，优化了市场环境。

3.2.4 金融审计的特征

结合金融活动监督论、金融免疫系统论和金融信息监督论的不同视角，金融审计的特征可以从综合性、预防性、透明性、独立性和合规性五个关键维度进行全面总结。

第一，金融审计具有综合性的特征。从金融活动监督论的视角来看，金融审计不仅仅局限于对单一金融机构或个别交易的检查，而是对整个金融市场及其各类金融活动进行系统化和全面的审查。金融审计通过对金融活动的全面监督，可以有效促进金融市场的规范化运作和维护金融体系的整体健康。

第二，金融审计具备预防性的功能。结合金融免疫系统论，金融审计被视为金融体系的“免疫系统”，其核心作用之一是识别和防范潜在风险。金融审计通过对金融活动、交易流程和管理制度的审查，能够提前发现潜在的风险点和管理漏洞，并采取预防性措施，避免这些风险演变成金融危机或系统性问题。这一预防性特征使金融审计不仅成为事后的检查工具，更是金融风险管理和控制的关键手段。

第三，金融审计强调透明性。根据金融信息监督论，金融审计的本质之一是保障金融信息的真实性、准确性和完整性。通过对财务报表、交易记录及其他重要数据的核查，金融审计可以提升信息披露的透明度和质量。这种透明性可以增强市场参与者对金融市场的信任度，提高金融信息的可信度，可以帮助投资者、监管者等做出科学、合理的决策，进而促进金融市场的有效运作。

第四，金融审计的独立性也是其核心特征之一。从各个理论视角来看，金融审计的独立性确保审计过程和结论的公正性与客观性。审计人员必须保持与被审计单位的独立性，确保审计结果不受外部干扰、利益冲突或其他不正当影响。这种独立性保障了审计结论的可信度，为市场参与者提供了可靠的决策支持。

第五，金融审计具有合规性的特征。无论是从金融活动监督论、金融免疫系统论还是金融信息监督论的视角来看，金融审计的核心使命之一都是确保金融活动符合相关的法律法规和行业标准。金融审计通过对金融机构运作的合规性检查，确保金融市场中的各项业务和交易不违反法律规定，从而实现对市场规范运作的保障。

3.3 金融审计的主要类别与审计目标

金融机构的审计主要分为国家审计、外部审计和内部审计。国家审计着眼于金融体系的整体安全性，监督和保障国家金融政策的有效执行；外部审计从独立的第三方视角，为利益相关者提供透明、可靠的财务信息披露，并提升金融机构的合法合规性；内部审计专注于内部控制和风险管理，为金融机构自我监督、自我完善提供了核心支持。这三类审计彼此补充，形成了对金融机构多层次、多维度的监督体系。

3.3.1 国家审计及审计目标

国家审计是一种由国家审计机关或其他政府授权部门对金融机构进行的监督活动。作为国家宏观经济政策的执行者，金融机构的运行与社会稳定、经济发展密切相关。因此，国家审计的重点在于保障金融系统的整体稳定、提升金融政策的执行力，同时为国家经济政策的制定和实施提供真实、准确的信息支持。通过对金融机构的政策执行情况、资产质量、资本充足率和风险暴露水平等方面的审查，国家审计确保金融机构的活动符合国家的法律法规和政策导向，进而在宏观层面维护金融市场的合法秩序。尤其是在金融风险高度集中的领域，国家审计有助于识别并预警可能影响金融稳定的系统性风险因素，从而为国家制定应对措施提供依据。

通过严格的政策执行监督，审计机关能够审查金融机构是否按照既定的国家政策开展业务，从而推动金融政策的有效落实。例如，在货币政策执行过程中，国家审计会关注金融机构的信贷投放和利率政策执行情况，防止出现违反政策导向的行为。国家审计还通过风险评估工具，分析金融机构的资产质量、资本充足率等指标，及时揭示可能导致系统性风险的隐患。这种监督作用对于降低金融市场的波动性、保障宏观经济的稳健运行具有重要意义。此外，国家审计能够保障公众利益，防止金融机构由于不当经营行为而对社会和公众利益造成潜在损害，强化了金融机构的社会责任意识。

3.3.2 外部审计及审计目标

外部审计是金融审计体系中的关键一环，由独立的第三方审计机构负责实施，其核心目的是审查金融机构财务信息的真实性、合法性和合规性。相较于内部审计，外部审计因具备独立性和客观性，在不受金融机构内部管理层干预的情况下，更有助于在编制审计报告时，向外部投资者、债权人及监管机构提供较为真实、准确的财务信息，从而提升相关机构和人员对金融机构财务状况的信任度。

外部审计的目标主要包括三个方面：财务报表审计、合规性审查和风险控制审查。首先，外部审计在财务报表审计中起到验证作用，审计师依据会计准则对金融机构的财务报表进行系统审查，核查财务信息的准确性和完整性，评估误报和虚报的风险。尤其是在金融机构涉及复杂的金融工具和跨境业务时，外部审计可以有效提高财务信息的透明度，增强投资者信心。其次，外部审计对金融机构的合规性进行审查，评估金融机构在各个环节是否严格遵循法律和行业标准。最后，在风险控制审查中，外部审计关注金融机构的内部控制和风险管理机制。审计师通过审查内部控制流程、风险评估和应对措施，评估其是否具备健全的管控机制，并能有效应对突发金融危机和市场波动。这种审查有助于揭示金融机构在风险控制方面的薄弱环节，并通过审计报告为管理层提供改进建议。

外部审计的独立性和客观性是其最显著的特征。独立性源自外部审计机构不受被审计单位控制，并且外部审计师必须遵守严格的职业道德规范。国际审计准则规定了外部审计师应如何独立、公正地进行审计工作，尤其是审计过程中不得与被审计单位存在利益冲突。客观性则是指外部审计师在审计过程中应以事实为依据，不受个人偏见或利益驱动的影响，公正地评价和报告审计发现。这种客观性要求审计师在收集和分析审计证据时，保持开放的心态，避免预设立场，确保审计结论基于充分、适当的审计证据。国际审计准则强调审计师应当保持职业怀疑，对被审计单位提供的资料和陈述进行独立分析与验证。

此外，外部审计与监管机构的互动也是金融审计工作的重要部分。金融机构的年度审计报告不仅提交给董事会和股东，还必须上报监管机构。外部审计师在审计过程中如发现重大违规行为或潜在风险，必须及时向相关监管机构报告。通过这种报告体制的设计，外部审计可以为金融监管体系提供有力支持，帮助监管机构及时了解金融机构的运营状况和潜在风险。

3.3.3　内部审计及审计目标

内部审计是一种独立、客观的确认和咨询活动，通过运用系统、规范的方法，审查和评价组织的业务活动、内部控制及风险管理的适当性与有效性，以促进组织完善治理、增加价值和实现目标。[①]

内部审计是金融机构风险管理和内部控制体系的重要组成部分，旨在通过独立于日常运营的审计部门，对公司内部的财务、运营和合规性进行系统性评估。与外部审计不同，内部审计由金融机构自身发起，具有内部监督、风险评估和改进建议的功能，帮助金融机构识别和管理潜在风险，优化内部控制流程，确保业务的高效、合规和稳健运行。

内部审计的首要目标是确保金融机构的运营符合内部规章制度和外部监管要求。金融机构往往面临复杂的合规和风险管理要求，如反洗钱法规、资本充

---

① 中国内部审计协会.内部审计基本准则（2023年修订）[EB/OL].（2023-07-01）[2024-12-30]. https://www.ciia.com.cn/cndetail.html?id=35589.

足率规定等，尤其是在不断变化的市场环境和严格的监管框架下，内部审计通过定期审查，评估各项业务的合规性。这种对内部控制的持续监督，能够帮助金融机构在市场环境变化中保持合规，减少法律和操作风险。此外，内部审计还承担着风险管理的职能。金融行业充满了各种不确定性，内部审计通过风险导向审计，帮助金融机构识别和评估其面临的各类风险，包括信用风险、市场风险、流动性风险和操作风险等。审计部门通常会针对这些高风险领域制订详细的计划，深入分析业务流程中的薄弱环节，并提出相应的改进建议。

独立性和客观性是内部审计的关键原则。尽管内部审计隶属金融机构，但其职能要求具备独立性和权威性，不能受到业务部门或管理层的直接影响。为了保证内部审计的独立性，金融机构可能会在董事会层面设立独立的审计委员会，由内部审计部门向其直接报告。这种结构保证了审计结果的公正性和可靠性，并使内部审计能够发挥应有的监督和管理改进功能。此外，内部审计在管理改进中的作用越来越突出。现代金融机构的内部审计不仅仅是为了发现问题，更多的是为管理层提供改进建议，帮助优化业务流程，提高运营效率。例如，内部审计在审查某大型商业银行的贷款审批流程时，可能会发现审批流程冗长或风险评估不充分的问题。通过提供具体的改进方案，审计部门能够帮助管理层优化流程，减少运营成本，并降低贷款违约风险。

随着金融科技的快速发展，内部审计的工作范围不断扩展。金融机构广泛采用的大数据、人工智能等技术，使得审计人员能够更有效地识别异常数据和潜在风险。尽管内部审计主要依赖传统的审计手段，但科技的进步正在促使其转型为一种更加依赖数据驱动的风险控制工具。通过对大量数据的分析和比对，审计人员能够更加精准地发现运营中的问题，从而提高内部审计的效率和效果。

内部审计与外部审计的合作也是金融审计体系中的重要环节。尽管内部审计和外部审计的目标有所不同，但两者之间往往存在相辅相成的关系。外部审计师在进行年度审计时，通常会参考内部审计部门的工作成果，以减少重复性工作并提高审计效率。同时，内部审计通过与外部审计协作，可以更好地识别金融机构运营中的潜在问题，并采取必要的应对措施，确保其运营的合法性和透明度。

3.4 COSO 框架、“三道防线”模型与审计

3.4.1 COSO 框架的历史回顾及在中国的应用

美国反虚假财务报告委员会下属的发起人委员会（The Committee of Sponsoring Organizations of the Treadway Commission，COSO）于 1985 年由美国多个会计和财务组织联合成立，旨在解决企业内部控制不健全引发的财务舞弊问题。1992 年发布的《内部控制——整合框架》标志着企业内部控制的制度化，提供了五大核心要素：控制环境、风险评估、控制活动、信息与沟通、监控活动。该框架为企业构建全方位的内部控制结构提供了指导。2004 年，COSO 框架扩展为企业风险管理（Enterprise Risk Management，ERM）框架，强调了内部控制与全面风险管理的结合。2013 年的更新增加了对信息技术风险和全球化运营的关注，使框架更好地适应了信息化和全球化带来的新挑战。金融监管机构，如美国的SEC、金融行业监管局（The Financial Industry Regulatory Authority，FINRA）等，广泛参考 COSO 框架以推动更强的内部控制和合规管理，尤其是在金融行业。

随着 COSO 框架在全球范围内的广泛应用，其在中国的引入和实施也逐渐展开。在中国，COSO 框架的应用始于 20 世纪 90 年代末。随着经济全球化进程的加快和中国加入 WTO，企业特别是金融机构逐渐采用这一框架以提升内部控制和风险管理水平。2006 年，财政部发布的《中国企业内部控制基本规范》参考 COSO 框架的原则，帮助国内企业构建完善的内部控制体系。近年来，中国金融监管机构通过借鉴 COSO 框架，不断提高对金融机构内部控制的要求，推动了企业内部控制的标准化和国际化进程。

3.4.2 COSO 框架的五大要素

COSO 框架通过控制环境、风险评估、控制活动、信息与沟通、监控活动五大要素构建企业内部控制体系的核心。这些要素彼此紧密联系，帮助企业在复杂的经营环境中有效识别、评估和应对风险，确保运营合规并提升财务报告

的可靠性。五大要素在金融机构中的运用尤为典型，特别是在维护内部控制的连续性和应对日益严峻的合规要求方面起到了积极作用。

控制环境决定了企业的风险管理氛围和合规文化，为企业的整体内控奠定了基础。管理层的行为和决策风格对整个企业的内部控制有着深远影响。通过设立严格的道德规范和责任分配制度，管理层能够营造一个高度重视内部控制的文化。这种文化不仅能使员工明确各自的职责，还能有效预防因职责模糊导致的操作失误或违规行为，确保业务流程的透明性和责任的落实。

风险评估作为 COSO 框架的核心之一，要求企业定期识别和评估可能影响其目标实现的内外部风险。金融机构尤其注重风险评估，因为其面临多样化的市场波动和复杂的操作风险。通过建立完善的风险评估系统，金融机构能够精确衡量各类风险，并在早期阶段识别潜在的风险因素，从而及时采取相应措施以减少可能的损失。

控制活动涉及确保各项业务流程中的操作得以有效执行，涵盖了企业日常运作中的多项关键步骤，如授权、审批和监督等。金融机构通过控制活动，确保其复杂的财务交易得以规范实施。这些控制活动不仅提高了操作的安全性，还减少了因单一环节失误或滥用职权带来的风险。

信息与沟通环节在 COSO 框架中起着承上启下、贯穿始终的作用。企业只有高度重视信息与沟通环节的建设和完善，确保信息的及时、准确和有效传递，才能使内部控制体系真正发挥作用，推动企业稳健发展，实现战略目标。

监控活动确保企业能够持续评估和改进其内部控制系统。通过定期的内部审查和反馈机制，企业可以及早发现并纠正操作中的薄弱环节。定期的内部审核有助于确保流程的合规性和效率，并通过及时调整操作流程，优化内控效率，确保合规操作。

COSO 框架的五大要素为金融机构提供了系统化的内部控制结构，使金融机构能够在日常运营中更好地管理风险、提升合规水平并确保运营透明度。这一体系不仅提高了企业的管理效能，还帮助金融机构在复杂的监管环境中保持稳健运营。

3.4.3 风险管理的“三道防线”模型

“三道防线”模型的理念最早在21世纪初期于企业风险管理和内部控制领域中逐渐成形，并在2013年由IIA正式提出并推广。该模型旨在通过清晰划分职责，将风险管理的不同职能分为三道相对独立的“防线”，帮助企业在应对风险时形成有序的管理结构。

在早期的探索中，“三道防线”的理念源于企业对内部风险管理中职责分工的需求，特别是希望明确业务管理部门、监督职能与审计职能的区别，以减少管理层之间的冲突与职能重叠。2013年，IIA发布了《有效风险管理与控制的三道防线》，明确划分了业务管理（第“一道防线”）、监督与合规职能（第“二道防线”）及内部审计（第“三道防线”）在风险管理中的具体职责。[①] 该模型迅速被广泛采纳，逐渐成为被各个行业采用和认可的风险管理结构。

随着市场环境和监管要求的变化，IIA于2020年对“三道防线”模型进行了更新，发布了新“三线模型”，进一步凸显了董事会等治理机构在风险管理中的中心地位。新版模型不仅简化了名称，更注重各防线之间的协作、信息共享和共同实现组织目标的需求，使模型在灵活性和适应性上得到增强。

下面详细介绍新“三线模型”的各道防线职责。

在新“三线模型”中，第一线即业务管理职能，负责日常运营，是直接面对风险的“前线”。第一线职责包括识别、评估、管理和应对日常活动中的风险，并确保各项活动符合公司战略和风险偏好。作为风险的承担者，第一线直接管理其职责范围内的风险，建立适当的控制措施和流程，以降低风险的发生概率，并报告重大风险事项。

第二线为监督和合规职能，通常涵盖风险管理、合规、法律及质量控制等部门，负责制定政策、提供指导并监督风险管理活动。作为“监控者”，第二线确保各项业务活动符合内部规定和外部监管要求，并为业务管理部门提供支持与建议，帮助管理层评估风险水平。第二线还负责检测、报告业务单元的风险

① The Institute of Internal Auditors. The Three Lines of Defense in Effective Risk Management and Control [S]. 2013.

管理效果，并对关键风险控制措施的执行情况进行评估。

第三线为独立的内部审计职能，独立于业务和监督职能，对整个治理、风险管理和控制流程进行审查与评价。作为“评估者”，第三线通过审计活动提供客观的评估意见，确认第一线和第二线的工作是否有效，并向治理机构（如董事会）报告，以确保风险管理体系的完整性和有效性。第三线的独立性在新模型中得到了进一步强调，使其能够客观、公正地对风险管理和内控活动提出建议与反馈。①

新三线模型的分工不仅确保了各职能的明确性，还强调了相互之间的协作和信息共享，以形成一个系统化、动态的风险管理机制。治理机构提供战略和指导，第一线负责具体的风险管理，第二线进行监督，第三线提供独立的评估，这一结构使各职能相互支持，共同维护组织的稳健发展。

3.4.4 COSO 框架与“三道防线”模型

2015 年，COSO 与 IIA 联合发布了《COSO 在三道防线模型中的应用》。该文件探讨了如何在 COSO 框架下应用“三道防线”模型，以优化组织的风险管理职责分配和执行。该文件为组织提供了具体指导，旨在更好地协调风险管理、合规和内部控制各层级，确保不同职能之间的角色清晰、职责明确。②

该文件基于 COSO《内部控制——综合框架》的五大要素，深入阐述了“三道防线”模型在内部控制和风险管理中的协同作用，以实现组织的合规性、透明度和风险控制目标。业务运营管理部门作为第“一道防线”，直接承担风险管理责任，在 COSO 控制环境的指导下执行操作控制，确保符合组织的内控要求。该文件指出，第“一道防线”在风险识别和应对上发挥关键作用，确保操作风险在可控范围内。

风险管理和合规职能等部门作为第“二道防线”，承担监督职责，监控并支持业务部门的风险控制活动，并为其提供政策性指导。该文件强调，第“二

① The Institute of Internal Auditors. The IIA’s Three Lines Model: An Update of the Three Lines of Defense [S]. 2020.

② COSO，IIA. Leveraging COSO Across the Three Lines of Defense [S]. 2015.

道防线”在COSO框架的风险评估和控制活动中发挥重要支持作用，通过标准化和结构化的风险监控，帮助组织整体控制风险。

内部审计作为第“三道防线”，负责提供独立的评估与保证。该文件建议，内部审计应直接向董事会或治理机构报告，以确保其审计活动的独立性，并为整个风险管理体系提供独立、客观的反馈。这不仅增强了COSO框架中的监控活动，还帮助识别并改进了内控中的薄弱环节。

需要注意的是，在2020年新三线模型发布以后，《COSO在三道防线模型中的应用》没有进行更新。

COSO框架和“三道防线”模型为现代企业的内部审计提供了清晰的结构与原则，帮助审计部门有效履行其职能，并确保风险管理与内部控制系统的全面性、有效性和独立性。二者在审计中的意义具体体现在以下几个方面。

第一，COSO框架为审计提供了一个完整的内部控制和风险管理标准。通过COSO框架中控制环境、风险评估、控制活动、信息与沟通以及监控五大要素，审计部门可以系统地评估公司内部控制体系的健全性。COSO框架的明确结构帮助审计人员在审查中识别、评价和报告各层级的控制缺陷与潜在风险，从而提出有效的改进建议。

第二，“三道防线”模型为审计提供了一个分工明确的管理框架，使内部审计能在既定职责范围内独立开展工作。第“一道防线”（业务管理）和第“二道防线”（风险管理和合规）负责前期风险识别与控制，而第“三道防线”的内部审计则对整个风险控制体系进行独立评估。“三道防线”模型确保了各个职能部门在控制活动中的角色和责任划分清晰，使内部审计能够以独立的视角对风险管理效果和内控的有效性进行客观评价，并向治理层直接报告。

第三，COSO框架和“三道防线”模型共同为审计活动提供了系统化的流程与评价基准，帮助审计人员更有效地识别风险和控制薄弱点。COSO框架提供了细致的内控要素，而“三道防线”模型的多层次管理结构保证了从操作层到管理层的全方位覆盖。审计人员可以根据二者的要求设计全面的审计计划，跟踪风险管控措施的落实情况，确保组织的控制活动能够适应复杂多变的外部环境。

第四，COSO框架和“三道防线”模型增强了审计在组织内部的战略性地位。COSO 框架强调治理层在风险管理中的主导作用，而“三道防线”模型则赋予审计直接向董事会或审计委员会报告的独立性。通过应用 COSO 框架和“三道防线”模型，审计部门不仅是简单的监督者，更成为推动组织内控完善、支持决策层风险把控的关键力量。这一结构性保障使审计在公司治理中发挥重要的保障作用。

3.5 金融审计的流程与方法——以内部审计为例

3.5.1 审计准备

在金融机构的内部审计中，审计计划和前期准备阶段是审计工作中的关键环节。这一阶段为审计的实施奠定了基础，确保审计工作能够有效识别并评估金融机构运营中的关键风险，制定相应的审计策略。审计计划不仅涉及对业务的全面审查，还要求内部审计部门根据金融机构的业务特点、风险状况和合规要求，灵活制定审计的优先事项。

审计计划的制定始于审计范围的确定。由于金融机构的业务复杂多样，审计范围必须涵盖金融机构的核心业务活动，尤其是风险较高的领域，如信贷管理、市场交易和合规监管。审计目标通常包括评估内部控制系统的有效性、运营的合规性以及财务报告的准确性。有效的审计计划能够确保审计资源集中在风险较高、潜在问题多发的领域，进而提高审计的针对性。

内部审计部门在制订审计计划时，必须深入了解金融机构的业务流程和管理结构。通过结合过去的审计记录、外部监管要求和行业发展趋势，审计部门可以确定重点审查领域。金融机构的复杂性使得其业务活动的风险程度各不相同。例如，商业银行的信贷风险管理系统通常需要重点审查，而证券公司的交易合规性和市场风险控制则可能是审计的主要关注点。在审计计划中，内部审计部门需合理安排人员与技术资源，以保障审计工作顺利开展。

现代审计的一个重要特点是技术的深度应用，尤其是大数据分析和自动化工具在审计中的广泛使用。在数据量庞大的金融机构中，传统的审计方式已经难以有效应对业务的复杂性。内部审计部门通过技术工具可以更高效地分析大量数据，快速识别潜在风险和违规操作。例如，自动化的数据筛查工具能够帮助审计部门在审计初期阶段快速锁定需要深入调查的高风险业务领域。

此外，金融机构的审计计划还需与行业监管环境保持同步。在金融行业中，监管要求往往会随着市场和国际形势的变化而不断调整。例如，近年来全球范围内对反洗钱和反恐融资的监管要求不断升级，金融机构必须在审计计划中加强对这些领域的审查。因此，审计计划需要重点关注金融机构在反洗钱和反恐融资合规方面的内部流程与控制机制，审查其运营是否符合相关法律法规。

审计计划的制订还需要预见未来的业务和风险变化。例如，金融科技的快速发展正不断改变金融机构的运营模式，这要求内部审计部门在制订审计计划时，不仅要考虑现有的风险和业务，还需灵活应对未来可能出现的技术和监管变化。通过合理分配资源、及时调整审计策略，内部审计能够有效帮助金融机构适应复杂多变的市场和监管环境。

3.5.2 审计实施

在金融机构的内部审计中，审计实施是整个审计流程的关键阶段，此阶段不仅涉及审计计划的落实，还需要审计部门运用多种方法与工具进行详细的风险评估和内部控制审查。在实施过程中，审计人员需要通过对企业的各类业务和运营活动进行系统性的检查与评估，确保能够从多维度识别潜在的操作风险、管理漏洞以及合规问题。金融机构的复杂性使得审计实施充满挑战，也是审计工作产生价值的核心环节。

文件审查是审计实施的基础。在这个阶段，审计部门会系统性地检查金融机构的政策和程序、流程图、内部控制文件、客户尽职调查记录以及其他合规相关的文件。这一环节的主要目标是通过文件审查了解金融机构的内部控制结构、流程规范性以及各项管理措施的执行情况。文件审查不仅能够帮助审计人员掌握金融机构的业务操作框架，还能为下一步的详细审查提供线索。

此外，实质性测试也是审计实施过程中的重要环节。实质性测试通过对样本交易、财务记录和运营活动的深度核查，验证其是否严格按照企业既定的政策和程序进行。金融机构通常涉及大量复杂的交易，如贷款审批、投资交易和外汇操作等，任何一个环节的错误都可能引发严重的财务风险。因此，审计部门在实施审计时，通常会根据审计目标选择有代表性的样本进行详细核查。例如，在银行的贷款审计中，审计人员需要核查一系列贷款申请的审批过程，审查其是否符合规定的多级审批要求，并进行详细的信用风险评估，以评估信贷决策的稳健性。

数据分析是现代审计实施中越来越重要的工具。面对金融机构的海量交易数据，传统的手工审查已无法满足高效、准确的审计需求。因此，审计部门广泛应用大数据分析技术来处理与分析大量的交易记录和财务数据。通过数据挖掘技术，审计人员可以快速发现异常交易模式、潜在的洗钱行为或其他操作风险。现代金融机构的业务多样化以及数字化转型，使数据分析成为审计工作中不可或缺的一部分。

在审计实施过程中，审计人员通常还会通过访谈和实地走访获取更直接的信息。这种方式不仅能够帮助审计人员验证文件审查中的发现，还能够获得更多关于内部控制执行情况的实际信息。例如，审计人员可以通过与风险管理部门、内部控制部门及其他相关业务部门的人员访谈，了解风险管理政策的实际运作情况，以及在日常操作中遇到的挑战。尤其是在金融机构中，市场波动、信用风险、操作风险等各类风险往往交织在一起，访谈能够帮助审计人员深入了解这些风险的具体表现形式，并评估现有内控制度的有效性。

在金融机构的审计实施过程中，审计部门通常会面临诸多挑战，特别是金融市场的动态变化和日益复杂的监管环境。随着全球化的推进，金融机构的业务网络覆盖多个国家和地区，审计人员需要面对跨区域的监管差异和不同的市场规则。为了应对这些挑战，审计部门不仅需要具备全面的审计知识和技能，还需要时刻跟进最新的监管动态和行业趋势，确保审计工作的时效性和全面性。

在审计实施过程中，必须高度重视审计证据的收集与评估。审计证据是审计结论的基础，因此其收集必须充分、可靠且具有代表性。金融机构的审计实施涉及大量业务活动和复杂的财务数据，审计部门通常需要通过多种途径获取证据，包括文件审查、系统日志分析、交易记录检查等。审计证据的评估过程需要严谨细致，以确保审计结果的准确性。例如，在审查金融机构的市场风险管理时，审计部门需要对衍生品交易的风险对冲策略、市场波动应对措施等进行详细分析，并核实其是否有效执行。这些证据不仅能为审计结论提供有力支持，也能帮助管理层改进其内部控制和风险管理体系。

3.5.3 审计报告

金融机构内部审计中的审计报告流程是一个系统化、层次化的工作过程，通常包括编制审计报告、征求意见、修改与审定审计报告、出具审计报告和建立审计档案等步骤。

在审计工作完成后，审计人员会根据收集到的证据和审计发现，撰写审计报告的初稿。审计报告内容应包括审计目的和范围，明确审计的目标、覆盖的业务范围及审计的时间框架；审计方法和程序，列出使用的审计方法，如样本抽查、实地调查、访谈等，以及进行审计的具体步骤；审计发现，详细描述审计过程中发现的主要问题、风险和潜在改进的领域；审计结论，根据审计发现，给出对金融活动合规性、有效性和风险控制等方面的综合评价；改进建议，针对审计发现的问题，提出具体的改进建议或整改措施。

审计报告初稿完成后，通常会向相关部门或被审计单位征求意见。被审计单位的管理层、相关业务部门或高层领导会对审计报告中的发现和建议提供反馈意见。这些意见包括对审计报告内容的准确性、完整性以及审计结论的合理性进行核对。该步骤有助于确保审计报告的客观性和公正性，并为审计结论的准确性提供支持。

在征求意见后，审计人员会根据反馈意见对审计报告进行修改。修改的过程可能包括对审计发现的进一步验证、补充必要的证据或对审计结论的调整。修改后的审计报告会提交给金融机构的审计委员会或管理层进行审定。相关人员将审阅审计报告的内容，并确保其符合金融机构的要求和标准，同时确保审计报告中反映的审计发现和建议的有效性。

一旦审计报告通过审定，正式的审计报告就会被出具并向相关部门或管理层发布。此时，审计报告内容将作为正式文档，为决策层提供重要的信息支持，供其参考和决策。

审计报告一经出具，审计部门便会建立审计档案，保存相关的审计工作文件、证据材料、修改记录及最终报告。审计档案的建立不仅有助于审计工作的追溯和回顾，也为后续的审计工作提供了参考依据。同时，审计档案也是审计管理和合规检查的重要组成部分，确保了审计工作过程的透明性和规范性。

3.5.4 后续审计

在金融机构内部审计完成后，后续整改工作是确保审计发现得到有效处理和金融机构内部控制体系持续改进的关键环节。这主要包括移交重大审计线索、推进责任追究、检查审计发现问题的整改情况以及评估审计建议的实施效果等步骤。

首先，审计团队将对重大审计线索进行移交。这些线索通常涉及金融机构的重大财务风险、合规问题或潜在的法律风险。对于这些问题，审计部门会将相关证据、审计发现及详细情况移交给合规、法务或风险管理部门，以便进一步调查和处理。金融机构内的审计线索移交过程要求严格保密，确保信息的完整性与准确性，同时明确后续责任的分配和处理时限，确保问题得到及时和有效的解决。

其次，审计部门需要推动责任追究。金融机构在审计过程中，如发现有人员存在违规操作、失职渎职或未履行内控责任的情况，审计部门应积极向管理层报告，并推动责任追究措施的实施。这可能包括对相关人员的纪律处分、行政处罚或进一步的法律责任追究。金融机构需要建立明确的责任追究机制，确保审计发现的合规问题能够通过问责制度得到解决，并通过有效的追责形成内部控制的“防火墙”，避免类似问题再次发生。

在审计发现问题的整改方面，审计部门需定期检查和跟踪整改措施的落实情况。金融机构的审计工作往往涉及风险管理、合规检查、财务审计等多个层面，因此，整改工作必须得到跨部门的协同和支持。审计部门应与风险控制、合规、财务等部门密切合作，确保整改措施得到落实。整改情况的检查可以通过定期复审、现场核查或定向抽查等方式进行，审计部门需要确保每一项审计发现的问题都有相应的整改措施，并检查其执行情况和整改效果。

审计部门还应评估审计建议的实施效果。审计不仅是发现问题，还要通过提出改进建议，推动问题的解决。在整改措施实施后，审计部门要对整改的效果进行评估，确认审计建议是否有效解决了审计发现的问题，改进措施是否在实际操作中起到了作用。如果发现整改措施未能达到预期效果，那么审计部门需要与相关部门重新沟通，提出进一步的改进建议，并确保整改工作能在规定时间内完成。

通过上述整改流程的有效落实，金融机构能够不断优化内部控制机制，提高风险管理水平，确保合规性，提升整体运营效率和稳健性。

第 2 篇

基金行业的合规与审计

4 中国的基金监管

4.1 历史与现状

4.1.1 资产管理行业的监管

资产管理业务是指银行、信托、证券、基金、期货、保险资产管理机构、金融资产投资公司等金融机构接受投资者委托，对受托的投资者财产进行投资和管理的金融服务。2018 年，经国务院同意，《关于规范金融机构资产管理业务的指导意见》（以下简称“资管新规”）由中国人民银行等部门联合印发，明确了资产管理业务的定义、产品分类、投资范围和杠杆限制等内容，同时构建了统一的资产管理业务金融监管体系。

如前文所述，随着中国金融监管体制的多次改革，自 2023 年以来已形成由中国人民银行、国家金融监督管理总局和中国证券监督管理委员会共同组成的“一行一局一会”监管格局。在这一体系下，各监管机构根据自身职责，对资产管理行业的不同领域进行监管和指导，共同维护金融市场的稳定与健康发展。

中国人民银行作为中央银行，发挥宏观审慎管理的重要作用。其主要职责包括制定资产管理业务的监管标准和规制，防范系统性金融风险，建立资产管理产品的综合统计制度，并与其他金融监管机构协同合作，推动监管政策的统一和落实。中国人民银行通过对资产管理行业的整体风险状况进行监测和评估，确保金融体系的稳定性和有效性。国家金融监督管理总局则专注于银行、保险等金融机构的资产管理业务，其职责包括市场准入监管，确保进入市场的机构具备必要的资质和风险管理能力。此外，国家金融监督管理总局还对金融机构的日常业务开展进行全方位监管，强化风险防控，保护投资者权益，通过严谨的市场准入和业务监管，努力维护市场秩序和金融稳定。证监会则主要负责证券公司、基金管理公司及其子公司的资产管理业务监管。证监会对资产管理市场的准入、业务运作和信息披露等方面进行全面监管，确保这些机构遵循法律法规，防止违法违规行为的发生。同时，证监会重视风险监测与防控，建立完善的风险预警机制，维护证券期货市场的公正与透明。

4.1.2 基金行业的监管概述

中国基金行业的监管体系是一个全面且多层次的结构，其发展和完善旨在保障行业的健康发展、保护投资者权益、维护市场公平与稳定。自 20 世纪 90 年代初以来，中国基金行业在法律法规、监管机构、行业自律等方面逐步建立起了完善的监管体系。

法律法规体系为基金行业的合规运营提供了基础。1997 年，《证券投资基金管理暂行办法》作为中国第一部专门针对基金行业的行政法规，为行业起步与发展提供了基本规范。2004 年，《中华人民共和国证券投资基金法》(以下简称《基金法》)出台，对基金募集、运营、管理、投资等环节提出了详细要求，推动了行业的规范化发展。此后，监管机构推出了一系列配套法规和细则，不断充实和完善基金行业的法律框架。

证监会作为主管监管机构，对基金行业实施全面监管，而中国证券投资基金业协会（以下简称“基金业协会”）作为行业自律组织，进行自律管理。交易所在基金行业的监管中也起到了重要的监督、审查、风险防控和市场秩序维护作用，确保基金市场的健康运行。

金融市场为基金行业提供了交易平台和环境，主要包括股票市场和债券市场，为基金提供投资标的和流动性管理工具。金融机构如基金管理公司、银行、证券公司等在基金行业中扮演重要角色，比如，基金管理公司负责基金的募集、运作和管理，银行作为托管机构负责基金资产的保管和监督。

投资者作为基金行业的重要组成部分，监管体系通过信息披露、投资者教育等方式保护其权益。个人投资者和机构投资者都能通过购买基金产品参与资本市场，监管体系确保市场的公平性和透明度，保护投资者的利益。

在过去的数十年里，中国基金行业的监管不断创新和优化。近年来，证监会先后发布了《关于加快推进公募基金行业高质量发展的意见》《关于加强证券公司和公募基金监管加快推进建设一流投资银行和投资机构的意见（试行）》《推动公募基金高质量发展行动方案》等重要文件，加快构建公募基金行业新发展格局。其中，2025 年 5 月发布的《推动公募基金高质量发展行动方案》旨在督促基金公司、基金销售机构等行业机构从"重规模"向"重回报"转变，推动形成行业高质量发展的"拐点"。

4.2 基金行业的监管体系

4.2.1 三大监管机构对于基金行业的监管职责

证监会是基金行业的主要监管机构，负责对证券市场的统一监督管理，包括对证券投资基金活动的全面监管。作为证券市场的重要组成部分，证券投资基金的合规性、透明度和市场运作都受到证监会的严格监管，旨在维护市场的公平、公正和透明。证监会对基金行业的监管职能主要包括以下几个方面。一是政策与法规制定，研究拟定基金市场的方针政策和发展规划，起草相关法律法规草案，并制定监管规章和规则，为基金行业提供制度保障。二是市场活动监管，全面监管基金的发行、上市、交易、托管和结算等活动，确保基金运作的合规性。三是机构与人员管理，监管基金经营机构、托管机构和服务机构，制定并实施从业人员的任职和执业管理办法，提升行业规范性。四是违法违规行为查处，依法对基金市场的违法违规行为进行调查，采取相关措施或进行处罚。

中国人民银行在基金行业的监管职能主要集中于反洗钱和金融业综合统计两个方面。在反洗钱工作中，中国人民银行承担全国反洗钱和反恐怖融资的组织协调与监督管理责任，负责监测涉及洗钱和恐怖活动的资金流动。同时，在金融业综合统计方面，中国人民银行负责制定统一的金融统计标准，建设国家金融基础数据库，进行金融统计调查，为政策制定提供数据支持。其中，中国人民银行负责建立资产管理产品的综合统计制度，负责资产管理产品的数据编码和统计工作。因此，基金行业必须根据中国人民银行在反洗钱和金融业综合统计方面的相关监管要求开展工作。

国家金融监督管理总局则负责对除证券业外的其他金融业务进行统一监督，虽然其监管职能与基金业的关联相对较少，但其统筹负责金融消费者权益的保护工作。2023 年，证监会的投资者保护职责正式划归国家金融监督管理总局，基金行业有关投资者保护和金融消费者权益保护的工作正式纳入国家金融监督管理总局的监管范围。

4.2.2　证监会对于基金行业的日常监管与稽查执法

针对基金行业的监管，证监会的内设部门可以分为两条主要工作条线：监管条线和稽查条线。监管条线的核心任务是对证券市场、期货市场及相关机构进行日常监督，包括对上市公司、证券公司、基金管理公司和期货公司的合规性检查、信息披露监督以及市场行为的监管。该条线的职责涵盖制定监管规则、审核市场交易和产品、评估风险，并推动市场的健康可持续发展。相比之下，稽查条线则专注于查处违法违规行为，主要负责调查市场操纵、内幕交易和虚假陈述等不当行为。稽查条线会对涉嫌违规的机构和个人进行深入调查，收集证据，并依据相关法律法规进行处理。通过这两条线紧密协作，证监会能够有效维护市场秩序，确保市场的透明度与公正性，从而为投资者提供一个更加安全的投资环境。

相应地，证监会对基金行业的监管可以分为日常监管和稽查执法两个部分。日常监管是证监会对基金行业的常规监督和管理工作，由证券基金机构监管司牵头负责。该部门负责制定基金经营机构、证券投资咨询机构、基金托管机构、基金服务机构和合格境外投资者的监管制度，依法实施准入管理，对上述机构的业务活动和从业人员进行监督管理，开展风险监测和个案风险处置。通过定期检查和非现场监管，证监会能够实时监控基金公司的合规经营状况，及时发现和纠正潜在问题。稽查执法则针对基金行业中的违法违规行为进行调查和处理，专门查处如利用未公开信息交易、内幕交易、市场操纵等严重违法行为。证监会的稽查局负责制定稽查执法制度，组织、协调、管理和监督证券期货基金违法违规案件的调查，办理涉嫌犯罪案件的移送，承担债券市场的统一执法工作，并参与境外监管合作案件的协查和涉外违法违规案件的调查。此外，证监会还设立了直属的稽查总队，专门负责案件的调查取证和提出处理意见等工作。

近年来，证监会加大了对基金行业违法违规行为的打击力度，通过强化稽查执法，提高违法成本，有效震慑了潜在的不法行为。以 2023 年为例，证监会共查办证券期货违法案件 717 件，同比增长 19%；做出行政处罚 539 件，同比增长 40%；处罚责任主体 1073 个，同比增长 43%；市场禁入 103 人，同比增长 47%；罚没金额达 63.89 亿元，同比增长 140%；向公安机关移送涉嫌违法犯罪案件和线索 118 件。[①] 这些举措有力地维护了资本市场的运行秩序，保护了投资者的合法权益，体现了对违法行为"零容忍"的高压打击态势。

4.2.3 基金行业的日常监管体系

中国基金行业的日常监管体系由证监会主导，经过多年的发展和完善，形成了分工明确、协调高效的监管架构。2005 年 7 月，证监会发布了《证券投资基金监管职责分工协作指引》，明确了基金监管部、各证监局、证券交易所和中国证券业协会等证监会系统主要监管主体的职责与协作方式。这一体系至今仍在有效运作，为基金行业的健康发展提供了有力保障。

2014 年，证监会将机构监管部和基金监管部合并成立"证券基金机构监管部"，并于 2023 年底更名为"证券基金机构监管司"。原基金监管部的监管职能由新的监管司继续承担。2012 年成立的基金业协会取代中国证券业协会，成为基金行业专门的自律管理组织。

当前的基金监管体系主要由证券基金机构监管司、各地证监局、证券交易所和基金业协会组成。这些监管主体在各自职责范围内密切协作，通过有效监管和风险防范，推动了基金行业的持续健康发展。

证券基金机构监管司承担了基金行业的主要日常监管职责，负责重大政策研究、监管规则制定、行政许可审核，以及对基金管理公司、基金托管机构和

① 中国证券监督管理委员会．中国证监会 2023 年执法情况综述［EB/OL］．（2024-05-15）［2024-12-30］．http://www.csrc.gov.cn/csrc/c100200/c7481207/content.shtml.

基金代销机构的全面监管。同时，证券基金机构监管司还负责指导、组织和协调证监局、证券交易所等部门的日常监管工作，对发现的重大问题进行及时处置，防范和化解行业风险。根据媒体报道，原证券基金机构监管部内设的 10 个处室中，与基金行业最密切相关的是一处、二处和五处：一处负责机构设立和高级管理人员的许可审核，二处负责公募产品注册及资产管理产品备案，五处负责基金公司、子公司及基金业务的日常监管。①

各地证监局作为证监会的派出机构，负责辖区内基金管理公司的日常监管，包括公司治理、内部控制、高级管理人员的监督，以及基金销售行为和信息披露的监管。此外，各地证监局还负责对辖区内异地基金管理公司的分支机构和基金代销机构进行监管。以深圳证监局为例，其分管基金行业的机构二处具体负责辖区公募基金经营机构、异地公募基金公司在深分支机构、公募基金销售机构、银行类基金托管机构的日常监管、现场检查、风险防范和处置等工作。②

证券交易所在基金行业的监管中发挥着重要作用，负责对基金在交易所内的投资交易活动和信息披露进行监管。交易所建立了基金交易监控体系，重点监控异常交易行为，包括单只基金的异常交易和不同基金之间的关联交易。对于违规行为，交易所可以采取书面警告、约谈等措施，并将相关情况及时通报证券基金机构监管司。同时，交易所确保基金管理公司按规定披露基金产品的运营信息，提高市场透明度，并定期向证券基金机构监管司报送信息披露监管工作报告。

基金业协会作为行业的自律管理组织，负责对基金管理公司、基金代销机构、基金托管机构以及基金从业人员进行自律管理。基金业协会具体负责管理基金从业人员的资格认证，包括注册、考试和持续培训，确保从业人员具备专业能力和道德素养。此外，基金业协会依法办理非公开募集基金的登记和备案，

① 东方早报.证监会通报 9 部门新职责 [EB/OL].（2014-04-10）[2024-11-10]. https://www.163.com/money/article/9PK8371E00253B0H.html.

② 中国证券监督管理委员会深圳监管局.机构职能 [EB/OL].（2024-09-12）[2024-12-01]. http://www.csrc.gov.cn/shenzhen/c101527/common_zcnr.shtml?channelid=ccae430b3fe84d4288dd641318c660c1.

同时收集和发布行业数据，为监管部门和市场参与者提供参考。

4.3 基金行业的监管规则

4.3.1 监管规则的分类

基金行业的监管规则结构复杂，涵盖多个层次，每一类规则都在确保行业合法合规、保护投资者权益和维持市场秩序方面发挥着独特作用。根据法律效力、颁布机构和适用范围的不同，这些规则通常可以分为法律、行政法规、部门规章及规范性文件、证监会基金监管部门发布的规范性文件、自律性规则、政策性文件和窗口指导意见七大类。

第一，法律是由全国人民代表大会或其常务委员会制定并颁布，具有最高法律效力的文件。在基金行业中，法律是基础性的规则，规范了行业中所有主体的行为。例如，《基金法》作为基金行业的根本法律，规定了证券投资基金的设立、募集、管理和监督等各项内容，为基金管理公司的设立、运作和投资者保护提供了明确的法律依据。此外，《中华人民共和国证券法》也是基金行业的核心法律之一，保障了证券市场的透明性和公平性。

第二，行政法规由国务院制定并颁布，效力仅次于法律，旨在补充和细化相关的法律内容，对特定行业或问题做出更详细的规定，以确保法律的有效执行。例如，2023 年 6 月国务院发布的《私募投资基金监督管理条例》就是一部重要的行政法规，该条例进一步规范了私募基金的设立、募集、投资管理和信息披露，特别强调防范私募基金非法集资等违法行为。

第三，部门规章及规范性文件是由国务院各部门和直属机构（如中国人民银行、证监会等）依据法律和行政法规制定的，用以进一步细化法律和行政法规，具体指导基金行业的日常运作。例如，证监会发布的《证券投资基金运作管理办法》对基金的募集、投资运作、申购与赎回等环节提出了详细的规定，要求基金管理人遵守透明度和合规性原则，通过科学的投资策略和有效的风险管理体系，保障投资者的合法权益。

第四，证监会基金监管部门发布的规范性文件，主要由证监会内部的基金监管部门制定，针对基金行业的具体操作流程和日常运作提供更为细致的指导。这些文件具有较强的专业性和针对性，旨在解决实际操作中的具体问题。例如，《证券投资基金监管职责分工协作指引》（证监基金字〔2005〕113号）就是由当时的证监会基金部发布的，明确了基金监管各部门的职责分工和协作方式，对基金管理公司的实际操作具有重要指导作用。

第五，自律性规则由行业自律组织（如证券交易所或基金业协会）制定，虽然不具备法律的强制性，但对行业内部的机构和从业人员有一定约束力。例如，基金业协会发布的《基金从业人员管理规则》明确规定了基金从业人员的职业操守和资质要求，确保他们具备专业能力并遵循职业道德。自律性规则有助于提升行业整体的专业水平，维护市场秩序。

第六，政策性文件是政府或监管机构为推动行业发展或调整监管策略而发布的指导性文件，尽管不具备法律的强制力，但对行业发展具有重要的方向性作用。例如，证监会发布的《关于加快推进公募基金行业高质量发展的意见》，明确了公募基金行业未来的发展方向，鼓励创新和提高级管理人员理质量。这些文件在促进基金行业创新、推动绿色金融等新兴领域发展方面起到了重要的引导作用。

第七，窗口指导意见是监管机构在日常监管过程中通过非正式渠道向市场参与者提供的操作建议或指引。虽然没有法律上的强制性，但在实践中具有相当的影响力，特别是在市场出现波动或新业务刚推出时。例如，证监会可能在市场剧烈波动时期建议基金管理人提高现金持有比例，以防范市场风险。这种灵活的指导有助于稳定市场，防范潜在的系统性风险。

4.3.2 基金行业的主要监管规则：一法六规

中国公募基金行业的法律基石是《基金法》，这部法律出台于2004年，并于2012年、2015年进行了两次修订。《基金法》是中国基金行业的基本法，基金管理人和基金的运作必须限于《基金法》的框架之内，此外，相关投资活动还需要遵守《中华人民共和国证券法》等相关法律法规。

2013年《基金法》实施后，为确保其顺利落地，中国证监会陆续出台了《证券投资基金运作管理办法》《证券投资基金销售管理办法》《证券投资基金信息披露管理办法》《证券投资基金托管业务管理办法》《证券投资基金行业高级管理人员任职管理办法》《证券投资基金管理公司管理办法》六项配套规章制度。这些规定与《基金法》共同构成了基金行业的主要监管框架，业内称之为“一法六规”，为中国基金行业的健康发展奠定了坚实基础。

随着行业发展和市场需求的变化，“六规”经历了多次修订和完善。目前，生效的版本包括以下几个。

《公开募集证券投资基金运作管理办法》（2014 年颁布）：旨在规范公募基金的运作活动，保护投资者合法权益，促进基金市场健康发展。该办法共八章，涵盖总则，基金的募集，基金份额的申购、赎回和交易，基金的投资和收益分配，基金转换运作方式、合并及变更注册，基金份额持有人大会，监督管理和法律责任等内容，详细规定了基金募集条件和程序、投资运作规范、收益分配要求、持有人大会制度，以及基金管理人和托管人的监督管理与法律责任。该办法强调基金管理人应遵守法律法规，制定科学合理的投资策略和风险管理制度，有效防范和控制风险。

《公开募集证券投资基金销售机构监督管理办法》（2020 年颁布）：旨在规范基金销售机构的销售活动，保护投资者合法权益，促进基金市场健康发展。该办法共八章，涵盖总则、基金销售机构注册、基金销售业务规范、内部控制与风险管理、相关基金服务机构、销售私募基金的特别规定、监督管理和法律责任等内容，详细规定了基金销售机构的准入条件、业务规范、内部控制要求，以及基金销售支付机构、基金份额登记机构等相关服务机构的职责和义务。该办法强调基金销售机构及其从业人员应当诚实守信，谨慎勤勉，防范利益冲突，确保基金销售结算资金的安全和业务合规运行，对于加强基金销售市场监管，提升行业合规水平和公信力具有重要意义。

《公开募集证券投资基金信息披露管理办法》（2019 年颁布，2020 年修订）：旨在规范公募基金的信息披露活动，保护投资者及相关当事人的合法权益，促进基金行业健康发展。该办法共八章，涵盖总则、基金信息披露一般规定、基金募集信息披露、基金运作信息披露、基金临时信息披露、信息披露事务管理、监督管理和法律责任等内容。该办法明确了信息披露义务人的职责和义务，规定了信息披露的内容、方式和时限，强调信息披露应当真实、准确、完整、及时，禁止虚假记载、误导性陈述或者重大遗漏。

《证券投资基金托管业务管理办法》（2020 年颁布）：由中国证监会和银保监会联合发布，旨在全面规范基金托管业务。该办法对托管机构的资格、职责以及监管做出详细规定，明确托管人必须具备至少 200 亿元人民币的净资产，并设立专门的托管部门。托管人需履行安全保管基金财产、投资监督、清算交割等职责，定期提交业务报告。该办法还强调托管业务的独立性、风险控制机制，以及对突发事件的应急处理。

《证券基金经营机构董事、监事、高级管理人员及从业人员监督管理办法》（2022 年颁布）：旨在规范证券公司和公募基金管理公司董事、监事、高级管理人员及从业人员的任职管理与执业行为，促进机构合规、稳健运行，保障投资者合法权益。该办法规定了董事、监事和高级管理人员的任职条件、聘任程序、职业道德要求以及违规行为的处理方式，严格监督从业人员的专业能力、诚信记录、注册登记和履职行为；特别强调高级管理人员在合规管理、风险控制等方面的关键责任，要求定期评估并审查其执业行为。中国证监会对这些人员的聘任、履职、纪律监督等环节进行全程监管，同时行业协会通过自律机制进行支持。此外，该办法还涵盖了分支机构负责人和核心业务人员的相关规定，确保机构内部管理的合规性、独立性和透明性。

《公开募集证券投资基金管理人监督管理办法》（2022 年颁布）：旨在进一步加强对公募基金管理人的监督，完善基金管理公司的治理结构，促进基金行业稳健发展。新规调整了股东准入条件，特别是对持股 5% 以上的股东，要求具备良好的财务状况和稳健的资产管理能力。对于主要股东为自然人的情况，设定了更高的准入门槛，包括要求其拥有 10 年以上证券资产管理经验和至少 3000 万元人民币的个人金融资产。此外，该办法提出了基金管理公司市场化退出机制，允许通过并购、重组等方式退出市场，防范经营风险。新规还强调长期激励机制，要求对公司高级管理人员实行三年以上的考核周期，鼓励机构在确保合规的前提下，探索差异化业务发展，如公募 REITs 和养老金融服务，进一步提升基金管理公司的综合实力。

4.3.3 公募基金的发行、交易和结算机制

中国基金市场的运作机制涉及监管、交易和结算三个方面，以确保市场高效运作和投资者权益的保护。证监会作为主要监管机构，负责制定法律法规、审批基金产品、监督信息披露和打击市场违法行为。同时，基金业协会推动行业自律管理，维护投资者权益。在交易方面，公募基金的交易分为场内交易和场外交易，即通过上海证券交易所和深圳证券交易所进行的场内交易，以及通过基金管理公司和第三方销售机构进行的场外交易。中国证券登记结算有限责任公司（以下简称“中登公司”）作为登记和结算机构，负责基金份额的登记和资金清算，确保交易的及时交收，通常采用“T+1”的交收制度，并承担必要的信息披露职责，以增强市场透明度。

公募基金的设立需由具有相应资质的基金管理公司提出申请。基金管理公司必须在中国证监会注册并获得基金业务许可证。申请设立的基金可以是股票型基金、债券型基金、混合型基金、货币市场基金等，具体类型应符合市场需求和投资者的风险偏好。基金管理公司需准备详尽的募集材料，包括基金合同、招募说明书、投资策略和风险揭示等，提交给证监会进行审核。审核内容包括基金管理公司的资质、基金投资策略的合理性和风险控制措施等。审核通过后，基金产品获得备案，方可进行募集。在募集过程中，基金管理公司可以通过路演、线上线下宣传等方式推广新基金，吸引投资者参与认购。投资者可以通过基金销售渠道（如银行、证券公司、第三方销售平台等）进行认购。在募集期间，投资者填写认购申请。如果募集金额和募集人数达到预定的最低规模，基金将正式成立；若未达到，将按照规定进行退款或延迟成立。基金成立后，基金管理公司会发布公告，通知投资者相关信息。

公募基金的交易方式主要分为场内交易和场外交易。部分公募基金（如ETF）可在证券交易所二级市场进行交易，投资者可通过证券账户买卖，提供了即时性和流动性。大多数公募基金通过基金管理公司的直销渠道或第三方销售机构进行场外交易，投资者通过申请赎回或申购基金份额实现交易。投资者可在基金管理公司的指定时间内申请申购基金份额，申购价格通常以净值为基础，并可能加收销售费用。在赎回方面，投资者可随时向基金管理公司申请赎

回，赎回金额以基金的净值为基础，赎回可能涉及赎回费用，且一般在申请日后的“T+1”日进行确认。公募基金的净值通常在每个交易日结束后计算，基于基金资产的净值与已发行份额计算得出。基金管理公司需定期向投资者披露基金净值、持仓情况、投资组合和业绩表现等信息，确保透明度。公募基金通常采用（T+1）的交收制度，即投资者在T日申请申购或赎回，基金份额在（T+1）日生效。对于部分ETF和其他场内交易的基金产品，可能会设定涨跌幅限制，以降低市场波动风险。

中国证券登记结算有限责任公司负责全国范围内的证券登记、结算和清算服务。该公司为基金产品提供份额登记服务，并记录投资者的持有情况。投资者的交易活动，如申购和赎回，都会在该公司的系统中得到即时反映，确保持有信息的准确性和实时性。在清算和交收方面，该公司负责对基金交易的资金和证券进行清算，确保交易双方的资金交付和基金份额的转移按时完成。该公司还承担信息披露职责，向投资者和监管机构提供必要的交易及持有信息，以增强市场透明度。信息披露内容包括每日基金净值、投资组合、持有人结构等，这些信息有助于投资者了解市场状况和基金表现。

4.4 基金相关市场的监管

从基金行业的角度来看，基金公司主要涉及股票市场和债券市场，其中，中国的债券市场分为银行间债券市场和交易所债券市场。作为市场的参与者，基金公司必须理解和遵循各个金融市场的不同监管框架。

4.4.1 股票市场的监管

证监会是中国股票市场的主管部门，负责制定和实施股票市场的法律法规，并对上市公司、证券公司、基金管理公司等进行监督管理，审批和指导证券发行、交易活动。上海证券交易所负责上海市场的证券交易监管，主要包括对上市公司信息披露的监管、上市公司日常合规检查，以及交易规则的执行和市场监控。上海证券交易所也是科创板的管理机构，自2019年起实行注册制的科创板则为首批试点。深圳证券交易所负责深圳市场的证券交易监管，包括中小板和创业板市场，自 2020 年起创业板也实行注册制，由深圳证券交易所负责初审，证监会负责最终注册。北京证券交易所则专注于服务创新型中小企业，实施注册制以支持中小企业融资发展。中国证券登记结算有限责任公司负责全国范围内的证券登记和结算服务，包括股票账户管理、证券持有人登记、资金和证券交收等，提供可靠的结算保障。中国证券业协会作为行业自律组织，推动行业自律管理，制定规范和标准，提供培训和信息服务，同时维护投资者的合法权益。

随着 2023 年注册制在主板的全面推行，中国大陆股票市场已实现全面注册制。上海证券交易所和深圳证券交易所负责股票发行的初步审核，证监会负责最终注册。注册制的核心在于信息披露，要求发行人充分、真实地披露公司财务状况、业务前景和风险因素，让市场和投资者自主判断发行价值，从而提高发行效率，增强市场包容性。在交易机制方面，股票市场采用“T+1”交收制度和涨跌幅限制。在“T+1”制度下，当天买入的股票只能在次日卖出，A 股市场设有 10% 的涨跌幅限制（创业板和科创板为 20%），以避免过度波动，保护投资者利益。此外，上海证券交易所和深圳证券交易所实行集合竞价和连续竞价制度，以确定开盘价与实时成交价格。股票交易的清算和交收由中登公司负责，实行“T+1”的资金和证券交收制度。中登公司作为中央对手方，扮演信用中介的角色，降低交易双方的违约风险，且股票结算采用全额结算制度，确保交易顺利完成。

近年来，中国大陆股票市场的监管重点主要集中在发行和交易两个环节，旨在优化市场机制，提高市场透明度，保护投资者权益。在发行环节，注册制全面实施后，监管机构加强了对信息披露质量的要求，确保发行人提供准确、充分的财务数据、业务前景和风险信息，便于投资者独立判断投资价值。此外，证监会还加强了对发行人及中介机构的合规监管，以杜绝不当行为，如财务造假和虚假披露等。在交易环节，监管重点包括打击内幕交易、市场操纵、虚假申报等违法行为，增强市场的公正性和透明度。为维护市场稳定，证监会与交易所加强了对异常交易的监控，特别是在市场波动较大时，通过采取限价单和异常交易提示等方式抑制过度投机。同时，在科创板和创业板上，放宽涨跌幅限制至 20%，为创新型企业股票提供更多灵活性。

4.4.2 银行间债券市场的监管

中国人民银行依法履行对银行间债券市场的监管职责；证监会对银行间债券市场开展跨市场执法，查处打击重大违法违规行为；中国银行间市场交易商协会（以下简称“交易商协会”）在中国人民银行的指导下，主要负责市场一线的自律管理。银行间债券市场的交易前台为中国外汇交易中心和北京金融资产交易所，托管结算后台是中央国债登记结算有限责任公司（以下简称“中央结算公司”）和银行间市场清算所股份有限公司（以下简称“上海清算所”）。其中，中央结算公司主要托管政府债券、政策性金融债等品种，上海清算所主要托管公司信用类债券以及一些创新品种。①

在银行间债券市场中，政府债券的发行由财政部负责，通过定期公开招标的方式进行，吸引市场参与者认购。而金融机构和企业的债券发行则由交易商协会进行指导，要求发行人提交合规文件并进行信息披露。发行主要采用公开发行和私募发行两种方式，公开发行适用于较大规模的融资，而私募发行则适合特定投资者群体。这一机制不仅为各类主体提供了融资渠道，也为投资者提供了多样化的投资选择。

在交易机制方面，银行间债券市场通过集中交易和双边交易两种方式实现交易。集中交易由中国外汇交易中心和北京金融资产交易所提供平台，交易者可以在这些平台上进行债券的买卖。而双边交易则是市场参与者直接协商达成，双方通过电话或电子交易系统进行交易。市场价格主要由供需关系决定，参与者通过报价、撮合交易实现债券的流转。为了增强市场的透明度和流动性，市场对债券交易实行信息披露制度，要求交易参与者及时披露交易信息。

结算机制由中央结算公司和上海清算所共同承担。中央结算公司负责政府债券和政策性金融债的清算与托管，确保债券交易的安全性和高效性。在交易完成后，相关资金和证券将在（T+1）日进行交收，确保交易各方的权益得到及时兑现。上海清算所则负责公司信用类债券及创新品种的清算，推动市场的

① 中国银行间市场交易商协会 . 中国债券市场改革发展报告（2024 年）[R]. 北京：中国银行间市场交易商协会，2024：8.

创新与发展。在结算过程中，中央结算公司作为中央对手方，降低交易风险，确保交易顺利完成。

银行间债券市场的监管重点集中在以下几个方面。

一是在发行环节，监管部门严格禁止资管产品管理人协助发行人购买其自家发行的债券（结构化发行）。这种行为不仅违反市场规则，还可能导致资金的不当流动，损害投资者权益。监管机构还关注市场定价的公正性，特别是防止资管产品管理人与企业签订收益补差协议，收取额外的“咨询服务费”。这种行为干扰了市场化利率的形成，误导了投资者并扭曲了发行定价。

二是在交易环节，监管部门对未履行主动管理职责、听从相关方安排代持债券的行为进行严厉打击。代持债券不仅损害投资者利益，还增加了持券方的信用风险。监管机构还关注管理人在不同账户间进行高买低卖交易的行为，这种操作通过转移收益违背了对投资者的忠诚义务。

此外，监管部门强调管理人要建立有效的内控机制，需要在日常工作中防范异常交易的发生。

4.4.3 交易所债券市场的监管

交易所债券市场的监管由证监会、证券交易所和中国证券登记结算有限责任公司共同承担。证监会作为主管监管机构，负责制定交易所债券市场的监管政策，监督公司（企业）债券、资产支持证券等在交易所市场的发行、上市、交易、托管和结算活动，并查处重大违法违规行为，维护市场秩序和投资者权益。在证监会的指导下，上海证券交易所和深圳证券交易所负责各自市场的日常运营与管理，包括制定和完善债券交易的业务规则，审核会员资格，提供交易平台，监控市场风险，并发布市场信息，确保交易的公平、公正和透明。中国证券登记结算有限责任公司作为全国性的证券登记结算机构，提供证券登记、托管和清算结算等后台服务。其主要职责包括：为债券持有人提供证券账户管理和权益登记服务，负责债券交易的资金和证券交收，实施结算风险控制措施，并提供结算数据和相关信息，支持监管机构和市场参与者的决策等。

在发行机制方面，交易所债券市场的发行主要由政府、企业及金融机构等多元化的主体构成。政府债券的发行由财政部主导，通过公开招标的形式向市场投资者发行。企业债券和资产支持证券则由发行人向证监会提交申请，并按照相关规定进行信息披露。在审核通过后，这些债券可以在上海证券交易所或深圳证券交易所上市交易。为确保发行的规范性和透明度，证监会与交易所会对发行人进行严格审核，要求其提供完整的财务数据、项目背景和风险评估信息。这不仅有助于保护投资者权益，还提升了市场的整体信任度。

在交易机制方面，交易所债券市场采用了集中交易的模式，所有债券交易通过证券交易所的交易平台进行。交易方式包括竞价交易和协议交易两种。竞价交易是通过市场撮合系统，依据买卖双方的价格和数量进行匹配，形成实时交易价格；协议交易则允许市场参与者在协商后自行达成交易。交易所还设置了市场监控系统，对异常交易行为进行实时监测，确保交易的公平性和透明度。此外，交易所会定期发布市场信息，帮助投资者及时了解市场动态和债券价格变动。

结算机制则由中国证券登记结算有限责任公司负责。该公司为债券持有人提供证券账户管理和权益登记服务，并负责债券交易的资金和证券交收。交易完成后，相关的资金和证券将在（T+1）日进行交收，以确保交易各方的权益得到及时兑现。在结算过程中，中登公司会实施结算风险控制措施，降低交易双方的违约风险，确保市场的安全和稳定。此外，该公司还提供结算数据和相关信息，支持监管机构和市场参与者的决策，进一步提高市场透明度。

交易所债券市场的监管重点主要体现在以下几个方面。一是严厉打击债券市场中的违法违规行为。中国证监会对债券违约背后的信息披露违规、挪用资金等问题进行了坚决查处，并公开了一批处罚案例，以强化市场的合规意识和投资者保护。二是不断优化债券审核注册机制。根据《关于深化债券注册制改革的指导意见》，监管部门强调以偿债能力为核心的信息披露要求，并建立了高效的审核注册流程。三是加强对发行人和中介机构责任的压实。发行人被要求严格履行债务偿还义务，并提高募集资金的管理和使用透明度。同时，中介机构作为“看门人”的角色被进一步强化，确保其履行对市场行为的监督责任，保证债券发行过程中的合规性。四是特别关注债券结构化发行（自融）问题，强化了对自融行为的打击和防控。五是加强对债券存续期管理和风险化解机制的建设。

4.5 基金管理公司的监管

基金监管的实施与运行是确保基金行业稳健发展、保护投资者合法权益的关键环节。监管机构通过对基金公司的全生命周期进行管理，从事前审批、事中监管到事后处罚，形成了一个闭环的监管体系。下文将详细阐述基金监管在不同阶段的具体措施和运行机制。

4.5.1 监管对于基金管理公司的生命周期管理

金融机构的生命周期管理，是指监管机构对金融机构从设立、运营到退出市场的全过程进行监督和管理。在基金行业，监管机构主要关注基金管理公司的合规性、稳健性和专业性，确保其能够持续为投资者提供优质的金融服务。这种全方位的监管模式，有助于防范系统性金融风险，维护市场的公平、公正和透明，促进基金行业的健康可持续发展。

在设立阶段，监管机构通过严格的市场准入和行政许可，确保新进入市场的基金管理公司具备必要的资质和能力。根据《基金法》等法律法规，基金管理公司的设立需要满足特定条件，包括充足的注册资本、合格的股东背景、专业资质的高级管理人员团队以及健全的内部控制制度。监管机构对申请材料进行严格审查，核实申请人的资质、诚信记录和风险管理能力，从源头上保障基金行业的健康发展，防止不具备条件的机构进入市场。

在运营阶段，监管机构通过非现场监管、现场检查和分类评价等手段，持续监控基金管理公司的经营状况和风险水平。非现场监管要求基金管理公司定期报送财务报表、经营数据和风险控制报告，监管机构通过分析这些数据，监测公司的财务健康和风险状况。现场检查则是监管机构深入公司内部，评估其内部控制、风险管理和合规制度的有效性，及时发现潜在问题。此外，监管机构根据基金管理公司的合规性、风控能力和业绩表现等指标，对其进行分类评价，实施差异化监管。对于风险较高的机构，监管力度和检查频次将相应增加，以确保其及时整改，防范风险扩散。

在退出阶段，如果基金管理公司出现重大违法违规行为或经营风险，那么监管机构可以采取行政处罚、市场禁入等措施，甚至将案件移送司法机关处理，确保市场秩序和投资者权益不受侵害。行政处罚可能包括警告、罚款、暂停业务、吊销业务许可等。对于严重违法违规的责任人员，监管机构可以实施市场禁入，禁止其在一定期限内从事证券基金业务。对于涉嫌犯罪的行为，如挪用基金财产、非法集资等，监管机构将案件移送司法机关，依法追究刑事责任。

4.5.2　事前审批：行政许可

行政许可是基金监管的重要起点，旨在通过严格的审批程序，确保基金管理公司和基金产品的合法性与合规性。证监会针对基金行业的行政许可主要包括公募基金管理公司设立审批、公募基金管理人资格审批、公开募集基金的募集申请注册，以及基金管理公司重大事项的变更审批。

在公募基金管理公司设立审批方面，证监会要求申请机构满足《公开募集证券投资基金管理人监督管理办法》规定的条件。具体而言，申请机构的实缴注册资本不得低于 1 亿元人民币，资金来源必须合法；主要股东应具备良好的财务状况和商业信誉，拥有资产管理经验；高级管理人员与从业人员需具备相关专业资格和从业经验，确保公司具备专业的投资管理能力；公司需建立健全的治理结构和内部控制制度，包括风险管理、合规管理和信息披露机制。通过严格的市场准入，监管机构确保新进入市场的基金管理公司具备必要的资质和能力，为行业的健康发展奠定基础。

对于已经取得其他金融业务牌照的机构，如证券公司、保险资产管理公司等，若希望开展公募基金管理业务，则需申请公募基金管理人资格。证监会对这些申请机构的专业能力、合规状况和风险管理水平进行综合评估，确保其具备开展公募基金业务的条件。这一过程保证了新进入公募基金领域的机构符合行业标准，维护了市场的公平竞争和稳定性。

公开募集基金的募集申请注册是基金产品发行前必须经过的程序。基金管理人在募集新产品前，需向证监会提交包括基金合同、招募说明书等法律文件的募集申请。证监会主要审查基金产品的合规性、风险控制措施和信息披露安排，确保基金设计合理、风险可控。在审查过程中，证监会可能要求申请人补充或修改相关材料，最终对符合要求的申请予以注册。通过对基金产品的严格审查，监管机构保障了投资者的权益，防范了潜在的市场风险。

此外，基金管理公司在运营过程中，如涉及股权变更、高级管理人员变动、注册资本调整和业务范围变更等重大事项，需报证监会审批或备案。通过对这些重大事项的审查，证监会能够及时了解和控制基金管理公司的重大变化，防范潜在风险，维护市场稳定运行。

4.5.3 事中监管：非现场检查、现场检查和分类评价

事中监管是基金监管的关键环节，它通过持续监督和检查及时发现并纠正基金管理公司运营中的问题，以防范风险的累积和扩散。监管机构主要通过非现场检查、现场检查和分类评价等手段，全面监控基金管理公司的经营状况和风险水平。

非现场检查是监管机构常用的监督方式，通过收集与分析基金管理公司定期报送的数据和报告，实时监控其财务状况、业务运营和合规情况。基金管理公司需定期提交财务报表、投资组合报告、风险控制报告等，监管机构通过这些数据评估公司的财务健康状况、投资风险水平及内部控制制度的有效性。非现场检查覆盖面广、持续性强，能及时发现行业共性问题和潜在风险，为监管决策提供依据。

现场检查则是监管机构深入基金管理公司进行实地审查的手段，目的是验证非现场检查中发现的问题，深入了解公司运营的实际情况。监管机构全面评估公司的治理结构、风险管理、内部控制、业务流程、信息系统等方面，及时发现可能存在的隐患和问题。现场检查针对特定问题或风险点展开，具有针对性强、深入细致的特点，有效补充了非现场检查的不足。

分类评价是监管机构根据基金管理公司的综合表现进行风险评级和分类管理的方法。2024 年，证监会对公募基金管理人分类评价制度进行全面修订，聚焦于维护市场稳定健康发展、提高专业能力、服务中长期资金能力、提升投资者长期回报、助力高水平开放五大功能，引导管理人践行理性投资、价值投资、长期投资，并注重提升投资者体验。新的分类评价制度把合规风控评分作为 A 类管理人的前置评价程序，底线比例提高到 20%，调整 A 类、B 类、C 类管理人的比例分别为 30%、50%、20%，以反映行业机构合规风控的总体状况。主

要评价指标涵盖合规风控、服务投资者和专项工作评价。其中，合规风控指标分为合规指标和风控指标。合规指标主要包括被司法、行政机关采取刑罚、行政处罚、监管措施，被行业自律组织采取纪律处分、自律管理措施等情况。风控指标主要评价公司治理、全面风险管理、信息系统安全、投资者权益保护等方面。分类评价结果将作为监管现场检查和非现场监测、行政许可、风险准备金计提等方面实施差异化监管的参考依据。A 类管理人可优先参与创新产品（业务）试点，C 类管理人原则上不得参与，并会受到更严格的检查监测。①

4.5.4 事后处罚：行政监管措施、行政处罚和移送司法机关

当基金管理公司或其从业人员违反法律法规或监管规定时，监管机构将采取相应的处罚措施，以维护市场秩序，保护投资者权益，并防范系统性金融风险的发生。这些处罚主要包括行政监管措施、行政处罚以及将涉嫌犯罪的案件移送司法机关处理。

行政监管措施是监管机构对违规行为采取的纠正性手段，旨在促使基金管理公司及时纠正问题，防止风险进一步扩大。例如，监管机构可能约谈公司高级管理人员，了解情况，指出存在的问题，提出整改要求；对于轻微违规行为，可能向公司发出警示函，要求其限期改正，并加强内部合规管理；对于存在重大问题的公司，可能责令其制定整改方案，限期完成整改，并提交整改报告；在必要情况下，还可暂停或限制公司开展某些业务，直至问题得到有效解决。

对于情节严重或造成重大影响的违法违规行为，监管机构将依据《中华人民共和国证券法》《基金法》等法律法规，对责任主体进行行政处罚。主要形式包括对违规的基金管理公司或相关责任人处以罚款，以经济手段提高违法成本；对严重违法违规的人员采取市场禁入措施，禁止其在一定期限内从事证券基金业务或担任高级管理人员职务；对于严重违反法律法规、危及市场稳定的基金管理公司，监管机构可依法撤销其相关业务资格，责令其退出市场。

对于涉嫌犯罪的严重违法行为，如内幕交易、操纵市场等，监管机构将在

① 中国基金报 . 公募基金管理人分类评价制度全面修订 [EB/OL] .（2024-09-10）[2024-12-10] . https://www.chnfund.com/article/AR12a000ff-96be-1a45-37ae-3a14eea7e60e.

行政调查结束后，将案件移送司法机关处理。司法机关将根据《中华人民共和国刑法》等法律，对涉案人员追究刑事责任，包括判处罚金、拘役、有期徒刑等。在实践中，也有司法机关直接查办证券犯罪的情况。

4.6 基金投资者的保护

4.6.1 投资者适当性管理

投资者适当性管理的核心目标是确保投资者购买的金融产品符合其风险承受能力和投资目标，以降低投资风险，保护投资者的合法权益。在公募基金行业，适当性管理尤为重要，因为基金产品种类繁多、风险特征各异，涉及的市场和资产类别复杂。因此，基金公司在设计和销售产品时，必须遵循适当性管理原则，确保投资者的选择是基于对其风险偏好和财务状况的充分理解与评估。

适当性管理通常依据投资者的风险承受能力、投资经验、财务状况、投资目标和投资期限等因素进行综合评估。在公募基金行业，基金公司会对投资者进行风险评估，并根据评估结果将投资者划分为不同的风险类型，如保守型、稳健型和激进型投资者。每种类型的投资者在风险承受能力和收益期望上存在显著差异，因此，基金公司应为不同类型的投资者推荐与其风险偏好匹配的基金产品。对于风险承受能力较低的投资者，基金公司应以推荐债券型基金、货币市场基金等低风险产品为主；而对于风险承受能力较高的投资者，可以推荐股票型基金、混合型基金等具有较高波动性和潜在回报的高风险产品。

在这一过程中，基金公司有责任向投资者充分披露基金产品的风险、收益特征、投资策略、费用结构等关键信息。基金公司应明确说明每种基金产品的投资目标、投资组合、历史业绩（如适用）以及可能存在的风险，包括市场风险、信用风险、流动性风险等，确保投资者在做出投资决策时能够清晰了解产品的潜在风险与收益，并根据自身的投资目标和风险承受能力做出合理选择。

此外，基金产品的风险等级与适配标准通常根据基金的性质、投资策略、市场表现以及历史波动等因素进行划分。基金公司应根据监管要求和行业最佳实践，对每只基金进行详细的风险评估，并依据投资者的风险承受能力提供匹配的产品。在产品说明书中，基金公司需要明确标示风险等级，并用简明的语言解释不同风险等级的含义，以便投资者能够快速理解。例如，货币市场基金和债券型基金通常被视为低风险产品，而股票型基金和指数基金则被划分为较高风险等级。这种精准匹配投资产品与投资者需求的过程，不仅能有效保护投资者的权益，还能提高投资者对金融产品的认知与理解，从而增强市场的透明度与信任度。

4.6.2 投资者教育

投资者教育是保护投资者权益的重要基础。金融知识的普及不仅能够帮助投资者做出更明智的投资决策，还能增强他们对金融市场的信心，降低因信息不对称而导致的风险。

金融知识普及的重要性体现在多个方面。随着金融市场的迅猛发展，投资产品的复杂性和多样性不断增加，普通投资者往往难以完全理解这些产品的风险和收益特征。通过教育，投资者能够获取必要的金融知识，从而提升其识别风险、判断投资机会的能力。在教育手段上，监管机构和金融机构通常采用多种形式，如在线课程、公开讲座、宣传手册、微信公众平台等，向投资者普及基本的金融知识和投资技巧。此外，定期举办的投资者教育活动和金融知识竞赛也能够有效吸引投资者的参与，增强其学习的积极性和主动性。

在投资者教育中，监管机构扮演着重要角色。监管机构不仅需要制定相关政策，推动投资者教育的落实，还需要经常主动参与教育活动。通过发布指导性文件、开展宣传活动，监管机构能够帮助投资者更好地理解市场规则、法律法规和投资风险。例如，中国证监会和其他监管机构会定期发布投资者教育手册，详细介绍金融产品的特点、投资风险以及相关法律法规。这些资料不仅提升了投资者的法律意识，也增强了其在市场中的自我保护能力。此外，监管机构还会通过媒体、网络等渠道，普及金融知识，提高社会对金融教育的重视。例如，中国证监会于 2019 年决定将每年 5 月 15 日设立为“全国投资者保护宣传日”，在全国组织动员各方上下联动，积极开展形式多样的投资者保护活动。

4.6.3 投资者保护机制

投资者保护机制是保护投资者权益的重要保障，主要包括投资者保护基金的设立和投诉、赔偿与争议解决机制。

投资者保护基金是针对投资者在金融交易中遭受损失的一种补偿机制。其主要目的是在金融机构发生违约或破产的情况下，为投资者提供一定程度的保障，降低其损失风险。这一机制不仅能增强投资者的信心，还能促进金融市场的稳定。在中国，投资者保护基金主要由证券公司和期货公司等金融机构共同出资建立。在发生金融机构倒闭或其他意外情况下，投资者保护基金能够向受损投资者提供及时的赔偿。例如，当某一证券公司因经营不善而破产时，投资者保护基金可以迅速介入，帮助投资者减少损失，保护其合法权益。必须特别指出的是，在中国目前并没有专门针对公募基金的投资者保护基金。

除了投资者保护基金，投资者权益的投诉、赔偿与争议解决机制也是重要的机制。投资者可以通过监管机构设立的专门的投诉平台，对不当行为进行投诉。这些平台通常提供多种投诉渠道，如电话、网络和邮件等，方便投资者进行申诉。此外，完善的争议解决机制确保了投资者在权益受到侵害时能够及时得到公正的处理。监管机构与行业协会、仲裁机构等密切合作，建立了一套高效的争议解决体系。这不仅能够提升投资者的满意度，也有助于维护市场的公平和正义。例如，中国证监会推出了“12386”投资者服务热线，方便投资者随时进行投诉和咨询。

4.6.4 金融消费者权益保护与投资者权益保护

金融消费者权益保护与投资者权益保护虽然在目标和对象上存在一定的重叠，但两者的侧重点和保护措施有所不同。

金融消费者权益保护和投资者权益保护均旨在维护消费者或投资者的合法权益，确保其在金融市场中的信息对称和交易安全。二者都强调透明度和公平性，旨在建立一个健康、稳定的金融环境，以增强公众对金融体系的信任。无论是金融消费者还是投资者，信息的对称性和透明性都是保护其权益的基础。只有在充分了解市场信息的前提下，消费者和投资者才能做出明智的决策，从而有效降低潜在风险。

金融消费者权益保护主要关注的是消费者在日常金融服务中（如银行存款、贷款、保险等）的权益，保护其在消费过程中不受误导和侵害。这包括对金融产品的真实性、合规性和适当性的监管，确保消费者能够在充分知情的情况下做出决策。投资者权益保护则更侧重证券、基金等投资领域，关注投资者在资本市场中的权益，强调适当性管理、信息披露和投资者教育等方面的保障。投资者权益保护通常涉及更复杂的金融产品和投资风险，需通过专门的机制和法律法规维护其利益。

5 基金行业的合规管理

5.1 概述

为了更直观地了解合规管理体系的构建与演变，以下将以一家虚构的公募基金公司——益恬美基金管理有限公司（以下简称“益恬美基金”）为例，展示合规管理部门的发展历程。

5.1.1 虚构案例：合规管理部的故事

在“益恬美基金”创立初期，公司设立了一个强大的“监察稽核部”，这个部门肩负着三大职能：合规管理、风险管理和审计。当时，公司业务还处于起步阶段，这样一个多职能的部门能够有效集中资源，确保各方面的监管和内部控制到位。

随着公司规模不断扩大，业务种类增多，风险也逐渐多样化和复杂化。因此，风险管理职能被优先拆分出来，成立了一个独立的“风险管理部”。这使风险管理团队能够更专注地评估和管理公司的各类风险，逐步建立起一套更为专业的风险控制机制，为公司的发展提供了更坚实的保障。

然而，随着时间的推移，公司对审计的需求也越来越高。为了进一步提升公司内部控制的独立性和透明度，审计职能也从“监察稽核部”中独立出来，成立了独立的“审计部”。这标志着公司对治理结构的重视达到了新的高度，审计部在独立运作后，能够更加客观地进行内部监督，为公司树立起一道更牢固的内部控制防线。

随着风险管理部和审计部的分离，原先的“监察稽核部”正式更名为“合规管理部”，涵盖了合规管理、法务、反洗钱和信息披露等职能。这一变化不仅是名称的更新，更是“益恬美基金”对合规管理和法律监管的高度重视。合规管理部开始在公司内部倡导合规文化，并推动公司在合法合规的基础上稳步发展。

展望未来，随着业务进一步扩展，“益恬美基金”的合规管理部可能会经历进一步的职能调整。法务、反洗钱和信息披露等职能或许会独立成各自的部门，以更专业的姿态服务于公司。公司管理层相信，这种调整将让合规管理更具有深度和针对性，为公司的长远发展奠定坚实基础。

5.1.2 基金合规管理概述

随着中国金融市场的不断深化和监管环境的日益复杂，合规管理在公募基金行业中扮演重要角色。合规管理不仅是基金行业健康发展的基石，也是基金管理公司持续稳健运营的前提条件。基金管理公司合规管理的目标是通过建立健全公司整体的合规管理体系，培育全员主动合规文化，有效识别和管理合规风险，提高公司整体合规管理水平，有效保障公司勤勉尽责、合规经营，实现公司持续规范发展。①

在基金公司中，督察长和合规部门应当协助公司处理好“对外三大合规关系”，同时管理好“对内三大合规关系”，努力做到监管要求与公司合规执行的协调、股东利益与公司责任的统一和公司业务发展与合规管理的平衡。

在对外合规关系方面：一是与监管部门的关系。基金公司一方面要严格按照监管部门的要求开展工作，积极响应监管部门的各项工作任务；另一方面要在监管部门面前树立积极的合规形象，通过合规管理的有效实施，展现公司的合规文化和专业能力。二是与合作伙伴的关系。基金公司与托管机构、审计机构、销售平台等第三方合作伙伴保持紧密合作，确保在业务运营中各方遵守相关法律法规。合规部门需要确保合作伙伴在整个业务链条中的合规性和合法性，避免出现合规风险。三是与客户的关系。基金公司应当坚持客户利益至上的原

---

① 中国证券投资基金业协会. 公募基金行业合规管理手册（2020 修订版）[EB/OL].（2020-12-01）[2024-10-26]. https://www.amac.org.cn/hyyj/hjtj/202005/P020231126399465530206.pdf.

则，恪守诚信，审慎勤勉，忠实尽责，为基金份额持有人的利益管理和运用基金财产。

在对内合规关系方面：一是与股东、董事会和管理层的关系。合规管理的核心任务之一是确保股东、董事会和管理层在决策过程中充分考虑合规风险，并平衡短期收益与长期合规要求。督察长和合规部门应当积极推行“合规从管理层做起”的合规理念，推动管理层通过言传身教、日常决策以及公司政策的制定营造合规文化，使合规意识深入每个员工的工作和行为中。二是与业务部门的关系。合规部门一方面要做好对业务部门的服务与支持工作，另一方面要做好对业务部门的审核与监督工作。三是与员工的关系。一方面，合规部门基于防范内幕交易和未公开信息交易的要求，要做好员工相关行为的管理，例如，合规部门需要对员工的投资申报进行日常管理和事前审核。另一方面，合规部门需要通过培训、政策和制度建设，提高员工的合规意识，确保员工清楚了解公司政策和行业法规的要求。通过定期的合规培训和持续的监督，确保员工在工作中能够遵守合规规定，防范操作中的违规风险。

5.2 基金合规管理的原则

根据《证券投资基金管理公司合规管理规范》，基金管理公司应当通过有效的内部控制措施，将合规管理落到实处，并且遵循健全性原则、有效性原则、权责匹配原则、相互制约原则和及时性原则。鉴于公募基金行业的特点，如资产管理规模庞大、投资者群体广泛、产品种类繁多，合规管理的每项原则都应紧密结合实际情况，确保合规体系的完善与高效运作。

5.2.1 健全性原则

公募基金公司应当建立健全合规管理制度和体系，确保其各项业务操作符合国家法律法规和行业规范。合规管理的健全性要求公司从全局角度出发，构建一个完善的合规框架，以实现各项合规要求的有效落实。公司应根据业务规模、运营模式、管理结构等特点，结合风险管理要求，制定全面的合规政策，涵盖基金的各个业务领域，确保政策内容覆盖面广且精准。

合规管理制度必须与公司运营特点紧密结合。公募基金公司业务通常涉及基金产品的设计、销售、投资决策、信息披露等多个环节，涵盖多个产品类别及各类投资策略。因此，合规管理应针对每一类产品和服务制定详细的合规操作规范与指引，确保其在不同的业务流程中都能遵循法律法规要求。

公司应根据业务发展和市场变化，动态调整合规管理策略。合规管理不仅要包括现行法律法规要求，还应融入行业的自律规范、监管动态和市场趋势。对于公募基金公司而言，随着产品创新和投资策略的复杂化，合规要求也会随之变化。公司需及时跟踪、解读与其业务相关的法律法规、监管政策及行业自律规范，确保合规管理体系的前瞻性和灵活性。

为确保合规管理的健全性，公司需要配备足够的合规专业人员，确保合规管理工作全面覆盖。这不仅包括合规部门的人员配置，还涉及各部门、分支机构及子公司的合规职责。合规人员不仅要具备相关法律法规知识，还应对公司业务流程有深入理解，能够及时识别和解决潜在的合规风险。

5.2.2 有效性原则

基金公司应当运用科学的管理方法和系统化的管理工具，建立有效的合规管理流程，确保公司和基金的合规运作。特别是公募基金行业，基金的投资方向和产品类型众多，合规管理工作复杂且要求高，因此公司应采用现代化的技术手段，如合规管理软件、大数据分析等，提升合规管理的效率和准确性。通过自动化工具、实时监控系统以及数据分析，能够更及时、更精确地识别合规风险，降低人工管理的偏差和疏漏。

基金公司应在合规管理的各个环节引入信息化手段，以确保管理流程的高效性和可操作性。合规管理软件可以实现对基金产品的实时监控，对投资策略、资产配置、交易操作等环节进行有效管控；大数据分析则能够从海量数据中挖掘潜在的合规风险，及时为公司提供决策支持。例如，通过分析投资组合的风险敞口、交易频次、客户投诉等数据，系统可以自动生成合规报告，帮助公司管理层和合规部门更准确地判断是否存在违规行为或潜在风险。

合规部门应定期开展合规审查和评估，确保合规控制流程的有效性。合规审查不仅限于日常业务的监控和检查，还应包括对合规管理体系的定期评估，检测其能否适应新的市场环境和监管要求。定期的合规评估可以帮助公司发现并修正流程中的不足，确保管理措施与实际需求始终保持一致。通过这种持续改进的机制，公司能够不断优化合规流程，提升合规管理的精准度和响应速度。

在实际操作中，合规部门应通过动态风险评估，及时发现潜在的合规风险并进行修正。现代技术手段和管理工具的运用，能够使公司在处理日常合规事务时，更加高效且具有前瞻性。合规人员需加强与各业务部门的协作，确保合规流程与业务发展紧密对接，避免出现盲点或执行上的偏差。通过不断完善和优化合规管理流程，基金公司能够有效降低合规风险，提升其合规运作的整体效果。

5.2.3 权责匹配原则

合规管理中的职权和责任应当在基金公司董事会、管理层、下属各单位（各部门、各分支机构、各层级子公司）及工作人员中进行合理分配与安排，做到权责匹配，所有主体对其职责范围内的违规行为应当承担相应的合规责任。

董事会应负责公司合规管理的总体规划和战略制定。除履行《证券公司和证券投资基金管理公司合规管理办法》规定的合规管理职责外，董事会还应定期听取合规管理情况报告及重大违规行为或风险事件的汇报，督导管理层及时妥善处置或改进相关问题。董事会在对高级管理人员进行考核和任命时，应将合规履职情况及其职责范围内出现的合规风险事项纳入考核评估的范围。如果公司出现严重违规行为或重大风险事件，董事会应对公司总经理及相关高级管理人员的责任进行评估，并根据评估结果做出相应的问责处理。

总经理在公司经营管理过程中承担着推动合规管理的核心职责。总经理应在日常经营中主动倡导合规经营理念，推动公司合规文化建设，确保合规要求在经营决策过程中得到贯彻。总经理还应严守合规底线，识别并防范合规风险，确保合规管理措施在实际运营中有效落实。总经理需全面推动并提升合规管理的有效性，重点关注合规管理制度是否健全，执行是否充分到位，当发现问题时及时要求相关单位及人员进行整改。

督察长作为直接向董事会负责的高级管理人员，对本公司及其工作人员的经营管理与执业行为的合规性进行审查、监督和检查。

除督察长以外的其他高级管理人员应根据各自职能领域，主动支持合规管理工作，落实各项合规政策和控制措施。高级管理人员应参与合规管理决策，确保所负责的领域在合规框架下进行运作。高级管理人员还应定期评估业务流程，识别潜在的合规风险，及时报告风险状况并提出改进措施。在面对重大合规事件或潜在风险时，高级管理人员必须积极采取措施，防范和应对风险，确保公司整体运营的合规性。

工作人员在执行日常工作时，应充分理解与其职责相关的法律法规和合规要求，严格按照公司合规管理体系的要求进行操作。工作人员需要主动识别和防范工作中可能存在的合规风险，及时报告可能出现的违规行为或异常情况。每一位员工都应在职责范围内承担合规责任，确保自己执行的工作符合公司合规标准，并避免因个人行为或失误造成合规风险。

5.2.4 相互制约原则

基金公司内部部门和岗位的设置应当明确划分职权与责任，确保权责分明、相互制衡。公司在设计治理结构、机构设置、权责分配及业务流程时，应充分考虑各部门之间的协作与独立性，确保各职能部门在履行其职责时能够实现相互制约和监督。这样不仅能有效避免单一部门或个人在决策过程中过度集中权力，还能减少因利益冲突、信息不对称或职责模糊而导致的合规风险。

在治理结构方面，公司应当建立合理的决策链条和管理层级，确保关键决策由多方参与、经过充分讨论和审议。董事会与管理层的职责应当清晰界定，董事会负责战略决策和整体监督，管理层则负责具体的运营管理和执行。同时，合规部门应当具有独立性，能够对公司运营的各个环节进行审查和监督，而不受其他部门的干扰。

在机构设置和权责分配方面，基金公司应当建立科学、严格的岗位分离制度，明确划分各岗位职责，确保各职能部门和岗位的独立性，避免职能交叉带来的合规风险和操作失误。特别是涉及核心业务环节的岗位，如投资与交易、交易与清算、基金会计与公司会计等，必须避免同一人员同时担任多个岗位，以确保每个岗位的职责不被混淆、权力不被滥用，并能有效进行互相监督和制衡。

在业务流程方面，基金公司应确保每个环节都具有明确的责任主体，并为每个环节设置独立的审查和监督机制。例如，在基金产品设计、投资决策、信息披露等环节，都应设置相应的合规审查程序，确保每个环节都符合监管要求和公司内部控制规范。通过这些相互制约的机制，可以有效防范操作风险、法律风险和合规风险，提升公司整体运营的透明度和合规性。

5.2.5 及时性原则

合规管理必须与基金行业发展的新动向同步，及时反映法律法规、规范性文件、监管政策和自律规则的最新要求，并不断进行调整和完善。随着公募基金市场监管政策和法律法规的频繁更新，基金公司应建立灵活且动态的合规管理机制，确保能够快速响应并遵守最新的监管要求，避免因未能及时调整合规措施而产生合规风险和法律责任。

基金公司应定期监测并及时掌握监管机构发布的法律法规、政策文件及自律规则的变化，确保其能够迅速采取必要的调整措施。合规部门应承担起监控这些变化的责任，并评估其对公司业务运营的影响。如果新出台的规定对公司某些业务环节产生影响，那么合规部门应迅速与相关业务部门沟通，确保所有操作流程符合最新要求。这种快速响应机制有助于降低公司因未遵守新规定而面临的合规风险。

公司还应定期对员工进行合规培训，确保员工及时了解与掌握最新的法律法规和行业规范。特别是对于直接参与投资决策、基金销售、清算结算等核心环节的员工，必须确保他们能够在工作中灵活应对政策变化，并能迅速调整操作方式以符合新要求。通过定期的合规培训与考核，员工的合规意识得以提高，从而确保公司各项业务活动能够始终与最新监管政策保持一致。

合规部门还应评估行业变化对公司业务模式的潜在影响。随着市场环境、监管政策的变化，基金公司的业务模式和操作流程可能需要做出相应的调整。合规部门应定期进行风险评估，确保公司在业务扩展和新产品推出过程中，始终遵循最新的监管要求。通过这些机制，基金公司不仅能及时应对行业变化，还能在合规管理中始终保持高效、透明和风险可控。

5.3 基金合规管理的理念

根据《证券投资基金管理公司合规管理规范》的要求，基金公司应树立并坚守以下合规理念：全员合规、合规从管理层做起、合规创造价值、合规是公司生存基础。

5.3.1 全员合规

在公募基金行业，合规不仅是合规部门的责任，更是公司每一位员工的基本行为准则。基金公司处于复杂且严格的监管环境中，所有员工都应当具备合规意识，并将合规管理视为日常工作的一部分。这不仅有助于确保公司各项业务的合规性，还能有效防范潜在的合规风险和法律责任。

公司应通过系统化的培训和教育，提升员工对合规的认知。无论是投资管理、销售、客户服务还是合规审计等职能中的员工，都需了解合规的重要性和日常工作中的合规要求。例如，投资经理需遵守监管要求的投资策略和产品设计限制，销售人员要确保产品适销对路，客户服务人员要正确解答客户疑问，确保信息披露的合规性。通过案例分析、合规情景模拟等方式，帮助员工理解合规管理如何影响公司声誉和客户信任。

合规文化的培育也应通过激励与约束机制来推进。公司不仅要通过定期评估、年度激励等措施增强员工的职业荣誉感，还要通过设定与合规相关的奖惩制度，确保员工遵守合规要求。在这样的机制下，合规工作不只是形式上的要求，更是员工工作评估和晋升的重要标准。这种方式不仅能激发员工对合规的责任感，还能让员工更加主动地识别、报告和化解潜在的合规风险。

合规意识的培养也应在日常运营中贯彻，确保每位员工都能在实际工作中做到自觉遵守法律法规、自律规则和行为准则。员工不仅要在自己的岗位上严格遵守合规要求，还应在遇到合规风险时积极主动地报告，并参与问题的化解过程。通过全员合规的文化建设，基金公司能够在日常运作中从根本上降低合规风险，提高公司的整体合规性。

5.3.2 合规从管理层做起

在公募基金公司中，合规管理的有效落实需要从公司高层开始。公司治理结构的健全与完善，是确保合规体系顺利运行的基础。董事会、监事会和高级管理人员不仅需要对公司整体战略负责，还必须高度重视公司经营中的合规性，确保合规管理贯穿整个决策和运营过程。

董事会是基金公司决策的最高机构，应当积极履行监督职能，确保公司的所有重大决策符合监管要求和公司合规政策。董事会不仅要关注公司的财务状况、市场表现，还要关注合规风险的识别、评估与管理。董事会成员应当具备一定的合规意识和法律知识，能够从公司长远发展角度审视合规风险，制定符合监管规定的政策和战略，确保公司在拓展业务的同时，不偏离合规轨道。

监事会则负责监督董事会和管理层的合规执行情况，确保管理层的决策和行为符合公司治理结构及外部监管要求。监事会应定期检查公司合规管理的执行情况，审阅合规报告，评估公司合规体系的有效性，提出改进建议，确保董事会和管理层对合规的重视落到实处。通过有效的监督，监事会能够及时发现合规风险和隐患，保障公司利益与投资者权益。

高级管理层在公司合规管理中起到关键作用，既要负责贯彻执行董事会的决策，又要对合规管理日常运营的落实情况负责。高级管理人员应当主动承担起公司合规风险的管理责任，从业务发展、产品设计到销售渠道等方面，确保每一项决策和行动都遵循合规要求。高级管理人员还应定期与合规部门沟通，了解合规工作的进展情况，及时调整和优化公司合规策略，以应对不断变化的市场和监管环境。

董事会、监事会和高级管理人员还应积极践行并推广合规文化，发挥榜样作用。他们不仅要在会议中讨论合规问题，制定合规策略，还应通过日常行为、决策和言辞，体现合规管理的价值和重要性。通过高层的示范效应，合规文化能够在公司内部逐步根植，形成全员合规的氛围。践行并推广合规文化不仅是合规部门的职责，更是公司每一位员工的共同责任，只有通过高层的带动，合规管理才能深入公司各个层级和岗位，真正落实到日常运营中。

5.3.3 合规创造价值

在公募基金行业，合规不仅是满足监管要求的必要手段，还能成为公司竞争力和持续发展的核心驱动力。通过有效的合规管理，基金公司能够提升自身的管理和业务能力，增强市场信誉，降低法律风险，从而为公司、投资者、行业乃至整个社会创造更大的价值。

合规管理有助于提升公司内部管理的规范化和透明度。通过建立完善的合规体系，基金公司能够确保各项业务活动符合法律法规要求，避免合规漏洞和风险的发生。这种规范化的管理流程不仅能够提高公司运营效率，还能够减少因合规问题引发的运营中断或法律诉讼，降低公司运营成本。同时，合规管理能够帮助公司更好地识别和管理业务中的潜在风险，使公司在变化莫测的市场环境中保持稳健发展。

合规管理能够增强基金公司在市场中的信誉与竞争力。基金行业本身对合规性要求较高，投资者和合作伙伴对于公司的合规状况极为关注。基金公司通过主动构建和落实高标准的合规体系，可以树立起强大的品牌形象，提升市场认同度。这不仅能吸引更多的投资者选择公司的产品，也能促使更多的战略合作伙伴与公司建立长期稳定的合作关系。合规的透明度和诚信度，往往能够成为客户和合作伙伴选择基金公司的重要因素，进一步推动公司业绩的增长。

从行业角度来看，合规管理的落实对于推动整个行业的健康发展具有重要意义。随着市场监管力度的加大，合规性已成为基金行业的重要发展标准。基金公司通过严格的合规管理，不仅能提升自身竞争力，也能促进行业内的合规风气，推动行业整体合规水平的提升，增强行业的公信力和吸引力。行业的良性竞争与发展，最终有助于实现资本市场的长远稳定与社会经济的健康增长。另外，作为资本市场的重要组成部分，基金行业的稳定和健康发展对经济的活力、资本市场的稳定以及投资者的信任具有重要意义。通过建立并维持一个强有力的合规体系，基金公司能够促进资源的有效配置和市场的公平竞争，推动社会经济可持续发展。

5.3.4 合规是公司生存基础

在公募基金行业，合规不仅是企业运营的基本要求，更是公司生存和持续发展的根基。随着监管政策日益严格、市场环境不断变化，合规已成为基金公司正常经营和实现长期可持续发展的核心要素。基金公司在进行投资管理、基金销售、信息披露等多项业务活动时，必须遵循严格的法律法规和行业自律规范，确保公司经营不偏离法律框架，并有效降低各类风险。

基金公司必须提升对合规管理的重视程度，确保合规经营贯穿公司运营的各个层面。合规管理不仅是履行监管要求的责任，更是确保公司在复杂多变的市场环境中稳定发展的基础。基金公司通过建立完善的合规体系，确保从基金产品的设计、投资策略的执行、投资者信息的披露，到基金销售和日常运营等所有环节，都能严格遵守相关法律法规。这种合规框架不仅有助于公司在面对日益严格的监管审查时保持正面的合规形象，还能有效防止因违规行为带来的法律责任、监管处罚和市场信誉危机。

合规管理的强大基础能够显著降低基金公司面临的各类风险，尤其是法律风险、财务风险和声誉风险。在一个合规管理体系健全的公司中，每一项业务活动、每一个投资决策都能在监管规定的框架内开展，确保公司不因操作失误而遭遇不必要的法律纠纷或监管处罚。这些合规措施能够帮助公司建立起强大的风险防范能力，保护投资者的合法权益，防止公司遭遇大规模的市场信任危机。

在一个合规经营的基金公司中，合规不仅是满足法律要求，更是赢得投资者信任、建立良好品牌形象的重要途径。基金行业的竞争不仅仅体现在投资策略和产品创新上，合规性已经成为吸引投资者和合作伙伴的关键因素。投资者希望其资金在透明、公正、合规的环境中得到管理，而合规经营正是基金公司建立长期投资者关系的基础。同时，合规管理能够帮助公司与监管机构、合作伙伴及其他金融机构建立良好关系，增强市场竞争力。

5.4 基金合规管理的重点关注事项

根据《证券投资基金管理公司合规管理规范》第十三条的规定，督察长应重点关注并确保公司在公司治理、产品设计、销售行为、投资运作、基金运营、信息披露、资产安全和内部控制方面严格遵守相关法律法规，以防范法律和合规风险，维护基金份额持有人的合法权益。参照《关于加快推进公募基金行业高质量发展的意见》的文件精神，每个重点关注领域的详细要求如下。

5.4.1 公司治理的合规性

基金公司在公司治理方面应特别关注是否符合法律法规的要求，并确保遵循基金份额持有人利益优先的基本原则。基金公司应确保其治理结构符合《中华人民共和国公司法》和《基金法》的相关规定。公司应进一步完善治理机制，切实提升治理水平，健全“三会一层”制度，包括董事会、监事会、股东大会及高级管理层的职责划分。董事会要能够有效履行其监督和决策职能，确保公司的战略决策和管理层的执行符合法律法规。监事会及独立董事、督察长应发挥其监督作用，确保决策过程的公正性与透明性，有效监督管理层履行职责。股东大会应充分发挥决策职能，确保公司战略与管理层的执行符合基金份额持有人的利益。此外，高级管理层应根据董事会的决策执行公司战略，确保日常运营符合法律要求并维护投资者权益。

公司治理中必须明确基金份额持有人利益优先的原则。在公司进行任何重大决策时，应避免损害基金份额持有人的利益，确保决策过程公正透明，并始终以维护基金份额持有人利益为核心。公司应设立有效的机制，以确保股东、管理层和实际控制人之间的行为不会对基金份额持有人的利益造成损害，特别是避免利益冲突的发生。为了加强公司治理，严禁大股东、实际控制人滥用控制权干预公司正常经营管理。公司应防范股东缺位和内部人控制，强化对股东行为的监督，压实股东管理的主体责任。

股东和实际控制人的行为必须严格遵守《基金法》第二十三条等相关规定，确保他们的行为不损害基金份额持有人的利益。股东和实际控制人在履职时，应当避免通过不正当手段影响公司经营或控制公司，始终确保公司的决策符合基金份额持有人的长期利益。此外，基金管理公司应全面加强党建工作，特别是国有基金管理公司应将党的领导融入公司治理的各个环节，探索建立符合中国特色的现代资产管理机构治理体系，从而为公司治理注入更多的政治保障和方向引领。

5.4.2 基金产品及相关业务的合规性

基金公司在基金产品及相关业务服务的方案设计和业务模式方面，必须严格遵守法律法规，确保业务合法合规。基金产品的设计应符合《基金法》及其他相关法律法规的要求。每个设计环节，包括投资目标、策略、风险控制措施、费用结构和分红政策，都需经过合规审查，确保透明、公正，避免法律纠纷或不合规风险。此外，产品设计必须清晰、准确地披露投资目标与风险特征，帮助投资者做出知情决策。

在业务模式方面，基金公司需确保所有活动符合法律要求，避免不当关联交易或利益输送。公司应遵循公平、公正、透明的原则，确保业务模式的合法性并保障基金份额持有人的长期利益。公司还需定期评估其业务运营的合规性，确保不出现资本运作、收费结构或资金流动上的违规行为。

同时，基金管理公司应积极鼓励守正创新。创新应以满足居民财富管理需求为出发点，确保风险可控、投资者权益得到有效保护。公司应加大产品和业务创新力度，提升公募基金服务实体经济的能力，避免“伪创新”现象，如蹭热点、抢噱头、追求规模等。特别是在权益类基金领域，应大力推进 ETF 产品创新，支持成熟指数型产品发展，稳步推进金融衍生品投资，发展适应个人养老金需求的基金产品。

此外，基金公司还应加强固收类产品和货币市场基金的规模与风险管控，推动创新产品发展，如公募 REITs、养老投资产品等，确保各类产品能够有效对接不同风险偏好的资金需求，优化公募基金的风险收益曲线与产品谱系。

5.4.3 基金销售的合规性

基金销售的合规性是保障基金管理公司合法运营和保护投资者权益的核心环节。基金管理公司必须严格遵守相关法律法规、基金合同和招募说明书的规定，确保销售行为的合法性、公正性和透明性。同时，销售活动应符合投资者适当性原则，杜绝误导、欺诈投资人和不正当竞争等违法违规行为。

基金销售活动必须严格遵守相关法律法规，确保销售人员在推介产品时遵循基金合同和招募说明书的具体条款。销售人员应根据投资者的风险承受能力、财务状况和投资目标，推荐适合的基金产品，避免向风险承受能力较低的投资者推荐高风险基金，确保产品推荐的真实性和全面性。

基金公司必须确保所有销售宣传材料、招募说明书及其他相关文件的内容真实、准确和完整。所有公开发布的销售资料应严格与基金合同和招募说明书一致，防止夸大基金收益、隐瞒风险或进行其他误导性宣传。基金公司应特别注意确保所有信息清晰透明，使投资者能够在充分了解风险的基础上做出知情决策。

在此基础上，基金公司应着力提高投资者的获得感，牢固树立以投资者利益为核心的营销理念。基金公司需强化投资者适当性管理，践行"逆向销售"，积极拓展持续营销，并创新投资者陪伴方式，加大投资者保护力度。基金公司还应督促销售机构持续完善内部考核激励机制，切实改变"重首发、轻持营"的现象，避免短期激励行为，进一步加大对基金定投等长期投资行为的激励安排，将销售保有规模、投资者长期收益纳入考核指标体系。通过这一系列措施，基金公司能够更好地维护投资者利益并确保销售行为长期合规。

基金公司应建立严格的监督机制，定期检查销售行为，防止误导性行为、欺诈行为和不正当竞争等违规情况的发生。误导性行为包括夸大基金的历史业绩、隐瞒潜在风险或虚假承诺收益，欺诈行为则包括通过虚假宣传、捏造基金业绩等手段欺骗投资者。基金公司应采取有效措施，杜绝此类行为的发生，并确保销售人员遵守法律规定；同时设立投诉和举报渠道，及时处理投资者对销售行为的投诉。一旦发现误导、欺诈或不正当竞争行为，基金公司应迅速采取措施予以纠正，并根据法律法规的要求向相关监管部门报告，确保销售活动合法合规，保护投资者权益。

5.4.4 基金投资的合规性

基金投资的合规性是基金管理公司运营中的核心环节，以确保所有投资决策和操作符合法律法规及基金合同的相关要求。合规管理不仅是防范法律风险的重要手段，也是保护基金份额持有人利益、维护市场透明度和确保公平交易的基础。为了确保所有投资活动的合法性、公正性与透明性，基金管理公司在投资过程中必须严格遵守法律法规、基金合同条款以及公司内部制定的投资业务流程。

基金公司在投资决策过程中必须全面遵守相关法律法规和基金合同的规定。每项投资行为都应符合国家法律法规的要求，并严格按照基金合同中预定的投资策略与投资范围进行。基金公司应建立并完善投资决策机制，确保决策过程的规范性和透明性，做到每一项投资决策都符合法律法规和基金合同的要求，尤其应加强对团队化、平台化、一体化投研体系的建设，确保多维度的研究覆盖和定价能力的提升，同时杜绝过度依赖“明星基金经理”的发展模式，降低单一投资决策带来的合规风险。为了防范短期投机行为，基金公司应采取有效监管措施限制“风格漂移”“高换手率”等博取短线交易收益的行为，确保基金长期稳定发展。

基金公司必须严格遵循公司内部制定的投资业务流程和相关制度。所有投资操作应按照既定流程执行，确保每一项投资决策的合规性、透明性与执行的一致性。基金公司还需确保投资活动符合基金产品的投资目标和风险控制标准，避免出现任何利益冲突和不正当行为，保持投资决策的独立性和公正性。在此基础上，基金公司应推动投研人员的梯队培养与能力传承，强化投研内控建设，规范证券出入库管理，加强对基金投资交易的监测分析与跟踪检验。

在此过程中，基金公司应严格管理投研人员的通信工具、股权投资等行为，确保研究、交易、风控、合规、监察等各环节的监督制衡作用得以有效发挥，避免利益冲突和违规操作。特别是在防范违法行为方面，基金公司需要严厉打击“老鼠仓”、市场操控、利益输送、非公平交易等损害基金持有人利益的违法违规行为，通过建立健全的内控机制，确保所有投资决策和交易活动公平、透明，杜绝任何形式的违法违规行为。

5.4.5 基金运营的合规性

基金运营的合规性是确保基金管理公司业务顺利进行和保护投资者利益的关键环节。基金的日常运营必须严格遵循相关法律法规和基金合同的规定，确保每一项操作流程规范、透明，并且有效防范运营过程中可能出现的各类风险。运营合规性不仅涵盖日常业务的流程控制，还涉及对客户资料和交易数据的安全管理，确保数据的完整性和保密性。

基金公司必须建立健全的运营流程，确保所有操作符合《基金法》及其他相关法律法规的要求。在基金合同中明确规定的操作要求，必须在日常运营中得到严格执行。为此，基金公司应设计详细的操作规程，确保基金运营的各个环节透明、有序，且能够有效防范运营风险。

为了确保客户资料和交易数据的管理安全有效，基金公司应当建立完善的数据管理体系，通过定期备份、加密存储等技术手段，确保数据安全，防止丢失、篡改或泄露。为了确保信息系统的安全稳定，基金公司应定期开展信息系统安全评估、压力测试和应急演练。通过这些活动，基金公司能够识别潜在的安全风险和性能瓶颈，并采取有效的预防和纠正措施。这些评估和测试不仅能增强信息系统的抗压能力，还能提升其对突发事件的应急响应能力。此外，基金公司应持续加强数据安全保障、系统容量管理及灾难备份能力建设，确保信息系统在极端条件下的可靠性与稳定性。

在运营过程中，合规管理还应特别关注运营风险，如数据丢失、延时交易或操作失误等问题。为了规避这些风险，基金公司应设计实时监控机制，对关键操作流程进行跟踪和审查，确保每项操作都能够被有效监控，以便及时发现并纠正潜在的合规问题。此外，针对可能出现的异常情况，基金公司应有应急预案，并进行定期演练，确保操作人员在突发事件中能够迅速应对，保障基金资产的安全和客户利益。

5.4.6 信息披露的合规性

信息披露的合规性是基金管理公司透明运营和维护投资者信任的核心环节。基金管理公司必须确保向投资者和监管机构提供的所有信息符合法律法规的要求，并且信息披露的每个环节都应准确、及时、完整。有效的信息披露不仅是法律义务，也有助于维护市场的公平性和基金份额持有人的合法权益。

基金管理公司需要严格遵守信息披露的相关法律法规，按时发布定期报告和临时公告。定期报告如年度报告、半年度报告和季度报告，以及基金的财务状况、投资组合、风险管理、市场表现等重要信息，必须如期提交。临时公告则是在基金运营过程中发生重大事件或变化时，及时向投资者和监管机构披露相关信息。这些披露不仅应全面反映基金的运作情况，还需确保信息准确、真实，避免任何虚假记载或误导性陈述。

在信息披露方面，基金管理公司应当建立清晰的流程，确保每一次披露都符合合规要求。合规部门应负责监督信息披露的流程，确保所有披露文件在发布前经过严格的审查和核对。特别是在临时公告的发布中，时间的把控尤为关键，任何延迟都可能会导致投资者无法及时获知重要信息，从而影响其投资决策。因此，基金管理公司必须确保信息披露的时效性，在发生重大事项后，及时履行披露义务，避免信息披露滞后或遗漏。

为了确保信息披露的合规性，基金管理公司还应定期对信息披露的流程和机制进行评估，确保其能够应对不断变化的市场和监管要求。在信息披露过程中，所有相关人员应接受合规培训，确保他们了解披露要求，并能够严格遵守相关规定。此外，基金管理公司应建立信息披露的责任制度，明确每个部门和个人在信息披露过程中的职责，确保责任分明，防止因操作失误或沟通不畅导致信息披露不当。

5.4.7 公司资产的合规管理

基金管理公司必须确保公司资产的安全性和完整性，杜绝任何形式的资产抽逃、挪用、违规担保、冻结等违法违规行为。为了防止公司资产受到不当使用或非法转移，公司应采取严格的资产管理制度和监控机制，确保所有资产均在合法、透明的框架下进行操作。

公司应建立明确的资产使用审批流程，所有资产流动都必须经过合法审批，并且有清晰的记录和监控。任何未经过审批的资产转移、挪用等行为都必须被杜绝。合规和审计部门应定期检查公司账目，检查是否存在资产抽逃或非法转移的迹象，确保账目与实际资产状况一致。

公司应严格遵守《基金法》和相关法律法规，禁止利用公司资产违规提供担保。基金公司一般不允许对外提供担保，任何形式的违规担保行为都应当受到严格审查，并通过内控机制加以杜绝。此外，基金公司应严禁将公司的固有财产混同于基金财产进行证券投资。所有基金财产应独立管理，确保其不与基金管理公司的固有财产混淆，以避免出现利益冲突或法律风险。

公司应采取有效的合规措施，避免资产受到不必要的法律冻结或财产保全风险。定期检查资产使用和投资项目，避免因违规操作或诉讼问题引发资产冻结。若资产因外部原因被冻结，则公司应及时采取法律措施，积极解决问题，并向监管机构报备，确保资产尽早恢复流动性。

5.4.8 防范利用未公开信息交易

“利用未公开信息交易”是指利用尚未向市场公开的内部信息进行股票、基金等金融产品的买卖，以牟取私利的行为，通常称为“老鼠仓”。在基金管理领域，基金经理或其他内部人员可能会利用职务之便，在知晓公司投资决策或交易意图之前，私下买入或卖出相关资产，随后通过公司正式的交易行为抬高或压低市场价格，从中获利。这种行为严重违背了市场公平原则，损害了基金份额持有人的合法权益，同时给公司带来了重大声誉损害和法律风险。

为了有效防范利用未公开信息交易行为，基金公司应当建立完善的内部管理制度，确保未公开信息的严格管理和使用，防止内部人员不当利用这些信息进行个人交易。基金管理公司应建立严格的内部信息管理机制，对敏感信息进行分级处理。未公开的投资决策、交易计划和基金持仓等信息，必须限制在少数相关人员范围内，任何未经授权的人员不得接触这些信息。公司应明确划定信息的保密范围，并设立严格的信息隔离墙制度，确保不同业务部门之间的信息不能随意流动，尤其是投资研究交易部门与其他部门之间的信息共享必须受到严格控制。

内部管理制度应要求公司所有涉及敏感信息的员工签署保密协议，并对敏感信息的处理和使用设立明确的规定。员工应定期接受有关保密及防范未公开信息交易的培训，以确保其了解相关的法律法规和公司内部的规定。同时，公司应对高风险岗位，如基金经理、研究员、交易员等设立更严格的监控措施，确保这些岗位的人员严格遵守内部控制制度。

为了强化内部控制，公司应加强对员工的投资申报管理，定期审查员工个人账户的交易行为，特别是与公司交易行为密切相关的个人账户交易。通过内部投资申报制度，对公司员工及其近亲属交易股票的行为进行事前审批，禁止公司员工及其近亲属在与公司相关的证券上进行个人交易，从而减少内部人员利用职务便利进行“老鼠仓”交易的机会。

另外，利用现代技术手段进行防控也是防范未公开信息交易的重要举措。基金公司一般会在投资研究交易区域安装摄像头，进行 360 度无死角的监控；同时，实施严格的投研人员交易时间上交手机制度，不允许投资人员和交易人员在交易时间使用手机。基金公司通常还会使用通信监控系统对投研人员的上网行为、电话和邮件进行实时监控。

合规部门应负责定期审查内部控制体系的运行情况，确保各项制度得以有效执行。通过定期的合规检查，合规部门能够发现潜在的风险或制度漏洞，并及时提出改进建议。公司还应设立明确的问责机制，一旦发现内部人员利用未公开信息进行交易，即严格按照公司规定和法律法规进行处理，维护市场的公平性和公司声誉。

5.5 基金合规管理的主要工作内容

根据《证券公司和证券投资基金管理公司合规管理办法》和《证券投资基金管理公司合规管理规范》的规定，基金公司的合规管理工作主要包括合规审查、合规检查、合规咨询、合规宣导与培训以及与监管机构的沟通和报告。合规审查对公司及其业务活动进行评估，确保符合相关法律法规和内部制度；合规检查则定期或专项检查公司运营情况，识别合规风险并提出整改建议；合规咨询为公司提供专业的法律法规及自律规则适用意见，但不替代正式的合规审查或检查；合规宣导与培训旨在提高员工的合规意识，确保合规文化在公司内得到贯彻；与监管机构的沟通和报告指定期或不定期向管理层及监管机构汇报合规工作情况，确保合规管理的透明性和持续性。通过这些措施，基金公司能够有效管理合规风险，确保业务在合法合规的框架内顺利开展。

5.5.1 合规审查

督察长合规审查的法定事项有两类，一是督察长应当对证券基金经营机构的内部规章制度、重大决策、新产品和新业务方案等进行合规审查，并出具书面合规审查意见；二是当中国证监会及其派出机构、自律组织要求对证券基金经营机构报送的申请材料或报告进行合规审查时，督察长必须进行审查，并在相关申请材料或报告上签署合规审查意见。

在实践中，合规审核事项远远超过法定事项，如各类合同的审核、宣传推介材料的审核、各类对外材料的提供等。基金公司的业务部门在拓展业务时，通常会将合规部门的批准作为开展业务的先决条件。合规审核成为业务流程中不可或缺的一部分，贯穿各个环节。随着合规审核覆盖的范围越来越广和审核内容越来越细致，合规部门承受的压力也在不断增加。

在合规审查中“说不”是合规部门经常面临的挑战，尤其是在面对可能引发业务机会或短期利益的决策时。如何有效地“说不”而不阻碍公司发展，成为合规部门的关键职责。以下“三不原则”可供合规部门在实践中进行参考。

首先，合规部门需要有勇气“敢于说不”。这样做可以维护公司的合规性，确保业务决策不违反法律法规或公司政策，保护公司免受法律风险和声誉损害。同时，这种勇气有助于合规部门树立权威，让其他部门更加遵守合规要求。

其次，合规部门要迅速“及时说不”。这样可以及时控制风险，防止小问题演变成大风险，减少潜在的损失。合规的快速响应还能加快决策过程，避免因等待合规审查而错失业务机会。

最后，合规部门应“避免简单地说不”。这意味着在指出问题的同时，要提供可行的解决方案或替代方案，帮助业务部门在遵守合规要求的同时实现业务目标。这种做法能促进业务部门与合规部门之间的沟通，增进双方对合规要求的理解和认同，共同推动业务健康发展。

总之，合规部门在“说不”的过程中，不仅要坚持合规原则，还要灵活应对，提供可行的解决路径。在保障合规性的同时，要与业务部门建立良好的沟通与合作关系，确保公司在合规框架内实现业务目标，保持健康的业务增长。

5.5.2 合规检查

基金管理公司应当按照监管机构、自律组织的要求，以及公司相关制度和管理需要，对本公司、下属各单位及其工作人员的经营管理和执业行为的合规性进行检查。合规检查可以由合规部门单独或联合其他部门组织实施，并可分为例行检查和专项检查。

例行检查是根据合规检查计划定期进行的，旨在确保公司始终符合合规要求。在特定情况下，公司还需要进行专项检查。这些情况包括：公司发生违法违规行为或存在合规风险隐患时，公司董事会、监事会、高级管理人员、督察长或合规部门认为有必要时，监管部门或自律组织提出要求时，以及其他可能需要进行合规检查的情况。通过这种制度安排，基金管理公司能够及时发现潜在的合规问题，防范风险，保障公司运营的合规性和稳定性。

在实践中，合规检查的一项重要内容是根据监管部门开展的自查，合规部门可以遵循以下步骤开展自查工作。一是理解与规划，合规部门需深入理解监管要求，明确自查的范围、重点和内容，并根据这些要求制订详细的自查计划，确定自查重点领域、时间安排和人员分工。二是组织与实施，成立由高层领导负责的自查小组，明确各部门和岗位的合规职责，按照自查计划组织协调自查工作，采用文件审查、现场检查和员工访谈等多种方式，全面评估公司合规情况。三是问题识别与整改，在自查过程中，识别并记录不符合监管要求的行为或潜在风险点，进行详细分析和评估，针对发现的问题制定整改措施，并采取相应的优化和改进措施。四是报告与持续改进，撰写自查报告，总结自查情况和整改落实情况，及时向监管部门提交，并根据反馈进行调整。同时，将自查视为一个持续的过程，定期回顾自查整改情况，确保公司始终符合监管要求。

5.5.3 合规咨询

基金管理公司及其工作人员在开展业务过程中，遇到法律法规和自律规则适用与理解的疑难问题时，可以向督察长和合规部门咨询。督察长和合规部门应当基于专业分析与判断，提供合规咨询意见，以帮助解决具体的合规问题。然而，合规咨询并不能取代合规审查或合规检查的正式流程。合规咨询的意见仅作为提出咨询的单位或人员在进行决策或业务管理活动时的参考，不能代替正式的合规审查意见或合规检查结论。

在开展合规咨询工作时，合规部门可以参考以下“三查三问”工作方法，以确保提供专业和全面的合规意见。

“三查”指“查先例”“查法规”“查处罚”。第一，合规部门可以查阅公司过去的合规处理案例，了解类似情况的处理方式和结论，以便为当前问题提供借鉴。第二，合规部门可以查阅相关的法律法规、监管规定及自律规则，确保咨询意见符合现行的法律框架。第三，合规部门可以了解类似情形下的监管处罚案例，分析潜在的法律风险和监管反应，帮助决策者预判可能的合规风险。

“三问”指“问同业”“问律所”“问监管”。第一，合规部门可以与同行业公司进行沟通，了解它们在类似合规问题上的应对方式及行业最佳实践。第二，合规部门可以向律师事务所咨询，获取针对复杂法律问题的法律意见，确保合规咨询的法律严谨性。第三，合规部门可以直接向监管机构进行咨询，了解具体监管要求和解读，确保合规建议与监管政策一致。

通过“三查三问”工作方法，合规部门能够从多个角度和维度进行综合分析，为公司提供更为准确、全面的合规咨询意见。

5.5.4 合规宣导与培训

根据《证券公司和证券投资基金管理公司合规管理办法》的要求，基金管理公司应当开展多种形式的合规宣导与培训，制定行为准则、合规手册等文件，帮助工作人员及时知晓、正确理解与严格遵循法律法规和自律规则要求，倡导和推进合规文化建设。

基金公司合规部门开展合规宣导与培训的目的是提高员工的合规意识，确保公司内部的合规文化得到有效贯彻，帮助员工在日常工作中识别和处理合规风险。合规部门应根据公司业务特点和当前合规风险的重点，制订培训计划，明确培训目标和内容。培训内容应包括公司合规管理体系、法律法规要求、行业合规标准、反洗钱、防止内幕交易、投资者保护等核心主题，同时针对不同岗位的员工制定定制化培训内容，确保每个员工都能了解与其工作相关的合规要求。

合规部门应结合公司实际情况，选择合适的培训方式，如集中培训、在线学习、专题讲座和案例分析等多种形式，确保培训覆盖面广、形式多样、便于员工参与。定期的集中培训可以确保公司全员了解最新的合规要求，在线学习提供灵活的学习时间，专题讲座和案例分析有助于加深员工对合规问题的理解。

合规宣导与培训不仅限于理论讲解，还应注重互动和实践环节。通过角色扮演、案例分析、小组讨论等方式，激发员工的参与热情，增强他们对合规问题的敏感度和实际应对能力。例如，可以通过模拟合规风险场景，让员工在实践中识别问题、提出解决方案，从而提高实际操作能力。

合规部门还应定期评估培训效果，检查员工对合规知识的掌握情况以及培训后的应用效果，及时进行反馈和调整，确保培训持续有效，达到预期的合规管理目标。

5.5.5 与监管机构的沟通和报告

与监管机构的沟通和报告是基金管理公司合规管理中的重要工作。有效的沟通不仅有助于公司与监管机构保持紧密联系，及时获取政策信息，也能够帮助公司在出现问题时迅速得到指导，确保合规问题得到妥善处理。

公司应建立与监管机构的定期沟通机制。通过定期交流，公司可以及时了解监管机构的政策动向、行业最新监管要求以及合规热点问题。监管机构的指引对于公司优化合规管理、预防潜在风险具有重要参考价值。公司还应通过定期沟通，向监管机构展示其合规管理的最新进展和努力，以争取监管机构的信任和支持。

各类合规报告的提交是公司与监管机构正式沟通的重要方式。根据监管要求，基金公司需定期提交年度合规报告，并在必要时提交临时自查报告。年度合规报告应包括基金公司及子公司合规管理的基本情况、合规负责人履行职责的情况、违法违规行为和合规风险隐患的发现及整改情况、合规管理有效性的评估及整改情况等。临时自查报告则是针对监管部门提出的临时任务或要求，通常在专项检查、临时数据统计或专项调研等情况下提交。专项检查是监管部门针对特定合规问题进行检查时，公司需进行自查并提交报告；临时数据统计是在监管部门要求公司提供特定数据时提交的报告；专项调研则是监管部门对特定合规领域进行调研时，公司需根据要求提供相关自查报告。定期报告和临时自查报告的提交，有助于公司展示合规管理的透明度和应对合规风险的能力，加强与监管机构的信任和合作。

当公司发生重大合规问题时，必须第一时间主动向监管机构汇报。早期沟通有助于公司获得监管机构的指导和建议，降低因不及时汇报而带来的处罚风险。公司应在报告中详细说明问题的原因、影响、已采取的措施以及后续整改计划。监管机构往往对问题的解决过程和结果高度关注，因此公司需保持与监管机构的持续沟通，定期更新问题处理进展，直至问题彻底解决。

6 基金审计工作的开展——以内部审计部门为例

6.1 基金公司内部审计概述

在基金公司，内部审计工作通常由督察长负责管理，确保审计工作的独立性和客观性。这种设置旨在确保审计能够在不受外界影响的情况下，准确、及时地发现和评估公司可能存在的风险。督察长作为基金公司高级管理层的一员，监督公司内部控制、风险管理以及合规性流程。根据不同基金公司的组织结构，审计职能可能单独设立一个部门，也可能归于合规部门之下进行管理。

无论内部审计部门设立在哪个部门，其核心任务都是确保基金管理公司遵循法律法规和行业标准，维护基金的财务透明度，并评估风险管理与内部控制体系的有效性。内部审计工作的范围包括对公司运营流程的监督、对投资决策合规性的审查，以及对风险控制措施的有效性评估。此外，内部审计部门还需对公司内部的业务操作流程进行监控，确保符合内部制度和政策的要求。

6.1.1 基金公司内部审计的三大工作职责

内部审计的工作可以分为三大部分：一是配合国家审计或股东审计，二是与外部审计协作，三是独立开展内部审计。这三项职能相辅相成，共同确保公司审计工作的有效开展。

内部审计的第一项工作内容是配合国家审计或股东审计。在进行国家审计或股东审计时，内部审计部门必须提供必要的数据支持和流程信息，确保审计机关能够顺利获取所需的内部数据。国家审计通常由政府审计部门发起，而股东审计则是股东对公司财务透明度和运营状况的评估手段。内部审计人员负责协调公司各部门，确保审计过程顺畅，并保证所有审计要求能够得到及时响应。这一过程有助于维护公司的透明度，确保审计工作的准确性和有效性。

内部审计的第二项工作内容是与外部审计协作。内部审计部门与外部审计协作是确保外部审计工作完整性和高效性的关键。在外部审计过程中，内部审计部门需为外部审计师提供关于内部控制、业务流程和财务数据的详细信息，确保外部审计顺利进行。同时，内部审计还负责验证外部审计师提出的问题和风险，并根据外部审计的发现，采取相应的改进措施。通过这种紧密合作，外部审计师能够更加全面、客观地评估公司的财务状况及运营效率。

内部审计的第三项工作内容是独立开展内部审计。内部审计的独立性是其发挥作用的核心基础，其能够对公司的各项运营和财务活动进行独立评估。这种独立性确保了审计结果的客观性和公正性，能够避免因为内部利益冲突影响审计的准确性。内部审计的工作通常包括对公司内部控制体系的全面检查，以确保其健全性和有效性。内部审计人员会定期检查公司的资金管理流程、业务操作的合规性以及风险控制的合理性。通过对这些流程的深入审查，内部审计人员能够及时识别公司在管理和运营中的潜在风险，并向管理层提出改进建议。这种监督机制不仅有助于增强公司的风险防控能力，还能提升管理水平。

6.1.2　内部审计与外部审计的区别

内部审计与外部审计在基金公司中的作用有明显区别，各自承担着不同的责任。外部审计主要由独立的第三方机构，即会计师事务所负责，旨在确保财务报表的准确性和合规性，以便为公司外部的利益相关者提供可靠的信息。相较之下，内部审计则是公司自身的内部监督机制，专注于公司内部运营和管理的合规性及风险管理的有效性。

外部审计的核心任务是通过独立、客观的审查，验证基金公司及基金公司产品的财务报表是否符合《企业会计准则》以及相关法律法规的要求。这些审计报告主要提供给投资者、股东以及监管机构，以确保他们能够获得真实、准确的公司财务状况。外部审计的内容通常包括资产负债表、利润表、现金流量表等关键财务报表，审计师会核查财务数据的真实性和完整性，确保财务报表中的信息反映公司的实际经营情况。

外部审计师主要关注的是财务报表中的资产、负债、利润及现金流的合规性与真实性。例如，审计师会核查公司的资产计价是否合理，负债是否准确反映公司的财务状况，是否有虚报收入或隐藏负债的行为。通过这种财务审查，外部审计能够帮助投资者判断公司的财务健康程度，并通过审计意见向公众传递公司财务报表的可信度。

与外部审计相比，内部审计的职责更加广泛，重点不是在于向外部利益相关者提供信息，而是协助公司管理层确保其内部管理和风险控制机制的有效性。内部审计部门负责对公司内部流程进行定期检查，审查和评估公司各项业务活动的合规性，并且管理层能够有效识别和应对运营中可能存在的风险。

内部审计会通过内部控制测试和流程审查，评估公司的资金管理是否健全、业务流程是否合规，以及是否制定了有效的风险管理策略。例如，内部审计会审查公司在资金流动和成本管理中的控制措施，评估是否会因管理不善导致资金损失或财务误差。此外，内部审计还会持续监控公司运营中的风险，如市场波动、操作风险或合规风险，及时向公司管理层反馈这些潜在的风险因素，并提出相应的改进建议。

从审计频率来说，外部审计通常每年进行一次，为公司的年度报告或者基金产品的年度报告提供独立的审计意见；而内部审计的时间安排更加灵活，能够根据公司的需求定期或不定期开展。例如，内部审计可以在公司引入新业务、重大投资或管理层更替时进行专项审计，以确保公司的内部控制系统足以应对新的挑战。此外，外部审计的结论往往是基于对历史数据的审查，着重于财务报表的合规性和准确性。相比之下，内部审计则更加注重过程管理和预防未来风险。通过持续的监督和控制测试，内部审计能够在风险问题出现之前及时发现并处理，以帮助公司防患于未然。

6.2 基金公司年报审计

6.2.1 年报审计的法律框架

在中国，基金公司的年报审计受到《中华人民共和国公司法》《基金法》

《基金管理公司年度报告内容与格式准则》等法律法规的约束。这些法律法规明确要求基金公司必须定期披露年度报告，向公众和监管机构展示公司在财务及运营方面的表现。年度报告中的财务数据必须经过外部审计，这个过程能够确保公司所披露的信息是经过独立第三方验证的。会计师事务所负责审计基金公司年度财务报表，并根据中国证监会的相关规定，评估基金公司的内部控制体系。通过审计，监管机构能够了解到基金公司在日常运营中是否遵循了相关法规，是否具备完善的内部控制机制，以及是否采取了足够的风险管理措施。

6.2.2 会计师事务所的职责与审计流程

会计师事务所在基金公司年报审计中发挥主要作用，负责审计公司提供的财务报表，包括资产负债表、利润表、现金流量表等，以评估财务数据的真实性、完整性和合规性。

会计师事务所会对公司的财务报表进行全面审查，确保公司的资产和负债的确认与计价符合法律法规及会计准则。例如，审计师会检查公司资产负债表中的固定资产和流动资产，评估是否存在资产减值风险。同时，审计师会审查利润表中的收入和费用，核查收入确认流程是否符合公司政策和相关法律要求。此外，现金流管理是否合理也是审计的重点之一，审计师会关注公司是否存在现金流短缺或过度依赖外部融资的问题。

在审查财务数据的同时，会计师事务所还需对基金公司的内部控制系统进行测试和评估。这是确保公司运作稳定、数据准确的重要步骤。审计师将检查公司在资金管理、业务流程以及风险控制等方面的控制措施是否足够健全，能否有效防范潜在的财务舞弊行为。如果审计发现基金公司的内部控制存在缺陷，审计师会提出相应的改进建议，帮助公司优化管理流程。

在审计过程中，审计师还需检查公司是否存在违法违规行为，关注公司是否存在违反法律法规、未履行合同义务或未按规定披露重要财务信息等情况。如果审计师发现公司存在违规行为，则有责任向监管机构报告，并可以建议对相关问题进行及时整改。

6.2.3 内部审计部门的作用

内部审计部门在年报审计过程中与会计师事务所紧密合作，发挥着重要的协助和监督作用，为外部审计提供必要的数据支持。其主要任务包括对内部控制系统的评估、财务数据的核实，以及风险管理流程的监督。

内部审计部门不仅为外部审计师提供相关的数据和流程信息，确保审计工作顺利进行，还会对公司各个部门的数据进行初步审核，对财务信息的相关性和一致性进行确认。通过与财务、风险管理及合规部门协作，内部审计能够在审计工作中发挥桥梁作用，确保提供的数据经过多层次的核查。

除了数据支持，内部审计部门还负责对公司内部控制系统进行独立评估。这一过程确保了内部控制的有效性，尤其是在财务流程和业务操作方面。通过定期的评估和反馈，内部审计部门能够识别潜在的财务和运营风险，并向公司管理层提出改进建议。有效的内部审计不仅能降低运营风险，还能提高公司整体管理效率。

6.2.4 审计结果与改进建议

在年报审计结束后，会计师事务所会出具详细的审计报告，指出公司在财务管理和内部控制方面的优势与不足。审计报告的目的不仅仅是展示公司当前的财务状况，还包括根据审计发现提出改进建议。如果审计师发现公司存在重大问题，如财务数据不准确或内部控制薄弱，则会在审计报告中清晰地指出这些问题，并建议公司采取相应的措施进行改进。

内部审计部门则根据外部审计的反馈，跟进公司内部的整改措施，确保问题得到及时修正。通过定期的跟踪和反馈机制，内部审计部门能够确保公司管理层重视审计报告中提出的改进建议，并采取相应的措施予以落实。

6.3 基金产品年报审计

基金产品年报审计是基金管理公司确保其运营合规性、透明度及财务准确性的重要环节。其不仅有助于提升投资者的信任，还能确保基金管理人遵守法律法规，履行合同义务。基金产品年报审计通常由外部的会计师事务所进行，但内部审计部门扮演了协作和监督的角色。

6.3.1 基金产品年报审计的主要内容

根据《基金法》《证券投资基金信息披露管理办法》等法律法规的要求，基金管理公司必须定期披露其公募基金产品的年度报告。这一披露的核心是保证信息的准确性、完整性和透明性，特别是对于资产管理、净值计算和投资组合的表现。《证券投资基金信息披露管理办法》第十八条规定，基金年度报告中的财务会计报告应当经过符合《中华人民共和国证券法》规定的会计师事务所审计。这些法律框架确保了基金管理公司在日常运营中遵循国家法规，定期披露的年报内容符合相关准则，并经过外部审计验证。会计师事务所在审计基金产品年报时，需重点审查基金的投资决策是否符合法律法规，以及基金的资产估值和净值计算是否符合会计准则。

在基金产品年报审计工作中，审计的主要内容涵盖多个关键方面。首先，会计师事务所需对基金年度报告中的财务会计报告进行全面审计，审查其是否符合国家相关法律法规、基金合同和会计准则的要求。通过审计，确认财务报告真实、公允地反映了基金的财务状况和经营成果。其次，审计人员需要核实基金的投资组合报告。这包括审查资产组合情况、股票和债券投资明细，以及投资组合的重大变动等，重点关注披露的投资组合信息与实际情况是否一致。此外，对基金净值表现的审查也是重要内容。审计人员应核实基金净值增长率、业绩比较基准收益率等指标的计算和披露，评估其是否准确完整，能否够帮助投资者正确评估基金的业绩表现。对于收益分配情况的验证，审计人员需审查基金收益分配的合规性和准确性，评估收益分配是否符合基金合同的约定和相关法律法规的规定。同时，审计还包括对关联交易的检查。核实基金与关联方之间的交易，关注关联交易的披露是否充分透明，交易价格是否公允，并重点评估关联交易是否会损害基金份额持有人的利益，是否影响基金运作的公平性。最后，审计工作应关注基金在报告期内发生的重大事项，如基金份额持有人大会决议、基金管理人或托管人的重大人事变动、涉及基金的诉讼事项等。

6.3.2 外部审计的职责

外部审计在基金产品年报审计工作中发挥着主要作用。执行审计的会计师事务所必须具备从事证券相关业务的专业资格，审计人员需具备相应的注册会计师资格，确保其具备必要的专业能力和合法性。在审计过程中，外部审计师应按照《中国注册会计师独立审计准则》和相关法规，对基金财务会计报告进行独立审计，并出具正式的审计报告。审计报告须由会计师事务所盖章，并由至少两名具有证券相关业务资格的注册会计师签名盖章，以保证审计意见的权威性和可信度。注册会计师在审计中应就基金财务报表的合法性、公允性，以及是否符合基金合同的约定等方面发表明确的审计意见。这些意见可能包括无保留意见、保留意见、否定意见或无法表示意见，旨在向基金份额持有人和监管机构提供专业的判断与建议。

外部审计师如果在审计过程中发现需要强调的事项，即使这些事项不影响审计意见的性质，也应在审计报告中增加强调事项段，并协助基金管理人进行相关披露，确保重要信息的透明和完整。此外，外部审计师必须严格遵守保密义务，在基金年度报告披露前，不得泄露与基金审计相关的信息，或利用这些信息谋取不正当利益，以维护市场的公平性和基金份额持有人的合法权益。

外部审计师应积极配合基金管理人，确保审计报告及相关财务信息在基金年度报告中准确、及时地披露。这种协作不仅有助于提高基金信息披露的质量，也能增强投资者对基金的信心，促进基金行业健康发展。

6.3.3 内部审计部门的作用

尽管基金产品年报审计主要由外部会计师事务所负责，但内部审计部门在这一过程中同样发挥了关键作用。内部审计部门不仅为外部审计提供必要的数据和流程监督，还确保年报中的所有信息符合公司内部控制制度。这一内部机制的存在，不仅有助于外部审计的顺利进行，还能够通过内部的持续监督，帮助基金管理公司提升合规性和管理效率。

相比外部审计，内部审计部门更熟悉基金管理人的内部控制制度和运营流程，能够为外部审计提供全面而翔实的内部资料。内部审计部门可以协助外部审计师深入了解基金的内部控制环境，包括风险管理措施、合规操作程序等，从而提高审计效率和准确性。在审计过程中，内部审计部门负责配合外部审计师的工作，及时提供所需的文件、记录和解释，帮助核实财务数据和业务活动。内部审计部门还会负责解答或者协调解答外部审计过程中出现的疑问，确保审计工作顺利进行。

内部审计部门负责跟进外部审计师提出的审计发现和建议，协助基金公司管理层制定整改措施，对发现的问题进行跟踪和落实，确保问题得到及时有效的解决。这种内外部审计的协同，有助于完善基金的内部控制体系，提升运营管理水平。

6.4 离任审计与离任审查

在基金行业中，关键人员的离任对公司的运营和合规都有重要影响。为确保离任人员在任职期间的职责履行情况得到全面、客观的评价，监管机构对不同职位的人员设定了离任审计和离任审查的要求。根据证监会 2011 年颁布的《基金行业人员离任审计及审查报告内容准则》和 2022 年颁布的《证券基金经营机构董事、监事、高级管理人员及从业人员监督管理办法》的规定，相关离任审计与离任审查的要求如下。

6.4.1 基金公司董事长和总经理的离任审计

当基金公司的董事长和总经理离任时，公司应及时聘请具备证券相关业务资格的会计师事务所对其任职期间的履职情况进行离任审计。离任审计报告应在离任之日起 2 个月内完成，并报送中国证监会基金监管部门以及公司经营所在地的中国证监会派出机构，同时存档备查。

离任审计报告应全面、客观地反映董事长或总经理在任职期间的工作表现，详细描述审计工作的实施情况，包括审计的时间、范围、内容和方法，确保审计过程符合相关法律条款，具有规范性和透明度。审计报告还应概述审计对象的基本情况，涵盖其个人基本信息、职责描述以及实际履职情况，为审计结论提供坚实依据。

审计时应特别关注公司对审计对象的年度考核结果，全面评估其在任职期间的绩效表现。审计报告应包括对公司经营状况的分析，评估在审计对象任期内，资产管理规模、基金销售规模的变化，业务拓展情况及主要财务指标的变动情况，并分析其原因，以衡量审计对象对公司发展的贡献。同时，审计报告应深入分析公司在审计对象任期内的内部控制与风险管理状况，审查相关制度建设、管理模式调整及其效果，并评估审计对象在这些领域的管理能力与执行力。

对于违法违规情况，应从公司和个人两个层面进行审查。审计人员需查明公司在审计对象任期内是否发生过任何违法违规行为，包括是否受到刑事处罚、行政处罚或监管措施；同时，应审查审计对象是否因个人行为受到刑事处罚、行政处罚、监管措施或行业自律组织的纪律处分。此外，审计报告应评估审计对象是否因违反公司内控管理规定而受到处分，评估其责任承担情况。

此外，还应关注在审计过程中发现的其他潜在问题和风险，特别是影响公司运营的事项。审计报告应详细列明这些问题，提供清晰的证据链，帮助监管机构进行后续审查。

6.4.2 基金公司副总经理和督察长的离任审查

当基金公司副总经理或督察长离任时，应立即开展离任审查。离任审查报告需在离任之日起 2 个月内完成，并报送中国证监会基金监管部门及公司所在地的中国证监会派出机构存档备查。

与董事长和总经理的离任审计要求一样，离任审查报告应全面、客观地反映审查对象的履职情况。离任审查报告首先说明审查的时间、范围、内容及方法，确保审查过程规范透明；其次概述审查对象的基本信息、职责及实际履职情况，为审查结论提供依据。公司内部的年度绩效考核结果是离任审查报告的重要部分，有助于评估其工作表现。

对于副总经理，离任审查报告需详细描述其所分管业务的经营状况，特别是业绩、业务发展和创新情况。对于督察长，应重点关注其在合规、风险控制及监察方面的工作，评估其在公司合规运营中的作用。

此外，离任审查报告应分析审查对象在分管领域内的内部控制建设及风险管理措施的有效性。离任审查还需涵盖公司是否存在违法违规行为，审查对象是否受到处罚，并评估其应承担的责任。

6.4.3 基金经理和投资经理的离任审查

当基金经理或投资经理离任时，基金管理公司应立即对其进行离任审查。离任审查报告需在离任之日起 2 个月内完成，同时存档备查。

离任审查报告应重点关注审查对象在任职期间的投资管理活动。首先，需要详细说明审查工作的实施情况，包括审查的时间、范围、内容和方法，确保审查过程的规范性和全面性。其次，离任审查报告应概述审查对象所管理的基金或投资组合的基本情况，包括基金类型、规模、投资目标和策略，为评估其管理能力提供基础。在业绩表现方面，离任审查应对审查对象所管理基金或投资组合的业绩与业绩比较基准进行对比分析，评估审查对象的投资管理能力和业绩贡献。同时，离任审查报告应深入检查投资合规情况，核实是否存在违反法律法规和公司制度的行为，如利益输送、利用非公开信息交易、内幕交易以及违反公平交易原则等，从而评估其投资活动的合法合规性。

此外，离任审查应评估审查对象对投资管理人员职业道德和行为规范的遵守情况，包括防范利益冲突、履行保密义务等，审查其在任职期间是否恪守职业操守。对于违法违规情况，需要从公司层面和个人层面进行审查。在公司层面，查明公司在审查对象任期内是否发生违法违规行为，是否受到刑事处罚、行政处罚或监管措施，以及审查对象应承担的责任。在个人层面，核实审查对象本人是否受到刑事处罚、行政处罚、监管措施、行业自律组织的纪律处分，或是否因违反公司制度受到处分。

审查过程中发现的主要问题和潜在风险也应在离任审查报告中详细列明，为监管部门和公司提供重要参考。离任审查报告应对审查对象任职期间的履职情况给出总体评价和结论，客观、公正地反映其工作业绩和职业操守。审查对象应积极配合审查工作，并对离任审查报告提供书面意见。如审查对象拒绝提供意见，则需在离任审查报告中注明。

6.5 法定的内部审计项目

基金公司为了确保运营的合规性和有效性，需定期开展法定的内部审计项目。这些审计项目不仅是内部控制的重要组成部分，也是监管机构所要求的合规举措，主要包括以下几个方面。

6.5.1 IT 审计

信息技术在基金公司的业务运营中扮演重要角色，几乎所有的业务流程和管理活动都依赖于信息系统的支持。因此，确保信息系统的安全性、稳定性和合规性，是基金公司经营管理的重要内容。根据中国证监会发布的《证券基金经营机构信息技术管理办法》的要求，证券基金经营机构应当定期开展信息技术管理工作专项审计，频率不低于每年一次，确保三年内完成信息技术管理全部事项的审计工作，包括但不限于信息技术治理、信息技术合规与风险管理、信息技术安全管理、应急管理。《证券基金经营机构信息技术管理办法》还对 IT 审计的外部审计进行了规定，要求证券基金经营机构应当委托外部专业机构开展信息技术管理工作的全面审计，频率不低于每三年一次。

IT 审计的首要目标是评估信息系统的安全性和稳定性。基金公司的信息系统中存储着大量敏感的客户数据和交易信息，一旦发生信息泄露或系统故障，不仅会给客户带来直接损失，也会对公司的声誉和业务运营造成严重影响。根据《中华人民共和国网络安全法》和《证券期货经营机构信息技术管理办法》的规定，基金公司必须建立健全的信息安全管理制度，落实包括网络安全等级保护在内的安全措施。IT 审计需要检查基金公司是否采取了充分的安全防护措施，如防火墙、入侵检测系统和数据加密技术，审查这些措施的有效性，并排查潜在的安全隐患。同时，IT 审计会评估公司的应急预案，如公司在突发事件发生时能否迅速响应，尽快恢复系统，以保障业务的持续性和稳定性。

信息系统的性能和可用性对基金公司的业务运营有直接影响，因此，IT 审计还需要评估系统对业务持续运营的支持能力。信息系统的响应速度、处理能力和扩展性必须能够满足现有业务需求，并能够随着公司业务的增长进行扩展。

基金公司根据《证券期货业信息系统安全管理指引》的要求，定期对其信息系统进行性能测试和容量规划，以保证系统的稳定性。IT 审计会重点检查系统的性能是否达到预期标准，是否有足够的冗余和扩展能力，以防止系统过载或崩溃。此外，IT 审计还会审查数据备份和恢复机制，关注数据备份的完整性和可恢复性，防止因硬件故障或数据损坏导致业务中断。

在合规性方面，基金公司的信息系统必须符合相关的法律法规和行业标准。IT 审计会核实公司是否按照《基金法》《证券基金经营机构信息技术管理办法》等规定，建立完善的合规性管理流程。首先，审计需核查公司在数据保护和隐私安全方面的措施，评估其是否符合《中华人民共和国个人信息保护法》的要求，防止未经授权的访问、数据泄露或篡改。其次，审计会检查公司在信息系统开发和变更管理过程中是否遵循《证券期货业信息系统运维管理规范》中的相关规范，评估系统的开发、测试和上线流程是否经过严格的审批与控制，关注是否存在因未经授权的变更对系统安全造成风险的情况。与此同时，基金公司与外部服务供应商的合作也需要审查，关注其是否符合《证券期货业信息技术服务连续性管理指南》的要求，规避外包服务可能带来的信息安全风险。对于信息系统的外部接入，审计会审查公司是否遵循《证券期货业信息系统外部接入管理暂行规定》，是否能够有效防止未经授权的外部连接对网络安全构成的威胁。

6.5.2 反洗钱审计

反洗钱工作是基金公司及其他金融机构的法定义务，旨在防范洗钱活动和恐怖融资。根据《中华人民共和国反洗钱法》以及中国人民银行发布的《金融机构反洗钱规定》等相关法律法规，基金公司必须建立健全的反洗钱内部控制制度，并定期开展反洗钱审计。反洗钱审计的主要目的是评估基金公司在反洗钱合规与风险控制方面的执行情况，验证其是否符合要求，维护金融系统的稳定与安全。

首先，审计会关注客户身份识别程序的执行情况。基金公司需核实客户身份信息的真实性、完整性和准确性，防止不法分子利用金融机构进行洗钱活动。审计重点评估公司是否落实了“了解你的客户”原则，检查客户关系存续期间是否持续跟踪客户交易行为和资金来源。

其次，审计会评估可疑交易监测系统的有效性。基金公司应建立完善的可疑交易报告机制，能够通过信息系统进行实时监控，及时识别和报告可疑交易。审计将检查系统是否具备有效的预警功能，关注公司能否按规定报告可疑交易，且报告是否及时、准确。

内部培训和宣传也是反洗钱审计的重点。审计需核查基金公司是否定期为员工提供反洗钱培训，增强其合规意识和反洗钱能力。通过培训，员工能够识别潜在风险并采取适当措施，以提高反洗钱工作的整体效率。

6.5.3 基金子公司审计

根据《基金法》《证券投资基金管理公司内部控制指导意见》等相关法律法规，基金公司应定期对其下属子公司进行审计。子公司审计的主要目标是评估其经营活动是否符合合规要求，并与母公司整体战略相一致。审计内容涵盖运营合规性、财务合规性、内部控制和风险管理等方面，目的是增强子公司透明度和提升风险管理水平，保障基金持有人的利益。

审计应审查子公司在日常经营中的运营合规性，核查其业务流程是否符合法律法规及监管要求，避免违反相关法律。同时，审计应评估子公司在关联交易中是否遵循公平交易原则，防止可能损害投资者利益的行为。审计人员会对子公司的财务合规性进行检查，核对财务报表和会计记录的准确性与完整性，以便判断财务数据是否符合会计准则和披露要求。

此外，审计需评估子公司内部控制与风险管理措施的有效性，审查是否建立了合理的内控制度，评估其业务活动是否在可控的风险环境中进行，并与集团政策保持一致。通过审查风险管理体系，基金公司可确认子公司识别和应对潜在运营与市场风险的能力。

审计还应关注子公司业务与母公司整体战略的协调性，评估其业务发展是否与母公司的战略目标一致，避免资源浪费或战略偏离。通过对子公司业务的审查，基金公司可优化资源配置，提升集团整体运营效率。

6.6 其他内部审计项目

基金公司通常由前台、中台和后台三个主要部门组成，每个部门在公司运营中扮演不同的角色。前台主要负责投资管理和基金销售，中台则涵盖产品设计、风险管理以及合规管理等职能，而后台包括基金运营、行政、人事、财务、IT 和客户服务等部门。各部门的运营必须严格遵守合规要求，内部审计的目标是通过定期审查，评估业务流程的合规性、有效性，并识别潜在的操作风险。根据公司业务需求和风险评估，基金公司需对各业务线定期进行内部审计，以审查与评估其核心业务运营的合规性和效率。通常情况下，基金公司以 2~3 年为一个内部审计周期，每年从前台、中台、后台部门中挑选数个业务部门开展内部审计，并确保每个审计周期能够覆盖公司所有部门。

6.6.1 基金前台业务的审计

基金公司前台业务主要包括投资管理和基金销售，相关部门直接与市场和客户接触，审计的重点在于审查其操作是否合规并有效保护投资者利益。

基金研究业务的内部审计主要集中在信息来源的合法性、研究流程的合规性、利益冲突的防控以及内部控制机制的审查。审计人员应审查研究过程中使用的信息来源是否合法合规，避免使用未经授权的数据或信息。研究流程的审计需审查各项研究活动是否符合公司合规要求，并严格遵循既定的操作规程，关注研究报告的公正性与客观性。同时，利益冲突防控审计应关注是否存在研究人员与投资决策过程中的利益冲突，评估研究成果是否不受外部干预或内部利益影响。此外，审计人员还需对公司内部控制机制进行审查，评估各项内控措施能否有效防止不当行为，保障研究业务的合规性和透明度。

基金投资业务的内部审计应重点关注投资决策的独立性、投资限制的遵守情况以及投资授权和审批流程的合规性。审计人员应关注投资决策过程独立、透明，避免受到外部或内部不当影响，关注基金经理的决策是否在符合投资策略和法律法规的前提下进行。此外，审计还需核查基金投资是否遵守了相关的投资限制，如投资比例、持仓限制等。投资授权和审批流程的审计则需关注与审查每项投资是否都经过适当的审批程序，相关决策和投资行为是否得到充分的审查与批准，以防止任何未经授权的投资操作，保障投资过程的透明度与合法性。

基金交易业务的内部审计主要关注公平交易、反向交易与同向交易的合规性、交易对手管理以及程序化交易的审查。审计人员应检查所有交易活动是否符合公平交易原则，避免出现内幕交易或市场操控行为。在审计反向交易、同向交易和异常交易时，重点检查这些交易是否符合公司政策，是否存在不当利益输送或不正当操作。对于交易对手的管理，审计需审查与交易对手的合作是否遵循合规要求，特别是在询价管理中，审计人员需关注报价的透明度与公正性，避免出现价格操控等行为。此外，程序化交易的审计则应关注自动化交易系统的合规性，评估程序化交易操作是否会违反市场规则，以及是否会造成市场波动或不公平交易。

基金销售业务的内部审计重点包括对销售活动、宣传推介材料、销售费用和销售合作机构的审查。审计人员应对基金销售业务活动进行全面审计，审查销售行为是否符合公司政策、法律法规及监管要求，避免违规销售或误导性营销行为。对宣传推介材料的合规性审计则需要审查销售材料中的信息是否真实、准确和完整，是否符合相关法律法规要求，是否存在虚假宣传或不当推广。基金销售费用的审计重点在于核查费用的合理性和合规性，评估费用支出是否符合公司财务管理规定，且不涉及不当利益输送。销售合作机构的审计应检查与合作伙伴的合同、佣金支付等方面的合规性，关注合作关系的透明和公正，防止潜在的利益冲突或不当行为。

6.6.2 基金中台业务的审计

基金公司中台业务涉及产品设计、风险管理和合规管理等职能。审计的核心在于审查这些业务职能的合规性、有效性及风险防控能力。

产品业务的内部审计涉及基金生命周期各个阶段的合规性和透明度。在设计与注册阶段，审计需核查基金的投资目标、策略、风险控制措施和费率结构是否符合相关法规，关注核心文件是否准确无误，并评估流动性风险管理和审批流程的合规性。在募集与发行阶段，审计关注募集资金的合规使用、宣传材料的真实性、销售渠道的合规性以及投资者适当性评估的执行情况。在存续与运作阶段，审计需定期评估投资决策过程、投资组合管理和基金转型的合规性。在清算与终止阶段，审计重点是审查清算过程的合法性、资产变现的公允性以及债务清偿的合规性，关注清算组是否具备独立性，资产处置是否公正透明，债务清偿是否符合规定，剩余资产是否合理分配。

基金公司风险管理部门的内部审计主要聚焦于风险识别、评估、监控和控制流程的有效性及合规性。审计人员应评估风险管理部门是否按照公司政策和监管要求实施风险管理策略，检查是否对各类风险（如市场风险、信用风险、流动性风险等）进行了充分识别与合理评估。同时，审计人员应审查风险管理部门的风险监控体系，评估其能否实时识别和预警潜在风险，并采取适当的应对措施。审计还需评估风险管理流程的合规性，检查风险管理措施是否符合监管要求及行业标准，识别潜在的合规漏洞或管理不到位的地方。在审计过程中，还应关注风险管理部门与其他业务部门（如投资、销售等）的沟通和协作，检查其能否有效覆盖公司各个业务环节，进行全方位的风险防控。审计人员还应审查风险管理报告的质量和及时性，评估报告内容是否准确、完整，且是否按时提交给公司高级管理层和董事会。此外，审计还应评估风险管理部门是否具备足够的资源和支持，能否有效履行其职责，保障公司业务的稳健运行。

合规管理部门的内部审计主要聚焦于合规管理体系的有效性、合规程序的执行情况及其与公司整体运营的协调性。审计人员应评估合规部门的工作是否符合相关法律法规和公司政策，审查合规部门是否按照既定流程开展合规风险识别、评估和管理工作，并对合规风险的监控和报告机制进行审查，审查其是否及时有效。审计人员还需评估合规部门在执行日常监管职责时的独立性，评估合规部门能否不受其他业务部门的干扰，保持客观公正。此外，审计还应检查合规培训和文化建设的落实情况，审查公司全体员工是否都具备必要的合规意识，并能遵守合规规定。合规部门的报告和沟通机制也是审计重点之一，审计人员应核查合规报告的准确性和及时性，关注高级管理层和董事会及时了解合规状况以及存在的合规风险。在整个合规体系的运作过程中，审计人员还需关注合规部门是否有适当的资源和支持，评估其能否有效履行职责。

6.6.3 基金后台业务的审计

基金公司后台业务主要是提供运营支持，确保前台和中台部门能够顺利开展工作。后台部门包括基金会计运营、行政、人事、财务、IT 和客户服务等职能，每个部门的审计都有其特定的重点。

基金会计运营部门的内部审计需重点关注三个方面。首先，审计需审查基金公司会计制度及操作流程是否符合相关法律法规，关注会计记录的合规性和准确性。其次，审计要评估岗位职责划分和授权管理的合理性，关注其职责是否明确、岗位分工是否合理。最后，审计需核查基金会计的独立核算实施情况，关注财务数据的独立性、完整性和准确性，审查所有账目、资金流动和交易记录是否符合规定，是否及时、透明地反映基金运营状况。

行政部门的审计涉及公司日常运营的支持性职能。审计人员需要评估行政管理流程的合规性和效率，审查公司各项采办工作是否符合法律法规要求。特别是在采购和外包服务方面，审计人员需检查是否存在招标程序的透明性、合同签订的合规性，避免存在不正当竞争或利益输送等问题。此外，行政部门还需负责档案管理，审计人员需检查档案管理系统的完善性，关注基金公司是否保存客户资料、合同文档、审计报告等关键文件，并且符合法律法规要求的保存期限（通常不少于十五年）。

人事部门的审计重点在于员工的招聘、培训、绩效评估等流程的合规性。审计人员需要评估人事管理是否符合劳动法等相关法律法规，并检查员工培训是否覆盖基金销售、风险管理等关键领域，关注员工是否具备相应的从业资格证书。此外，审计人员还需关注公司是否对员工的行为进行了适当的监管，避免因员工的不当行为对公司声誉和投资者利益造成影响。

财务部门的审计主要聚焦于基金公司的财务合规性与透明度。审计人员需对公司财务报表进行详细审查，确认其是否按照会计准则进行编制，且没有虚报利润或隐藏财务风险的情况。此外，审计还应关注财务预算、资金流动、税务管理等方面的合规性，关注公司财务健康且符合法律法规要求。

IT 部门的审计主要关注信息系统的安全性、稳定性和合规性。审计人员需要检查基金公司的信息系统能否有效防范网络攻击、避免数据泄露等，评估客户信息和公司数据的保密性与安全性。此外，审计人员还应评估 IT 部门的操作是否符合内部控制要求，评估系统操作是否合规。

第 3 篇

基金业务的合规与审计

7 投资管理的合规与审计

7.1 投资管理的基本流程

投资管理包括投资、研究和交易，合规管理贯穿整个投资管理流程，确保投资运作在每个阶段都符合法律法规及内部政策要求。以下将结合本书虚构的公募基金公司“益恬美基金”买入虚构上市公司“特味达”股票的案例，详细说明投资研究交易的基本流程及相应的合规要求。

7.1.1 虚构案例：“益恬美基金”买入“特味达”股票

小严是“益恬美基金”的一名研究员。一天，他注意到食品行业里一家公司——特味达，表现得非常出色。特味达专注于健康食品，并且市场口碑非常好，这引起了小严的兴趣。他决定进一步了解这家公司，评估是否值得把它推荐给基金经理进行投资。

小严开始收集各种公开信息。他查阅了特味达的财务报表，查看了行业报告，分析了这家公司与其竞争对手的优劣势。通过这些数据，小严建立了一个财务模型，分析显示特味达未来增长潜力巨大。这一步非常重要，因为他需要确保所有信息都来自合法、公开的渠道，避免任何可能涉及内幕信息的风险。

完成初步分析后，小严觉得有必要亲自去公司做更深入的调研。于是，他带领团队去了特味达的总部，与该公司的管理层进行了会面。在这次交流中，他们了解了特味达的业务发展和财务状况，但为了避免合规问题，他们没有打探或获取任何未公开的信息。小严通过这次调研，更加确认了自己之前的判断，觉得特味达确实是一家值得关注的公司。

回到“益恬美基金”后，小严撰写了一份详细的研究报告。在报告中，他分析了特味达的财务状况、行业地位、竞争力和潜在风险。完成报告后，小严把它提交给“益恬美基金”内部的研究部门进行审核。研究部门对报告进行了严格的审查，确保所有内容基于合法的公开数据，并且符合“益恬美基金”和法律的合规要求。

研究部门审查通过后，特味达的股票正式被纳入“益恬美基金”的股票库。这意味着，基金经理可以选择特味达作为基金的投资标的。基金经理老吉仔细阅读了小严的报告，觉得这是一个不错的投资机会。于是，他根据基金的投资策略和资产配置，决定购买特味达的股票。

老吉向交易部门下达了具体的买入指令。交易部门接到指令后，开始在市场上分批次买入特味达的股票，以确保交易过程透明且符合相关法律要求。

交易完成后，运营部门负责资金的清算与股票的交割，确保股票和资金安全、准确地完成交割。至此，整个交易流程正式结束。

但工作并未完全结束。交易完成后，小严和老吉继续跟踪特味达的市场表现与经营状况。同时，风控部门持续监控特味达在基金组合中的表现，确保投资风险始终处于可控范围内。

7.1.2 投资管理流程的分析

通过“益恬美基金”买入特味达股票的案例，可以清晰地梳理出投资研究和交易的各个环节。每个环节都必须遵循严格的合规要求，以确保基金投资的合法性、透明度及对投资者利益的保护。下面将逐步分析每个流程可能存在的风险以及相应的合规要求。

7.1.2.1 初步调研与数据收集

在投资研究的初步阶段，研究员的主要任务是通过合法的公开渠道收集目标公司的相关数据。在“益恬美基金”的案例中，小严通过公开发布的特味达财务报表、行业分析报告以及竞争对手的资料，分析特味达的市场表现和未来增长潜力。这些数据为他建立初步的财务模型、评估特味达的发展前景提供了基础。

从合规的角度来看，这个阶段的关键是确保信息的合法来源。研究员只能依赖特味达公开披露的信息，如年度或季度财报、行业报告、市场调研报告等。与此同时，小严在收集信息时，必须遵守《中华人民共和国证券法》及相关规定，避免通过非公开渠道获取任何可能构成内幕信息的数据。这些法律要求强调了数据来源的合规性，防止“益恬美基金”因使用不当信息而触发监管处罚或刑事制裁。

初步调研阶段的合规风险主要集中在信息来源的合法性。若研究员在信息收集过程中，使用了未经公开的内部敏感信息或通过非法手段获取数据，可能会构成内幕交易，这将为“益恬美基金”带来极大的法律风险。另外，如果研究员过度依赖未经验证的第三方数据，且未能对信息进行充分审查和核实，则可能导致报告中出现错误结论，进而影响基金的投资决策。因此，研究部门必须对信息来源和数据处理进行严格把关，确保研究员使用的数据符合法律规范，且报告结论基于透明可靠的公开数据。

7.1.2.2 实地调研与验证

在完成初步分析后，小严和研究团队决定前往特味达进行实地调研，以便通过面对面的交流进一步验证之前收集的数据及对公司发展前景的分析。通过与特味达管理层的会面，研究团队能够更深入地了解特味达的业务运营状况和财务表现，从而为投资决策提供更有力的支持。这一过程不仅有助于澄清数据中的潜在问题，还能帮助研究团队更好地把握特味达未来的战略规划和市场预期。

然而，实地调研过程中面临着严格的合规要求。研究团队必须遵守信息隔离制度，确保不获取任何未公开的敏感信息。与管理层的讨论必须围绕已公开的数据和战略规划展开，不能涉及任何潜在的未披露信息或商业机密。在日常工作中，合规部门通常会对研究团队进行培训，确保他们理解相关的法律要求，并严格遵守合规政策，防范任何潜在的违规信息泄露或使用。

在调研过程中，研究员面临的主要合规风险是可能无意中获得或推断出未公开的信息，进而导致内幕交易的风险。因此，研究团队必须时刻保持警觉，避免涉及任何未公开的内容。

这里必须指出，实地调研不是基金公司研究相关上市公司的必要程序。通过遵循前文所述的合规要求和程序，基金公司能够确保实地调研的合法性，避免因为不当获取信息而面临的合规风险，从而为投资决策提供合规可靠的依据。

7.1.2.3 股票入库审批

研究员小严在完成数据收集和实地调研后，撰写了一份详细的研究报告，包括特味达的行业地位、财务状况、市场前景和潜在投资风险。这份报告不仅能够为基金经理提供投资建议，也是股票入库审批的基础。在实际操作中，研究员发起入库流程，提交的研究报告是股票能否入库的主要依据。研究报告会提交给公司内部的研究部门，进行详细审核。

研究部门的审核重点是检查报告内容的完整性、数据来源的合法性，以及研究结论的合理性。此时，风险管理部门可能会参与股票入库的审批流程，评估股票是否符合公司内部的风险控制要求。同时，基金公司往往针对特定风格基金设定专门的风格股票库，例如，食品主题基金会有一个专门的食品风格股票库，确保基金大部分的仓位用于投资与食品行业相关的股票。每只基金的风格库和股票库设置都需要严格遵循基金合同的要求，以保证基金的投资范围和比例符合合同规定。基金经理在做投资决策时，必须根据这些设定的风格库来选择合适的标的。

基金公司通常会对股票库进行分级，公司制度会明确规定各个股票库的投资比例上限，以防止基金资产过度集中在高风险标的上。在实践中，大多数基金公司的股票库分为三级，例如，一级股票库包含经过深入研究的优质股票，允许较高的买入比例；而二级和三级股票库的股票，由于风险较高或研究深度较低，基金经理在这些级别库中的买入比例则相对受限。

合规部门虽然不直接参与股票入库的事前审批，但通常会在事后以抽查的方式对入库股票进行合规检查。这种抽查机制有助于发现潜在的违规行为或操作失误，确保入库股票的选择符合公司内部政策和法律法规。

整体来看，基金公司的股票入库审批流程通过研究员的研究报告、研究部门的审核、风险管理部门的参与、合规部门的事后检查，形成了一个完整的闭环。这种分工合作不仅确保了股票入库的合规性和风险控制，也为基金经理的投资决策提供了必要的支持和指导。

7.1.2.4 下达交易指令与执行

基金经理老吉根据股票库的级别和基金的投资策略，向交易部门下达了分批买入特味达股票的指令。然而，在交易指令到达交易部门之前，必须经过投资交易系统的自动审核。为了确保每笔交易符合公司内部的风控要求和基金合同中规定的投资比例，基金公司的风险管理部门会事先在系统中设置投资交易的阈值和风险限制。

当老吉发出交易指令时，投资交易系统会自动审核该指令是否符合预先设定的风控阈值标准。这些标准包括投资比例、单笔交易金额以及对特定行业或股票的持仓上限等。系统自动筛查这些要素后，如果交易指令超出预设的阈值，那么系统会立即发出警报或拒绝执行，从而确保交易不会违反公司政策或基金合同规定的风险限制。

一旦交易指令通过系统的审核，交易部门便接手执行，交易员根据审核通过的指令，按市场条件分批次买入股票。整个交易过程要尽量避免对市场价格造成不必要的波动。与此同时，交易员在执行过程中需要严格遵循公平交易原则，确保所有交易以公正、透明的方式进行，避免市场操纵或其他不当行为。

在交易执行过程中，风险管理部门继续发挥关键作用。尽管投资交易系统已经自动进行了审查和限制，风险管理团队仍需实时监控整体交易活动，特别是针对异常交易和可能存在的违规操作。这种双层风险监控机制可以确保基金公司的每笔交易都在风险控制范围内，防止潜在风险影响基金的整体运营。

合规部门虽然不会直接参与交易指令的事前审核，但可能会定期或不定期对整个交易流程进行事后抽查，检查交易过程是否符合公平交易制度以及公司内部的合规政策。这种事后检查机制有助于进一步保证交易的透明性，并预防利益输送、市场操纵等违规行为。

交易过程中的潜在风险主要集中在两个方面。一是交易指令的审核。如果交易指令未经过系统的有效审核，则可能会导致投资超出法律法规的限制或基金合同规定的范围，从而给公司带来法律和监管风险。二是公平交易的执行。如果公平交易制度执行不力或执行不当，则可能会导致利益输送问题，直接给投资者带来不利影响。

通过投资交易系统的自动审核、风险管理部门的实时监控以及合规部门的事后审查，基金公司能够确保每笔交易的合法性和合规性。这一综合机制能够帮助基金公司最大限度地降低交易操作中的风险，保障市场的公平与透明，同时符合监管机构的要求。

7.1.2.5 资金清算与交割

在基金经理老吉的交易指令执行完毕后，交易正式进入资金清算与交割阶段。运营部门负责确保股票和资金的正确交割，保证交易结果及时落实。首先，运营部门会对交易指令的执行结果进行核对，确认股票的数量、成交价格以及相应的资金金额与交易指令是否一致。其次，运营部门与清算机构和银行合作，完成股票与资金的交割。通过这一流程，股票成功转入基金的资产账户，而资金支付给交易对手方。

资金清算和交割的合规性体现在确保所有交易按规定执行，资金和股票在转移过程中不能出现任何差错或延误。运营部门的工作重点是准确无误地执行每一步操作，避免出现资金管理问题或交割失败。

在合规管理方面，合规部门主要通过事后审查监督资金清算的整体流程，检查资金流动是否符合法律法规要求。尽管股票交易中洗钱风险较低，但依然需要确保所有交易行为透明且符合法律规范，防止其他类型的金融风险或操作风险。

在资金清算与交割中，潜在的主要风险包括资金清算过程中的差错或延误，可能导致交易结果未能及时实现，进而影响基金的资产管理和流动性。同时，任何交割失误都会对基金的日常运营产生不利影响，可能影响投资组合的及时调整。因此，运营部门需要对交易的每个细节进行核对，以确保资金和股票交割的顺利完成。

7.1.2.6 持续跟踪与监控

在特味达股票成功进入基金组合并完成交易交割后，投资流程并未告一段落。此时，研究员小严的责任是继续跟踪特味达的市场表现和公司运营情况，通过定期更新研究报告，为基金经理和投资团队提供最新的财务数据、行业趋势与市场动态。这一过程有助于保持对投资标的的及时了解，确保投资决策依据最新的市场变化进行适当调整。

与此同时，风险管理部门的作用显得尤为重要。风险管理部门持续监控特味达在基金组合中的表现，确保投资风险处于可控范围内。特别是在市场条件或特味达公司状况发生变化时，风险管理部门会通过定期的风险评估和压力测试，检查持仓是否符合基金合同中的投资比例和公司内部的风险管理政策。若某一股票的表现不符合预期，或其风险水平超过设定的阈值，风险管理部门会及时发出预警，并建议或要求调整持仓，防止风险敞口超出控制范围。

在整个流程中，合规要求贯穿始终。后续的跟踪分析和风险监控不仅是投资策略的延续，也是确保基金合法合规的重要环节。风险管理部门或者合规部门会定期检查基金持仓情况，确保所有持仓都符合法定投资比例的要求，并满足公司内部的投资限制。这种定期监控对于防止潜在的风险、确保基金的健康运作具有重要意义。

潜在的风险主要集中在两个方面：一是如果没有持续的监控，可能导致持仓超标或集中度过高；二是未能及时应对市场变化，可能导致基金的风险敞口过大，进而损害投资者利益。

7.2 研究的合规管理重点

7.2.1 研究独立性

《证券投资基金管理公司内部控制指导意见》第二十三条明确指出，研究工作应保持独立、客观。研究的独立性包括两个方面的内容，一是研究部门相对于投资部门的独立性，二是基金公司研究相对于外部研究观点的独立性。

在投资研究的合规管理中，确保研究部门与投资部门的独立性是基于法定的要求。这一独立性可以保证研究员在进行分析时不受外部干扰或利益驱动，能够做出客观、公正的判断。“益恬美基金”通过明确的内部流程，保证了研究的独立性，使研究员在整个研究过程中保持自主性。

研究员小严在对特味达进行独立调研时，专注于公开渠道的信息收集，包括公司财务数据、市场趋势和行业报告。在这个过程中，他没有受到来自投资部门的压力或指示。这种操作模式确保他的研究报告在合法、合规的基础上独立完成，并且经过内部研究部门的严格审核。该机制防止了任何基于个人偏好或投资策略的影响，确保了研究员的分析是客观的。

基金管理公司通常采取多种措施来保障研究工作的独立性。研究员在撰写研究报告时必须与投资部门保持适当的隔离，避免来自投资决策的压力。例如，研究员小严的研究工作与基金经理老吉的投资策略之间有着严格的流程隔离，确保老吉不会直接干预小严的调研工作。这种分离机制有效防止了基金经理在未经研究支持的情况下自行决定股票的入库，从而保障了研究工作的独立性和公正性。

此外，研究员在使用外部研究报告时，基金公司需要确保其内部研究体系的独立性，防止外部研究影响内部决策。这不仅是为了防范依赖外部数据带来的潜在合规风险，也是为了确保基金的投资策略始终与其自身的研究逻辑相符。外部研究报告，如信用评级机构的分析、证券公司研究所的行业报告等，虽然提供了广泛的市场分析意见和第三方视角，但如果完全依赖这些报告，可能会导致基金公司在制定投资决策时偏离公司设定的风险容忍度或投资目标。因此，基金公司要求研究员在参考外部研究的同时，必须基于独立的分析和判断。

例如，研究员小严在参考特味达相关行业的外部研究报告时，仅将这些报告作为参考依据之一，而非唯一的决策基础。他的最终投资建议建立在对特味达财务数据、市场表现以及竞争格局的独立深入分析之上。通过结合外部数据与自主研究，小严不仅能够更加全面地理解目标公司，还避免了因过度依赖外部报告而可能产生的偏差或合规风险。

这种做法的好处在于，即使市场上存在对某一公司的普遍看法或评级意见，基金公司仍然可以通过内部独立的研究对这些看法进行验证和评估，从而在“信息噪声”中找到真正符合投资目标的决策依据。这不仅增强了研究报告的独立性，也确保了基金的投资决策具有较强的自主性和针对性，可以最大限度地保护投资者的利益。

7.2.2 研究内容的合规要求

内幕信息的防范是研究内容合规管理工作的重点。根据《中华人民共和国证券法》第五十二条的定义，证券交易活动中，涉及发行人的经营、财务或者对该发行人证券的市场价格有重大影响的尚未公开的信息，为内幕信息。根据《基金管理公司开展投资、研究活动防控内幕交易指导意见》的要求，基金公司必须建立严格的内幕信息防控机制，以确保研究员在进行调研和分析时不会接触、使用或泄露内幕信息。基金公司应当建立明确的识别内幕信息的标准，研究员需根据信息的价格敏感性和未公开性特征，遵循实质重于形式的原则，识别可能涉及内幕交易的信息。研究员在工作中获取的所有信息都必须合法合规，特别是在与上市公司高管会面或参与公司调研时，需严格防止获取任何未公开的敏感信息。

基金公司必须要求所有研究报告声明信息的合法来源，确保所有数据都来自公开途径。为此，基金公司需要与外部研究机构签订协议，明确要求其提供的研究报告不能涉及任何内幕信息。同时，基金公司应建立一个有效的内部合规审查机制，定期检查研究报告的内容，防止内幕信息通过外部研究报告或投研交流会进入投资决策流程。

此外，研究员在调研过程中不得主动打探或获取内幕信息，更不能利用内幕信息进行证券交易或暗示他人从事内幕交易活动。如果研究员在工作中无意中获得内幕信息，必须立即向公司报告，按照基金公司内部流程，进行内幕信息与内幕信息知情人的登记，并承担保密义务，直到信息公开为止。公司需要通过定期培训，确保所有研究员准确理解内幕信息的定义、特征和法律责任，并将防控内幕交易作为研究员绩效考核的重要指标。

关联交易的识别与筛查也是研究内容合规管理的重要组成部分。这里的关联交易是指运用公募基金财产与基金管理人、基金托管人及其控股股东、实际控制人或其控制的其他企业之间的交易行为。这类交易可能引发利益冲突或损害基金持有人的利益，因此在研究阶段，研究员必须关注研究标的是否涉及关联交易。研究员在调研时需识别潜在的关联交易，确保从源头上防范违规关联交易行为。

在“益恬美基金”的案例中，研究员小严在对特味达进行分析时，需要确保没有涉及任何潜在的关联交易。如果他发现特味达与关联方之间存在利益关系，必须在研究报告中明确标注这一点，并提交给合规部门进行审核。这不仅是为了遵守法律规定，也是为了确保投资决策的公正性和透明性。

此外，基金公司应在研究报告中标注与关联交易相关的内容，并通过内部机制对这些交易进行筛查和审查。通过这种机制，基金公司能够有效防范关联交易带来的合规风险，确保投资行为符合法律法规要求，维护投资者利益。

7.2.3 备选库管理

在基金管理的投资运作中，备选库管理不仅涵盖股票，还包括债券等其他金融工具的管理。股票和债券的备选库管理对于确保投资组合的合规性与风险控制具有重要作用。通过严格的研究支持、分级管理和不同风格库的构建，基金公司能够确保各类投资标的符合法律法规及内部政策要求。

所有拟进入股票和债券备选库的投资对象必须具备充分的研究支持。研究员负责撰写详细的入库研究报告，报告内容涵盖目标标的的财务状况、行业趋势、市场竞争力、信用评级（针对信用债等信用类资产）以及潜在风险。股票入库时，研究员通常会从财务报表、市场表现等角度进行深入分析；而债券入库时，研究员则需关注发行主体的信用评级、现金流状况和利率风险等因素。

在股票和债券入库后，研究工作并未结束。基金公司要求对备选库中的所有标的定期进行持续跟踪，确保研究报告能够及时反映市场变化。对于股票，研究员需要密切关注目标公司的财务健康状况、市场表现、管理层变动等情况；而对于债券，研究员则需定期更新发行主体的信用状况、市场利率的波动以及相关的政策环境。通过定期更新跟踪研究报告这一机制，为基金经理提供最新的信息支持，确保投资决策符合最新的市场动态与风险评估。

基金公司通常对备选库中的股票和债券实施分级管理。股票和债券按其风险水平与研究支持的深度被分为不同的等级。例如，一级备选库通常包含风险较低或经过深入研究的优质股票和高评级债券，允许基金经理进行大比例的投资。二级和三级备选库中的标的则因为研究支持较少或风险较高，投资比例将受到严格限制。通过这种分级管理，基金公司可以有效防范集中度过高或投资过度集中在高风险标的上的情况。

针对不同投资策略和基金风格，基金公司还会建立不同风格的股票和债券库。例如，对于主题基金或特定行业的基金，基金公司会设立相应的风格库，以确保每只基金的投资标的符合其合同中规定的风格要求。对于股票基金，风格库可能会以行业、地区或市值进行分类；而对于债券基金，风格库则可能依据信用等级、到期时间等进行分类。

7.3 研究业务的内部审计重点

7.3.1 信息来源的合法性审计

识别和确认信息来源的合法性是研究业务审计的关注重点。任何非法或未经公开的敏感信息的使用，尤其是内幕信息，都可能导致严重的法律风险。如前文所述，根据《基金管理公司开展投资、研究活动防控内幕交易指导意见》的规定，基金公司必须建立防控内幕交易的机制，将其纳入公司内部控制体系，并结合公司实际情况制定专门的制度，对公司投资、研究活动中可能接触到的内幕信息进行识别、报告、处理和检查。研究员在与上市公司管理层沟通时若接触到未公开的敏感信息，必须立即向公司报告，并进行内幕信息知情人登记，同时在信息公开前承担保密义务。因此，审计人员必须严格审查研究员使用的基础信息，评估其来源是否合法，并评估其是否涉及内幕信息，同时审计人员需要对内幕信息的管理情况进行审查。

审计人员需要核实研究员使用信息的公开性和合规性。研究员使用的所有数据应该来自公开的数据或者通过合法途径获取的数据。审计人员必须密切关注并审查研究员使用的基础信息，需要特别关注通过未公开渠道获取的信息，如研究部门前往上市公司进行实地调研获取的信息，重点审查其是否会涉及未公开的内幕信息。

审计人员还需特别关注敏感信息及内幕信息的管理。审计人员应当特别关注内幕信息知情人登记的制度、流程及执行情况，关注相关人员是否按照要求对知情人进行登记，并妥善保存登记记录。审计人员还应核查内幕信息的报告和保密制度是否得到有效执行，以及内幕信息是否在公开前被不当传播或使用。

此外，审计人员应当关注基金公司与所合作的研究机构签订的协议，重点关注相关协议是否要求合规机构提供的研究报告必须合法合规，不得涉及内幕信息。

7.3.2 研究流程的合规性审计

在研究流程的合规性审计中，审计人员的职责是审查公司在调研、市场分析和研究报告的生成过程中是否遵循合规要求。合规的研究流程有助于提高投资决策的可靠性，增强研究工作的独立性，防止研究过程中可能存在的利益冲突或不正当行为。

研究流程合规性审计的主要内容包括以下几个方面。首先，需要审查研究报告的生成与审核流程。研究报告的生成通常包括数据收集、模型构建、数据分析和最终报告编制等多个环节。审计人员应对这些环节逐一进行检查，关注每个环节是否都有明确的记录，并关注是否经过适当的审核和批准。例如，在审计“益恬美基金”时，审计人员应核查研究员在撰写特味达公司的研究报告时，是否按照公司既定的流程提交报告，并经过研究部门的审查与批准。其次，审计人员应关注研究方法的公开性和一致性。研究报告应采用公开、透明的研究方法，符合公司既定的研究标准。审计人员还应关注不同研究员在研究同一公司或行业时，是否采用了一致的研究方法，并关注相关的研究结论是否受到个人利益或外部压力的影响，从而影响研究结果的公正性。研究过程的记录保存也是合规性审计的重要组成部分。为了提高研究的透明度和可追溯性，基金公司通常会要求研究员保存所有与研究相关的工作记录，包括数据来源、计算模型、研究假设等。审计人员应定期检查这些记录的完整性，关注研究过程中每一步是否都有迹可循。

7.3.3 利益冲突的防控审计

在研究业务中，利益冲突是一个潜在的重大风险。研究员可能因为个人或公司利益，在撰写报告时产生偏见或影响市场的决策。因此，防控利益冲突是内部审计的重要任务之一。

利益冲突防控的审计内容包括以下几个方面。首先，需要确保个人利益与公司利益相隔离。审计人员应审查研究员在进行公司分析时，是否不因个人持有相关公司的股票或其他财务利益而影响其研究结论。例如，在审计“益恬美基金”案例中，应审查研究员在撰写特味达公司研究报告时，是否持有该公司的股票或其他金融工具，是否属于特味达公司的利益相关人，以防止报告中出现个人偏见。其次，审计人员应关注研究员与基金经理之间的互动。研究员与基金经理的互动是研究业务的重要组成部分，但这种互动可能导致利益冲突。例如，如果基金经理对某一研究对象有强烈的投资偏好，可能会对研究员施加影响，改变研究结论。审计人员应审查研究员的研究报告是否受到基金经理的影响，能否保持独立性和客观性。此外，外部利益的防控也是审计的重点。基金公司可能与一些外部机构或利益相关方保持合作关系，研究员可能因为外部压力在撰写报告时失去独立性。因此，审计人员应审查研究员的工作是否会受到外部干扰，关注公司是否建立了严格的利益申报制度和利益冲突回避机制，以防止利益冲突对研究工作的影响。

7.3.4 内部控制机制的审计

在基金公司的研究业务中，建立健全的内部控制机制是防止内幕交易、市场操纵及信息不透明等合规问题的重要保障。内部控制机制的审查是审计工作的关键任务之一，能够确保各项内部控制措施得到有效执行，从而降低合规风险。

内部控制机制审查的内容主要包括以下几个方面。首先，审计人员应关注权限管理的有效性。基金公司通常会对研究员的权限进行严格管理，确保他们只能访问与工作相关的资料和系统。审计人员应检查权限管理是否遵循最小化原则，核查是否存在未授权的权限泄露或不正当使用。例如，关注研究员是否可以访问与其研究无关的公司财务信息或敏感数据。其次，信息流转的管控也是内部控制机制审查的重点。公司内部的信息流转应有明确的规则，尤其是在涉及敏感信息和市场分析时，必须确保信息在不同部门之间流转时的安全性和合规性。审计人员应检查信息流转记录，核查相关信息的传递是否都经过了相应的审批和控制。此外，审计人员应关注公司是否对研究业务定期开展内部检查，并且关注检查报告能否充分反映研究业务中的潜在问题和改进建议。

7.4 投资的合规管理重点

7.4.1 投资决策程序的合规性

7.4.1.1 投资决策管理体系

根据《基金管理公司投资管理人员管理指导意见》的规定，基金公司需要完善包括研究、决策、执行、反馈在内的整个投资业务流程，合理设置与投资业务相关的部门和岗位，并明确这些部门和岗位的职责。同时，《证券投资基金管理公司公平交易制度指导意见》要求基金公司建立健全的投资授权制度，明确投资决策委员会、投资总监、基金经理等各投资决策主体的职责和权限，合理确定各投资组合经理的投资权限。

投资决策委员会是基金公司的最高投资决策机构，负责制定和监督公司产品的整体投资研究策略，审批相关制度，监督和评估基金组合的运作及业绩，确定阶段性投资策略，审定投资限制，并负责选拔基金经理。投资决策委员会主席通常由公司的总经理担任，主要成员包括分管的高管、投资部门的负责人和研究部门的负责人，而交易部门的负责人、风险管理部门的负责人和督察长则一般作为列席人员参与会议。

投资总监的职责是管理和监督投资团队，确保基金经理遵循公司策略和授权范围内的决策，协助执行投资策略，参与风险控制，评估基金经理的绩效，落实投资管理制度，并维护内部控制与合规要求。

基金经理在授权的范围内自主做出投资决策，负责管理和优化投资组合，根据市场情况调整策略，以实现长期增值的目标。基金经理执行投决会制定的策略，持续监控业绩，分析投资结果，提升回报并控制风险，定期汇报运作情况和业绩表现，确保信息透明和决策依据的充分性。

基金经理助理则协助基金经理进行市场研究、数据分析和投资策略的制定，提供决策支持。基金经理助理必须在基金经理的授权下开展工作，不得独立行使投资决策权。这样的分工与授权体系有助于提高投资决策的效率和质量，同时确保投资活动的合规性和风险控制。

7.4.1.2 投资权限的管理

基金公司通常采用三级投资权限管理体系，包括基金经理的自主决策权、投资总监的审批权以及投资决策委员会的集体决策权。

基金经理的自主投资权限由投资决策委员会审议并确定。在获得授权的范围内，基金经理可以独立做出投资决策，以确保操作的灵活性和效率，但所有决策都必须在既定的权限框架内进行。对于那些超出基金经理自主权限但又不属于投资决策委员会讨论范畴的投资事项，由投资总监进行审批。投资决策委员会负责讨论并决定各个投资组合的资产配置大方向、重点投资标的、共同持股比例以及债券久期等关键投资指标，并做出最终的投资决策。在实际操作中，投资决策委员会还可能负责一些重大投资指标的日常审批工作。

在实际操作中，需要特别注意避免申请者和审批者为同一人的情况。例如，当投资总监以基金经理身份申请相关权限时，审批人不能是投资总监本人，而应由投资总监的上级领导或投资决策委员会来执行审批。

此外，基金管理公司还应遵循权限最小化原则，重视内部系统权限的管理。在权限分配上，投资人员只能操作自己负责的产品，对非负责范围的产品进行查询和操作时应当受到限制。对于临时授权，系统权限应根据实际情况灵活调整，但始终要遵循最小权限原则，防止因权限过大而引发操作风险。

7.4.1.3 投资决策的独立性

基金行业曾出现“公募基金通道化”的不良趋势，部分公募基金成了“定制基金”，基金经理挂名现象时有发生，有小部分基金经理将投资决策权让渡给了其他利益相关方，严重违背了基金管理的独立性原则。针对这一现象，证监会在 2017 年 3 月发布《机构监管情况通报》，明确机构定制基金的相关监管要求，并强调基金公司应当谨慎勤勉履行管理人职责，独立进行投资决策，不得直接或变相使公募基金沦为特定委托人的通道，严禁通过聘请投资顾问或由其他机构提供投资建议等方式让渡投资决策权。[①]

基金公司应当加强内部控制并建立健全的监督机制，确保所有投资决策由具备相应资质和权限的基金经理独立完成，避免任何形式的利益输送和决策干预。基金经理应保持独立的专业判断，独立、客观地履行职责，在授权范围内进行投资建议和投资活动，不受外部压力或他人干预，确保决策的公正性。基金经理助理不得独立行使投资决策权，必须在基金经理的指导下工作，确保决策的独立性和专业性。另外，基金公司还应当加强对其他人员代为履行投资管理人员职责的程序和职责范围的管理，确保安排符合基金经理任职条件的人员实际履行基金经理职责。

7.4.2 投资指标控制

公募基金的投资管理需要严格遵守相关法律法规、基金合同及基金管理公司的内部制度要求。为确保基金运作的合法合规性，投资操作必须在法律规定的投资范围和比例限制内进行。根据《公开募集证券投资基金运作管理办法》和《公开募集开放式证券投资基金流动性风险管理规定》的相关规定，公募基金主要投资于股票、债券等标准化资产，投资限制主要从四个方面进行控制：资产配置、持仓比例、流动性管理和特殊情况豁免。为了确保这些合规要求得到落实，基金公司通常通过投资交易系统设置自动监控机制和警报系统。例如，交易系统会持续监控投资组合的集中度和风险暴露，防止超出规定的投资比例。当某只股票或债券的投资比例接近或超过规定限制时，系统会发出警告，提醒基金经理进行调整。

7.4.2.1 投资比例限制

投资比例限制是指对投资组合中某一类资产或某些特定资产的投资比例进行限制。通常这种限制会在基金合同、投资策略或法律法规中进行规定，旨在控制基金的风险暴露，确保投资的分散性和合规性。

公募基金的资产配置需要严格遵守相应的投资比例要求。股票基金要求

---

① 新浪财经.严禁公募基金通道化委外定制基金新规落地[EB/OL].(2019-03-17)[2024-12-29].https://cj.sina.com.cn/article/detail/1068891872/192155.

80% 以上的基金资产必须投资于股票。债券基金则规定 80% 以上的资产应投资于债券。货币市场基金只能投资于货币市场工具，确保其低风险、流动性强的特性。对于基金中基金（Fund of Funds，FOF），要求 80% 以上的基金资产必须投资于其他基金份额，以实现分散投资和风险管理的目标。混合基金则具有较高的灵活性，其资产可以同时分配到股票、债券、货币市场工具和基金份额，但其投资比例不符合单一类别基金的要求。

此外，如果基金名称明确指向特定的投资方向，如科技、环保等，则要求 80% 以上的非现金基金资产必须与该方向保持一致。这些规定旨在确保基金资产配置的透明度和稳定性，保障投资者的权益和投资预期。

7.4.2.2 持仓比例限制

持仓比例限制，是指对基金或投资者在某一特定资产（如个别股票、债券等）上的持有比例进行限制，防止单一资产过度集中，从而降低风险。

为了防止基金集中投资于单一公司证券，公募基金在持仓比例上制定了严格的限制措施。单只基金持有一家公司的证券市值不得超过基金资产净值的 10%，以避免过度集中持股带来的风险。同时，若同一基金公司管理的所有基金持有该公司证券，则其总持股比例不得超过该公司总发行证券的 10%。这确保了基金的投资分散性，减少了因个别公司波动而导致的整体基金资产风险。

对于 FOF，其持有单只基金的市值不得超过基金资产净值的 20%，且禁止投资于其他 FOF，防止层层嵌套导致的投资透明度降低或潜在的流动性风险。此外，单只基金持有其他基金（不含货币市场基金）的市值也不得超过基金资产净值的 10%。

7.4.2.3 流动性风险相关指标

流动性风险相关指标是用于评估基金产品在遭遇市场波动或外部冲击时，能够应对投资者赎回需求及其他资金流动需求的能力。这些指标有助于识别、管理和预防流动性风险，即资金不足或无法及时变现资产以满足债务和赎回请求的风险。

以下是几个常见的流动性风险相关指标。

第一，基金主动投资于流动性受限资产的市值不得超过基金资产净值的15%，这一限制旨在防止基金在市场波动或不可控因素影响下陷入流动性困境。如果因市场波动或其他因素导致超限，那么基金公司不得继续新增此类资产的投资，从而减少对流动性管理的压力。

第二，在现金类资产方面，开放式基金需保持不低于基金资产净值5%的现金或到期日在一年以内的政府债券，用以应对投资者的赎回需求。需要注意的是，结算备付金、存出保证金、应收申购款等不计入现金类资产范围，以确保基金的流动性基础具备真实的应付能力。

第三，基金的流动性管理不仅要满足赎回需求，还要遵循严格的杠杆和投资比例限制。基金的总资产不得超过基金净资产的140%，这是为了防止过度杠杆操作带来的风险。然而，对于封闭运作的基金和保本基金，其杠杆限制有所放宽，总资产可达到基金净资产的200%。对于货币基金，其正回购余额占基金资产净值的比例不得超过20%，这一规定进一步限制了货币基金的杠杆操作，防范因过度回购造成的流动性风险。

7.4.3 勤勉尽责方面的管理

基金经理在管理投资者资产时承担着重要责任，不仅需严格遵守法律法规，还需履行更高标准的勤勉尽责义务，始终将投资者利益放在首位。这要求基金经理在做出每一项投资决策之前进行充分的研究与分析，平衡市场环境与风险，确保投资符合基金合同及投资者的长期利益。

7.4.3.1 基金风格漂移问题

基金风格漂移是指基金投资组合偏离其合同中规定的投资风格或策略。这种偏离不仅可能导致基金表现与投资者预期不符，还会削弱投资者对基金的信任，甚至违反相关法律法规。近年来，随着监管力度的加大，风格漂移现象在行业中引发了广泛关注。根据证监会2022年7月发布的《机构监管情况通报》，风格漂移主要体现在基金管理人未能严格遵守基金合同中的投资范围和风格规定。一些基金公司未及时更新其股票风格库，导致个别股票的入库审批不严，甚至出现未经审批将股票纳入风格库的情况。具体违规表现为基金管理人存在构建或更新风格库不及时、股票入库审批不严格、入库程序履行不到位、合规管理不到位以及指数产品设计把关不严等问题，这些违规行为导致基金风格漂移及合规性缺失。①

风格漂移问题不仅影响基金的合规性，还可能误导投资者。投资者预期基金专注于特定领域或行业，但由于风格漂移，基金的实际投资组合和名称与合同约定的风格不符，削弱了投资者信任，并对行业的长期健康发展造成威胁。

为防止风格漂移，基金公司应采取综合措施，确保投资运作符合合同规定的策略要求。基金公司应严格规范基金命名，避免"蹭热点"或模糊命名，并在合同中明确风格特征、行业范围和选股标准。业绩比较基准应与基金主题高度相关且准确，指数产品需对编制方案进行严格审查并持续跟踪管理。同时，基金公司需及时构建和动态更新股票风格库，通过严格审批程序审查入库股票，确保与合同要求一致。投资人员应坚持长期投资、价值投资理念，严格遵守投资纪律，基金公司需加强对交易行为的监控和纠偏。此外，基金公司应建立长效激励与约束机制，将业绩偏离度纳入考核范围，强化合规管理，确保投资管理合法有序。通过推动行业文化建设、坚守契约精神，基金公司可以切实履行受托义务，维护投资者权益与行业健康发展。

7.4.3.2 换手率问题

换手率过高是公募基金管理中需要特别关注和避免的问题，尤其是在缺乏明确投资目标或策略支持的情况下。高换手率通常意味着基金经理频繁买卖证券，这不仅会增加交易成本，还可能影响基金的整体收益表现。

一方面，频繁交易会导致交易费用和税收负担的增加，这些费用直接侵蚀投资者的长期回报。每次买入或卖出都会产生交易佣金、印花税等相关费用，而这些费用的累积将大大降低基金的投资回报率。在一些情况下，过度交易甚至可能导致投资者的回报率低于市场平均水平。

另一方面，过高的换手率可能源于基金经理为了提升佣金收入而频繁交

---

① 中国基金报.刚刚！最新监管通报来了，有关基金"风格漂移"，这些违规行为被问责[EB/OL].(2022-07-16)[2024-12-30]. https://www.chnfund.com/article/AR2022071600175659294815.

易，并非出于符合投资策略的实际需求。这种行为明显违背了基金经理的忠诚义务，可能导致投资者的利益受到损害。为了防止这一问题的发生，基金公司应确保基金经理始终围绕明确的投资目标和策略进行操作，避免为短期业绩或个人利益而做出不合理的交易决策。

为了控制换手率，基金公司应采取一系列措施：一是强化投资决策的市场分析基础，确保每次交易都有充分的策略支撑；二是定期评估和优化交易策略，确保其与基金长期目标一致；三是设定合理的换手率限制，并加强对交易活动的监督，确保基金管理过程中没有过度频繁的交易行为。通过这些措施，可以有效减少因过度交易可能对投资者利益造成的负面影响。

7.4.3.3 代表基金对外行使投票表决权

对外行使投票表决权，是指基金管理公司作为基金管理人，依法以自身名义代表基金份额持有人利益，就所投资公司事项参与投票表决。2012 年，基金业协会发布《基金管理公司代表基金对外行使投票表决权工作指引》。2025 年 5 月，协会修订该指引，形成《公开募集证券投资基金管理人参与上市公司治理管理规则》。

基金公司在行使投票表决权时，应遵循以下要求，以确保基金份额持有人的最大利益。

首先，表决权行使必须以基金财产安全与增值为核心，确保积极、审慎地保护投资者权益，避免因短期利益或其他因素而做出损害投资者利益的决策。其次，基金公司应基于独立、专业的判断行使表决权，充分研究决议事项及其对基金的长期影响，排除外部干扰，确保决策客观且符合基金长期目标。再次，基金公司应避免谋求对被投资公司的实质控制，表决权的行使应专注于提升投资回报，而非干预被投资公司的管理。最后，基金公司应规范处理可能出现的利益冲突，按照相关制度和流程防范利益输送，确保合规与透明。

7.4.4 针对投资管理人员的特别管理措施

根据《基金管理公司投资管理人员管理指导意见》的规定，投资管理人员是指在公司负责基金投资、研究、交易的人员以及实际履行相应职责的人员。

因此，本节内容涉及的管理措施，除投资业务人员以外，还适用于研究业务人员和交易业务人员。

7.4.4.1 对外发表言论的管理

为确保投资管理人员在对外公开发表与基金投资相关言论时，遵守公司合规要求，避免误导或欺诈基金份额持有人，公司应加强对投资管理人员的管理与监督。投资管理人员必须严格遵守公司关于对外宣传的相关规定，不得对基金业绩做出不实陈述或夸大其投资表现。

投资管理人员在公开场合或通过媒体、社交平台等渠道发表与基金投资有关的言论时，必须确保言论内容准确、客观、真实，不得引导投资者产生误解或误导决策。特别是在涉及基金业绩、风险等敏感问题时，应如实披露相关信息，避免过度承诺或做出不实的陈述。

为了确保言论的合规性，投资管理人员的所有对外言论必须事前经过合规部门的审核。合规部门将对言论内容进行审查，确保其符合相关法律法规及公司内部政策，避免任何可能的合规风险。未经合规部门审核的言论不得对外发布。

此外，基金公司要加强对投资管理人员自媒体的管理，特别是个人社交媒体平台，如微信朋友圈等。投资管理人员在这些平台上发布的任何与基金投资相关的言论，都需要经过合规部门的审查与批准。公司应确保投资管理人员在自媒体上的言论不会导致对基金业绩或投资策略的误导或不实陈述。

公司应定期组织相关培训，强化投资管理人员的合规意识，确保他们理解并遵循对外发表言论的合规要求；同时，设立监督机制，对投资管理人员的对外言论进行审查和跟踪，及时发现和纠正可能存在的合规风险，确保公司对外言论始终符合相关法律法规和公司内部管理规范。

7.4.4.2 社会活动和会议管理

基金公司应加强对投资管理人员参加与履行职责有关的社会活动及会议的管理，确保其行为符合合规要求，避免因个人行为影响公司形象或损害基金份额持有人的合法权益。在实践中，基金公司应当对投资管理人员参加各类年会、论坛等社会活动做出统一安排，确保活动的目的和内容与履行职责密切相关，并符合公司整体战略和合规要求。

未经公司允许，投资管理人员不得以基金公司或个人名义参加与履行职责有关的社会活动或会议。所有参会事项需事前经过公司审批，以确保相关活动的合法性、合规性及必要性。基金公司应当对参会人员、活动内容及相关费用进行审查与控制，避免因个人参与活动而引发利益冲突或违规行为。

基金公司应当严禁投资管理人员利用参加会议之便牟取不当利益或为个人谋取其他私利。尤其是在涉及基金投资相关的会议或活动中，投资管理人员应严格遵循职业道德和公司规章制度，不得利用这些场合从事任何可能损害基金份额持有人利益的行为，避免利用职务便利获取个人经济利益或与基金管理无关的好处。

此外，投资管理人员的公开发言材料在发表前必须经过合规部门审核，以确保其内容符合公司合规要求，并避免因不当言论导致的法律风险或声誉损害。

7.4.4.3 办公环境与通信管理

为确保投资业务的合规性、透明度和安全性，基金公司应当加强对投资管理人员办公环境与通信工具的管理，确保所有操作都在合规框架内进行，防范任何潜在的风险和利益冲突，保障基金份额持有人的合法权益。

基金公司应加强对投资管理人员的管控，特别是基金经理的办公区域应覆盖足够的摄像头，对投资管理人员的工作行为进行有效监管，确保其在履行职责时遵守公司规定，防范不当行为或合规风险。在交易期间，投研区域的管理应得到加强，确保该区域的专属性和安全性。禁止无关人员进入投研区域，避免外部干扰或信息泄露，保障投资决策的独立性和公正性。

为了防止公募投资团队与私募投资团队之间的利益冲突或信息泄露，基金公司应当实施物理隔离措施。公募投资团队与私募投资团队应分别在不同的办公区域工作，确保两者之间的工作空间、资源和信息独立，避免可能的交叉影响或利益输送。

同时，基金公司应建立健全通信工具管理制度，固定电话应进行录音，所有交易及业务沟通的电话内容应保留记录。移动电话、掌上电脑等通信工具应集中保管，避免未经授权的使用。即时通信工具（如 MSN、QQ）和电子邮件应全程监控并留痕，确保信息传递符合公司合规要求。所有通信记录，包括电话录音、即时通信记录、电子邮件等资料，应保存五年以上，便于公司内部审计和监管使用，确保信息的安全性和完整性，随时可供审查与追溯。

7.4.4.4 投资管理人员出国（境）的管理

基金公司应加强对投资管理人员出国（境）期间的管理，明确相关报告义务和职责履行要求，防范潜在的合规风险，保障基金份额持有人的利益。

投资管理人员计划出国（境）时，应提前向公司报备，提供出国（境）的目的、时间、地点等详细信息。基金公司将在接到报告后进行审批，并根据实际情况安排适当的工作替代方案，确保其职责不受影响。

出国（境）期间，投资管理人员应保持与公司及投资团队的联系，履行相关职责并及时接收工作指示和市场信息。基金公司可为出国（境）人员提供必要的通信工具，以保障沟通渠道畅通无阻。

在出国（境）期间，投资管理人员不得从事与基金管理职责无关的活动，特别是避免参与可能引发利益冲突的行为。在出国期间，投资管理人员应遵守公司内部的相关合规规定，避免出现任何影响公司声誉或损害基金份额持有人利益的行为。

投资管理人员归国后，应及时向基金公司报告其在外期间的工作情况，并就可能出现的合规问题进行说明，以便公司进行后续审查与监督。

7.4.5 利益冲突的管理

7.4.5.1 个人投资及申报

在基金行业，证券投资申报机制是确保基金从业人员及其配偶、利害关系人证券投资行为合规并符合基金份额持有人最大利益的关键管理措施。基金从业人员及其直系亲属在进行证券投资前，一般需要通过公司指定的投资申报系统进行详细申报，申报内容包括拟投资证券的名称、买卖方向、份额数量、拟交易时间等关键信息。证券买入申报和卖出申报需要提前进行申请，确保合规风控部门有足够的时间审查潜在的合规问题和利益冲突。合规风控部门在审核时，主要关注员工申报的证券是否涉及基金公司已持仓或正在交易的证券。此外，如果基金从业人员未按时进行交易或改变投资计划，则必须重新进行申报，确保任何变化都得到公司充分知晓并批准。

在实际工作中，基金公司应当重点对投资人员本人、配偶及利害关系人（包括直系亲属及其他利害关系人）已实施的股票投资进行跟踪分析，确保其证券投资行为始终符合基金公司的合规要求，并且不影响基金的投资决策及基金份额持有人的利益。如果发现异常情况，基金公司应及时采取措施，避免利益冲突或违规行为的发生。

另外，基金公司应当做好投资人员的基金投资申报和股权投资申报管理工作，确保其投资行为完全符合公司规定和相关法律法规，防范利益冲突，保障基金份额持有人的最大利益。其中，基金公司高级管理人员、基金投资和研究部门负责人持有本公司管理的基金份额及基金经理持有本人管理的基金份额的期限不得少于 1 年。

7.4.5.2 投资过程中的内幕交易防控

在公募基金的投资过程中，防控内幕交易是确保市场公正性、投资者利益和基金公司信誉的重要环节。基金管理公司应从投资角度建立严格的防控机制，防止基金经理及投研人员在投资决策过程中利用内幕信息牟取非法利益。

基金公司需要通过明确的制度和流程识别与管理可能接触到的内幕信息。在投资过程中，基金经理可能会通过公司调研、行业会议等渠道获取未公开的敏感信息，因此，公司必须设立一套有效的机制，确保所有参与投资决策的人员能够识别内幕信息，并在接触到内幕信息以后，及时按照公司内幕信息及内幕信息知情人制度进行报告和登记。这一机制可以防止基金经理在未披露的敏感信息影响下进行投资操作，保障投资决策的独立性和公平性。

在实际投资操作中，基金经理需保持高度的职业操守，严格遵守内部授权制度和风控流程。公司应加强对投资活动的实时监控，确保投资决策的依据完全基于公开的市场信息和合法合规的研究结果。特别是在进行大额交易或敏感股票交易时，基金经理必须遵循公司的合规审查程序，确保这些交易不会因内幕信息的影响而违背法律法规。

基金公司应将防控内幕交易纳入其整体的投资策略和风控体系。通过定期开展培训、加强内部审查和责任追究机制，确保每一位参与投资的人员都能认识到内幕交易的危害，杜绝任何利用内幕信息影响投资决策的行为。这样，基金公司不仅能有效维护市场的公正性，也能确保基金投资组合的稳健运行，进一步保障投资者的长期利益。

7.4.5.3 利用未公开信息交易的防控

利用未公开信息交易即“老鼠仓”行为，是指基金从业人员利用职务便利，在基金资金即将大量买入某只股票前，提前使用个人或关联账户低价买入，随后通过基金大额资金拉升股价后，在高位卖出个人仓位以获取不当利益。这种行为严重破坏资本市场的公平性，损害投资者的利益，扰乱证券市场秩序。

2009 年颁布的《刑法修正案（七）》新增了有关“老鼠仓”的刑事立法，将此类行为明确列为刑事犯罪。2019 年发布的《利用未公开信息交易司法解释》进一步强化了对未公开信息交易犯罪行为的打击力度。近年来，随着证券市场监管力度的不断加大，监管机构对“老鼠仓”行为的打击力度持续加大。根据证监会有关“老鼠仓”执法情况的通报，截至 2017 年 5 月，司法机关已经对 25 名金融资管从业人员做出有罪刑事判决，证监会已经对 15 名证券从业人员采取证券市场禁入措施。[①]

为了有效防控“老鼠仓”行为，基金管理公司可以采取以下措施。一是严格管理未公开信息的流转，确保敏感信息仅限于必要的知情人员。所有投资决策和交易执行的数据必须受到严格保密管理，避免信息泄露导致非法交易行为的发生。二是加强对投资人员通信工具的管理，特别是严格执行交易时间上交手机的制度，避免投资人员在未经授权的情况下获取与基金投资相关的敏感信息。三是严格管理投资人员及其利害关系人的证券账户，并确保所有股票投资行为都经过事前审批，避免投资人员利用其职务之便进行违规交易。四是定期开展职业道德培训，提升从业人员对合规性的认知，并通过剖析“老鼠仓”相关典型案例，警示从业人员遵守法律法规的重要性。

---

① 中国证券监督管理委员会 . 证监会通报近年“老鼠仓”执法情况 [EB/OL] .（2017-07-07）[2024-12-29]. http://www.csrc.gov.cn/csrc/c100200/c1000390/content.shtml.

7.5 投资业务的内部审计重点

7.5.1 投资决策独立性的审计

在基金公司的内部审计中，建议将投资决策的独立性视为一个重要的关注领域。审计人员可以检查基金经理是否在独立的基础上进行投资决策，并评估他们是否受到外部压力或利益驱动的影响。建议基金经理依赖于合法的研究报告和数据进行分析，而非基于人际关系或其他非经济动机做出投资判断。

正如前文提到的，基金行业中曾出现过基金经理对外让渡投资决策权的情况。因此，建议审计人员采取相应措施，密切关注基金经理是否真正履行了独立决策的职责。

审计人员可以核查基金经理是否对投资决策拥有充分的依据和独立的分析过程。建议审计人员查阅基金经理的研究报告、投资记录、内部会议纪要等文件，以确认这些决策是基于全面而独立的分析，而不是受到外部压力或其他非经济性动机的影响。这包括审查基金经理使用的研究报告来源，以确定其是否来源于第三方独立机构或经过内部审核程序。

建议审计人员重点关注基金公司是否建立了防止“通道化”操作的内控制度，并审查基金经理是否严格执行这些制度。同时，审计人员应重点检查基金公司带有投资顾问的产品，以核查这些产品是否向投资顾问让渡投资决策权。

为了进一步审查投资决策的独立性，建议审计人员关注决策流程中的讨论记录，以及其他可能影响独立判断的因素。审计人员应关注决策过程中是否有清晰完整的会议记录，是否存在多方意见讨论与独立风险评估。通过对决策过程的深入审查，可以有效识别潜在的风险点，并提出相应的改进建议。

在实际审计中，建议审计人员特别关注那些看似不合常理的大额投资行为，以判断是否存在内部干预或外部施压的迹象。此外，内部审计还应检查基金经理的个人利益与基金投资标的之间是否存在利益冲突。例如，审计人员可以调查基金经理是否持有与基金投资目标相同的股票或金融工具，或者是否与投资标的的高管有紧密的私人关系。对于这些潜在的利益冲突，建议审计人员进行详细的调查和记录，并在必要时向公司管理层汇报，以便采取进一步的管理措施。

7.5.2 投资限制遵守情况的审计

基金公司必须严格遵守基金合同和监管要求中的投资限制，确保每笔投资的比例、方向和风险都符合法律法规与投资目标。内部审计人员需要对每笔投资进行仔细审查，确保其符合基金合同中的约定和法律规定的投资范围、投资限制等要求。

首先，审计人员应查阅基金的风险管理记录和托管机构提供的风险提示函，核查基金经理是否严格遵守投资限制。在投资过程中，风险管理部门会对每笔投资进行风险监测，托管机构也会根据职责对基金的投资情况进行监控。审计人员应结合这些记录，对投资行为进行全面核查，及时发现潜在的投资限制违规问题，并了解是否存在未按规定执行的情况。

特别地，建议审计人员重点关注托管机构的监控提示。托管机构在履行托管职责时，会对基金的投资行为进行独立的监控，并在发现可能违反投资限制的情况下发出警告。内部审计应查阅这些提示信息，确认基金经理是否对托管机构的提示函进行了及时响应和处理，并确保所有的投资调整措施都有完整的记录和合理的解释。

其次，审计人员需要通过抽样的方式审查具体的投资是否符合基金合同中的投资目标和法律规定的限制。例如，“益恬美基金”对特味达股票的投资，审计人员需确认该笔投资的比例没有超过基金资产净值的 10%，并且符合基金合同中的投资目标和风险管理要求。这种审查有助于控制投资风险，避免基金资产过度集中于某个特定行业或公司，影响基金整体的稳健性和多样性。

在审计过程中，审计人员应重点关注基金经理是否在投资过程中违反了投资指标，尤其是要区分主动超标和被动超标。主动超标是严格禁止的，而被动超标需要在 10 个工作日内完成调整。如果发现违反投资限制的情况，审计人员还需进一步分析其背后的原因，如是否因市场波动导致被动超标、管理疏忽导致主动超标，或其他不可抗力因素。

对于违反投资限制的情况，审计人员应查明基金经理是否及时采取了纠正措施，以及是否在合理的时间内完成了投资指标的调整。例如，如果特味达股票的投资比例一度超过了 10%，那么审计人员应查阅相关的持仓调整记录，确认基金经理是否按照风险管理部门和托管机构的提示，及时对超出部分进行了处置。对于任何延迟调整的情况，审计人员还需查明原因，并评估这种延迟是否对基金整体造成了不利影响。

为了更好地监督投资限制的遵守情况，审计人员可以采用多种方法，包括分析基金持仓报告、核对交易记录、对比基金合同中的投资条款，并关注基金的换手率和风格漂移情况。通过对基金持仓报告的分析，可以发现基金在特定行业或公司中的投资比例是否过高，及时提出预警，避免因投资过度集中导致重大损失。同时，应核对交易记录，关注投资的执行是否符合基金合同的规定，并重点关注换手率指标，评估基金经理是否因频繁买卖而导致不必要的交易成本和合规风险。此外，审计应当关注基金的风格漂移问题，核查基金经理的投资策略是否符合基金合同的要求，避免因风格偏离影响投资者的预期收益和风险承受能力。

除单笔投资的审查外，审计人员还应关注基金整体的投资组合结构，核查其是否符合基金合同的要求和监管规定。通过核对交易记录和持仓报告，可以发现是否存在多笔投资累计超过限制的情况，及时向管理层提出建议，进行必要的持仓调整。此外，审计人员应定期检查基金经理是否按规定对投资组合进行调整，以应对市场变化，保持合理的风险水平。同时，关注换手率和风格漂移，确保基金经理的投资策略符合长期稳健的目标，避免因高换手率导致不必要的成本和风格偏离，影响投资者的预期收益和风险承受能力。

7.5.3　投资授权和审批流程的审计

投资授权和审批流程的合规性是投资业务内部审计的重要组成部分，旨在确保基金经理的投资行为符合公司内部的分级授权制度，避免越权行为。审计人员应检查每笔投资是否按照规定的授权和审批流程进行，特别是对于大额投资或涉及敏感股票的操作，必须经过多层次的审核和批准，确保投资决策的可靠性和透明度。

审计人员应检查投资授权的分级制度是否明确规定了不同级别人员的授权

范围。对于大额投资或涉及敏感股票的操作，基金公司应有严格的分级审批流程，确保只有具备相应权限的人员才能进行审批。审计人员还应关注投资决策的多层次审批机制。大额投资通常涉及较高的风险，因此需要多层次的审查和批准，以实现审慎投资和分散决策风险。审计人员应查阅相关的审批文件，确认这些决策是否经过了包括投资部门负责人、投资分管领导、风控部门、投资决策委员会以及在内的多方审批。此外，审计人员还应确保每层审批都有完整的记录和合理的审批理由，以确保投资决策的透明度和审慎性。

审计人员还应评估审批流程的效率，以避免因流程冗长而延误投资机会。在投资市场中，时间通常是决策成败的关键因素之一。如果审批流程过于烦琐或冗长，可能导致失去有利的投资机会。因此，审计人员应评估现有的审批流程是否高效，并提出优化建议，以平衡合规性与投资效率之间的关系。

为了确保授权和审批流程的合规性，审计人员还应关注是否存在越权行为的迹象。例如，某些投资决策是否由未经授权的人员做出，或者某些审批是否绕过了正常的审批流程。通过查阅相关文件、邮件和会议记录，审计人员可以发现违反公司授权制度的行为，并在必要时向管理层报告，以采取进一步的纠正措施。

7.5.4 投资管理人员管理措施的审计

审计工作应全面检查公司是否有效执行了针对投资管理人员的对外言论管理、社会活动与会议管理、办公环境与通信管理以及出国（境）管理等措施，以评估投资管理人员的行为是否符合公司规章制度和合规要求。

审计需核实投资管理人员的所有对外言论是否经过合规部门的审核。这包括公开场合的发言、媒体采访以及在社交平台上发布的帖子和评论。审计人员应检查言论内容是否准确、客观，是否严格遵守公司关于对外宣传的规定，特别是在涉及基金业绩和风险时，是否存在不实或夸大的陈述。此外，审计还应审查个人社交媒体上的相关言论，评估这些言论是否经过合规审查，以防止个人行为误导投资者或损害公司声誉。

审计应评估投资管理人员参加社会活动和会议的审批流程。所有相关活动应事先经过公司统一安排和审批，以确认活动内容与投资管理人员的职责紧密相关，以及是否符合公司的整体战略和合规要求。审计人员需要检查未经授权的参会及利用活动牟利的行为是否得到有效控制，并审查公开发言材料的合规审核记录，确保所有公开发言符合公司政策和法律法规。

在办公环境与通信管理方面，审计应评估办公区域的监控覆盖情况，检查交易、投资与研究区域的专属性和安全性。审计人员需验证公募投资团队与私募投资团队是否实现物理隔离，评估能否有效防止信息交叉流通，避免潜在的利益冲突。此外，审计应检查通信工具的集中管理制度是否健全，检查固定电话录音、移动设备的集中保管以及即时通信工具和电子邮件的监控记录是否按照规定保存五年以上。

审计应检查投资管理人员的出国（境）管理程序，评估出国前的报备和审批流程是否完备。审计人员需确认投资管理人员在出国（境）期间是否保持与公司的有效联系，及时接收工作指示和市场信息，并遵守公司制定的合规规定。归国后，投资管理人员应提交详细的工作报告，审计人员需核实报告内容的真实性和完整性，以确认投资管理人员在外期间未发生任何违反合规要求的行为。

此外，审计应审查投资管理人员的证券投资申报、股权投资申报和基金投资申报情况。审计人员应当重点关注投资人员及其配偶、利害关系人在进行证券投资前，是否按照公司规定通过指定的投资申报系统详细申报。对于投资人员及其配偶、利害关系人已经发生的证券投资、股权投资和基金投资，审计需进行跟踪分析，确保其投资行为符合公司合规要求，不影响基金决策及基金份额持有人的利益。此外，审计还应核实高管、投资研究部门负责人、基金经理持有公司管理基金份额的期限是否符合规定，以防范利益冲突或违规行为的发生。

7.6 交易的合规管理重点

在基金管理公司的投资交易过程中，交易的合规管理是保护投资者利益、确保市场公平和透明的关键环节。交易合规不仅涉及法律法规的遵守，还包括内部投资制度和风控要求的落实。通过系统化的合规管理，基金公司能够有效防范市场操纵、内幕交易等潜在风险，确保所有交易在合法的框架内进行。以下是交易合规管理的几个重点，结合“益恬美基金”的案例及实际操作中的关键要求，阐述交易合规的核心内容。

7.6.1 基于集中交易的公平交易

根据证监会于 2008 年 3 月发布的《证券投资基金管理公司公平交易制度指导意见》，公司应加强投资管理职能和交易执行职能的隔离，实行集中交易制度，以确保各投资组合享有公平的交易执行机会。

公平交易制度要求基金公司建立健全的内部控制机制，覆盖从投资授权、研究分析、交易执行到业绩评估的各个环节，确保所有投资组合在投资决策和执行过程中享有同等机会。例如，在“益恬美基金”的案例中，小严对特味达的研究报告经过了公司内部的严格审核，确保数据合法公开并符合公司规定，进而基金经理老吉根据集中交易制度下达买入指令。通过公司设置的公平交易系统，所有基金组合都能够在同一时间段内以相近的价格参与交易，避免某一基金组合获得不公平的优势。

《证券投资基金管理公司公平交易制度指导意见》明确指出，公司应通过集中交易保证各投资组合在交易执行中的公平性。例如，在“益恬美基金”买入“特味达”的案例中，基金经理老吉依据基金的投资策略，向交易部门提交了买入指令。交易部门通过公司集中交易系统，确保特味达股票的买入指令能够透明、公平地执行。通过这种制度安排，“益恬美基金”能够避免基金经理利用市场信息为某一特定基金组合牟取不正当的利益。

在管理多个基金组合时，公司应确保基金经理不能为某一基金提供优先或不公平的市场优势。当多个基金组合对同一股票产生相同的投资需求时，公司必须确保这些组合在交易时机和交易价格上得到相同或相近的条件。例如，在“益恬美基金”的案例中，如果基金经理老吉的多个基金组合都对“特味达”感兴趣，那么交易系统会按照集中交易原则公平地分配股票，确保每个基金组合获得相同的交易机会和相似的价格。

7.6.2 同向交易和反向交易的管控

同向交易和反向交易的管控是确保证券投资基金公平交易制度中的关键环

节，旨在避免利益输送和不公平交易行为的发生。根据《证券投资基金管理公司公平交易制度指导意见》的要求，基金公司应通过一系列控制机制，保障每笔交易的透明性和公平性。

对于同向交易，基金公司需要控制不同投资组合之间的交易价差，并确保同一公司管理的多个投资组合在进行同向交易时，能够以相似的价格执行交易。这意味着在多个投资组合买入或卖出同一证券时，交易系统应按照价格优先原则进行分配，避免不同组合因交易时间或价格差异而获得不公平的优势。例如，在“益恬美基金”的案例中，当基金经理老吉决定为多个基金组合买入“特味达”股票时，系统会自动分配买入指令，确保这些基金组合能够以公平的价格参与交易。这样可以避免某一基金组合因提前或延后交易获得不当优势，从而实现同向交易的公平性。

反向交易的管控则更加严格。一般情况下，同日反向交易是被禁止的，公司必须严格控制不同投资组合在同一交易日内的反向交易行为，即避免一个投资组合在买入某一证券的同时，另一个投资组合卖出该证券。只有在特定情况下，如因流动性需求或指数投资策略等原因，反向交易才被允许，但仍需经过严格的内部审核程序，公司应要求投资组合经理提供反向交易的充分理由，并保留相关记录以备审查。

此外，公司还需对同向交易和反向交易的交易时机与价格进行持续监控，分析是否存在异常行为。一旦发现异常情况，基金公司应对相关交易进行深入分析，并由投资组合经理做出合理解释，确保交易行为符合公平交易的原则。

7.6.3 异常交易的监控和防控

异常交易防控的实质在于防范内幕交易、市场操纵和利益输送等违法违规行为的发生。基金公司需要认识到，异常交易行为往往是这些非法行为的表现形式。通常而言，内幕交易可能涉及利用未公开的与上市公司有关的内部敏感信息来获利，市场操纵通过大额的资金或大额的交易影响来操纵市场价格，利益输送则涉及通过关联交易为某些主体牟取不正当利益。这些行为会严重破坏市场的公平性和透明性，损害投资者的合法权益。因此，基金公司必须站在防范这些风险的角度，监控和防控异常交易行为，保障市场的健康运作。

在监控异常交易时，基金公司应全面学习并严格遵守交易所的相关规则。各大交易所通常有详细的异常交易监控标准，如虚假申报、拉抬打压股价、自买自卖等行为，这些异常交易行为的发生往往伴随交易频率异常、价格波动过大或申报数量异常等特征。基金公司应通过交易系统实时监控这些数据，以便及时发现潜在的异常行为。例如，当某只股票在短时间内被大量申报或反复撤单时，系统应标记该行为为异常并进一步分析其原因。通过这样的实时监控机制，基金公司可以有效识别并预防潜在的异常交易，降低市场波动风险。

为了有效防控异常交易，基金公司需要建立透明、严格的内部控制机制。投资决策的每个环节都需要有合规风控的监督，尤其是当多个基金组合涉及同一只股票时，基金公司必须通过集中交易平台进行交易执行，确保不同组合之间没有利益冲突，防止利益输送或不公平交易的发生。交易系统应记录每笔交易的详细信息，确保所有交易都具有可追溯性，任何异常行为都能得到有效的审核与调查。

同时，基金公司应主动调整交易执行策略，避免触发交易所的异常交易监控规则。例如，交易所对拉抬打压股价有严格的量化标准，基金公司应避免通过集中申报或密集撤单等操作引发市场价格的大幅波动。通过分批交易或降低单次申报规模，基金公司可以减少市场的剧烈波动，确保交易过程中的合规性与合理性。

此外，定期的审查回顾与员工合规培训也是防控异常交易的关键措施。基金公司应定期审查回顾交易记录，尤其是那些被标记为异常的交易，并要求基金经理或交易员提供合理的解释。交易管理团队需要独立于投资和研究团队，确保所有交易行为符合法律和公司内部控制要求。通过定期培训，确保基金经理、交易员等相关人员了解并遵守交易所的监控规则，避免因操作不当或违规行为触发异常交易。

7.6.4 交易对手的管理和询价管理

在交易过程中，交易对手管理和询价管理是确保交易合规性及维护投资者利益的关键环节。基金公司应建立并严格维护交易对手库，确保只能与已核准的交易对手进行交易。交易对手库需要定期更新和维护，确保库内对手方的合法性和合规性。固定收益投资部门和交易部门应采用相同的交易对手清单，防止因清单不一致导致合规风险。

针对不同级别的交易对手方，基金公司应建立完善的评级制度，对不同评级的对手方适用不同的交易类别、交易方式和交易额度。当发现交易对手存在违约等风险时，应及时下调其评级，调整交易策略。当新增交易对手时，必须严格按照内部制度要求履行必要的审批程序，避免出现先交易后审批或临时加入交易对手库等不合规行为。

基金公司还需确保交易对手库的管理符合基金契约的投资目标、投资风格、投资范围和关联交易限制等要求，必须避免与不符合规定的对手方进行交易，特别是防范与丙类账户的交易。此外，基金公司应关注是否存在未严格执行内部交易类别或交易方式的情况，如有，应按照相关程序进行审批，并明确交易目的。

在询价管理方面，基金公司应建立健全的询价制度，确保交易价格的公允性和透明度。当询价结果与公允价格偏离程度较大时，应履行必要的审批程序，并对交易价格进行合理解释。实际投资交易应选择最优报价，最大限度保护基金持有人的利益。基金经理不得直接决定交易对手和交易价格，必须遵循公司制定的询价和交易流程。

询价过程应留有完整的记录，并进行档案管理，以便事后查阅和监督。对于通过中介机构进行询价的情形，基金公司应确保相关控制措施到位，防范可能的利益冲突或风险，确保中介机构的参与不影响交易的公允性和合规性。

7.6.5 程序化交易

近年来，随着技术的进步，程序化交易逐渐成为证券市场的重要交易方式。程序化交易，是指通过计算机程序自动生成或下达交易指令，参与证券市场的交易行为。这类交易一方面可以提升市场流动性和交易效率，另一方面可能因高频操作和复杂算法带来市场波动风险。2023 年 9 月，证监会指导上海、深圳、北京三地的证券交易所制定并发布了《关于股票程序化交易报告工作有关事项的通知》《关于加强程序化交易管理有关事项的通知》，这标志着中国股票市场正式建立起程序化交易报告制度和相应的监管安排。

根据中国证监会及上海证券交易所、深圳证券交易所、北京证券交易所有关程序化交易的相关规定，程序化交易需遵守特定的报告制度。投资者在开展程序化交易前，必须向证券交易所报告相关信息，包括交易策略、执行方式、资金规模及来源等。此外，程序化交易的投资者需特别注意高频交易的合规性，若其最高申报速率达到300笔/秒或单日最高申报笔数达到2万笔，则需要额外向交易所报告，并接受重点监控。

监管部门对程序化交易的主要关注点在于其可能对市场价格、交易量或系统安全带来的影响。为此，证券交易所采取了多项措施加强对程序化交易的监控。首先，交易所对异常交易行为（如价格大幅波动或交易量激增）进行重点监控。其次，程序化交易系统的稳定性和安全性也是监管的重点，尤其是高频交易系统需具备完善的应急预案，以应对可能的系统故障。

在防控方面，基金公司在开展程序化交易时，应确保交易策略和执行方式符合法律法规及交易所规定，并及时向交易所报告相关信息。基金公司应根据监管要求设定合理的交易频率和申报数量，避免因过度频繁的交易操作而引发市场波动。同时，基金公司需加强内部控制和风险管理，确保程序化交易在安全可控的范围内进行。此外，基金公司还应建立和维护相关应急机制，确保在程序化交易系统出现问题时能够及时响应，保护市场和投资者的权益。

7.7 交易业务的内部审计重点

7.7.1 公平交易的审计

基金公司在进行投资操作时，通常会涉及多个投资组合和基金产品，保证所有投资组合享有平等的交易机会，是审计工作的重要内容之一。审计人员应关注基金公司是否严格执行《证券投资基金管理公司公平交易制度指导意见》的相关要求，尤其是在实施集中交易制度时，确保所有投资组合在交易分配方面享有平等的权利。

在具体执行过程中，交易分配应遵循公平交易的原则，避免任何一个投资组合因特殊待遇而获得不正当的交易优势。审计人员需要查阅交易执行日志、分配方案、分配依据等相关文档，检查交易分配过程的透明性和可审计性，确保每项交易分配决策能够追溯和审查。

此外，审计人员还应关注基金公司在交易执行环节是否遵循公开、公正的交易程序，尤其是在涉及交易所公开竞价交易时，是否严格执行交易系统中的公平交易程序。如果某些交易因特殊原因无法参与公平交易程序，则审计人员应检查这些交易指令是否经过公平性审核，并关注审核过程和结果是否有完整记录。

防范交易分配中的外部干预和利益冲突是审计工作的重点之一。审计人员应评估基金公司是否建立了有效的内控制度，以防止在交易分配中出现利益冲突，确保基金经理在交易执行时不受外部压力或利益驱动的影响。同时，审计人员需要检查基金经理的交易决策是否受到不当外部干预，关注交易分配的独立性和公正性。

对于发现的交易分配问题或潜在的利益冲突，审计人员应详细记录并调查相关问题，保留完整的审计记录，确保问题得到充分分析和解决。在必要时，审计人员应将问题上报公司管理层，协助制定并采取纠正措施。

7.7.2　反向交易、同向交易和异常交易的审计

在基金公司的交易业务中，反向交易、同向交易和异常交易的管理是确保合规性与市场公平的重要环节。内部审计应重点关注这些交易行为的合规性，以防止市场波动和金融风险的发生。

如前文所述，基金公司交易部门在处理同向交易时应当控制不同投资组合之间的交易价差，比如，当多个投资组合同时买入某只股票时，系统应合理分配订单，确保每个组合都以接近的价格参与交易，从而保证交易的公平性。审计人员在同向交易的审查中，重点审查多个投资组合在进行同一证券的买卖时，是否遵循了价格优先的原则，审查多个组合能否以相似的价格进行交易，避免某个组合获得不公平的价格优势。

与同向交易相比，反向交易则有更严格的控制，一般情况下，反向交易是被严格禁止的。公司需对不同投资组合在同一交易日内的反向交易行为进行严格管控，避免一个投资组合买入某一证券的同时，另一个投资组合卖出同一证

券。只有在特殊情况下才允许反向交易，但这些交易必须经过严格的内部审批，并保留完整的记录以供审查。内部审计应重点核查这些反向交易是否经过了充分的审批，并验证其交易理由是否合理。

审计人员在对异常交易进行审查时，应借助数据分析工具，对历史交易和实时交易数据展开详细的分析，旨在识别可能存在的异常行为。通常情况下，异常交易可能表现出以下特征。首先，交易频率的异常是一个明显的警示信号。例如，某个账户在极短时间内进行大量交易，尤其是频繁切换买入和卖出行为，可能表明该账户存在操纵市场或投机性交易的风险。其次，价格波动过大也是需要重点关注的现象。某些交易可能会引发市场价格的异常波动，特别是在流动性较低的市场环境中，这种波动可能并不符合市场的正常走势，提示可能存在影响价格的行为。另外，交易订单的数量或金额异常，尤其是短时间内反复提交和撤销大额订单的行为，意味着有意操控市场或隐瞒真实交易目的的可能性。

当审计人员识别出这些潜在的异常交易行为时，应立即展开更深入的调查。他们需要结合市场背景、交易对手的情况以及资金来源，综合分析这些交易行为背后的原因，以判断是否涉及内幕交易、市场操纵或其他违规行为。通过深入分析，审计人员可以有效地评估这些交易的合理性，并提出相应的整改建议，确保基金公司在合规的框架内运作。

另外，审计人员需要重点关注公司对于证券交易所发出的异常交易提示函的处理情况，审查和跟踪业务部门的响应情况，确认其是否对提示函中指出的问题进行了充分调查，并采取了适当的整改措施。另外，审计人员应评估业务部门的应对措施是否合规、有效，确保整个过程符合法律法规及公司内部控制要求，避免潜在风险的扩大。

7.7.3 交易对手的管理和询价管理的审计

在基金公司的交易业务中，交易对手管理和询价管理是内控审计的重要环节，直接关系到基金投资的合规性和风险控制。因此，内部审计应从以下几个方面对基金公司的交易业务进行审查，以确保相关制度的执行情况符合监管要求，并有效防范操作和市场风险。

在交易对手管理方面，基金公司应建立并维护有效的交易对手库，所有交易对手必须经过严格的审批流程才能纳入交易清单。审计应关注公司是否定期对交易对手库进行维护和更新，核查对手方的资质和评级是否与公司的交易要求相匹配。尤其是对于新增的交易对手，必须审查其是否经过了充分的背景调查和内部审批流程，特别关注是否发生未审批即进行交易的情况。此外，审计还应检查是否针对不同级别的交易对手方制定了相应的交易额度、类别和方式，并关注公司是否会根据对手方的信用状况或市场表现，及时调整其评级和交易权限。

内部审计还应关注交易对手库管理是否符合基金契约中关于投资目标、投资范围及关联交易限制的要求，核查基金公司是否与不合规的交易对手进行交易，特别是审查是否存在与丙类账户的交易情况，并重点评估此类账户的相关风险。

在询价管理方面，基金公司应建立规范的询价制度，以确保交易价格的公允性。内部审计应重点核查询价流程是否得到严格执行，尤其是在询价结果与市场公允价格出现较大偏离时，公司是否履行了相应的审批程序。审计还应核查公司是否始终选择最优报价进行交易，确保最大限度保护基金持有人的利益。

同时，审计需要核查询价过程是否有完整的记录，并进行妥善的档案管理，以便后续审查和追踪。此外，对于通过中介机构进行询价的情况，审计应关注基金公司对中介机构的控制措施是否到位，能否防范潜在的利益冲突，并关注中介报价的真实性和可靠性。

7.7.4 程序化交易的审计

在审计程序化交易的合规性时，审计人员需要检查基金公司是否遵守最新的监管要求，并确保程序化交易的策略、执行和报告流程符合法律法规的相关规定。

首先，审计人员应重点审查基金公司是否遵循相关法律法规和证券交易所发布的规定，核实公司是否履行了向交易所报告的义务，核查公司是否对程序化交易进行了充分的风险评估，尤其是高频交易的评估。由于高频交易涉及频繁的交易申报，可能对市场价格产生影响，带来不正当市场优势，并可能导致操纵市场的风险。因此，审计人员需要特别审查这些交易策略的合规性，评估基金公司在程序化交易中是否存在操纵市场的潜在风险。

其次，审计人员应核查基金公司是否建立了完善的程序化交易系统。交易系统应经过充分的开发、测试和验证，以确保其功能符合预期，且未经授权不得擅自更改。特别是对于高频交易，审计人员应检查交易系统是否支持高频率、大批量的交易操作。同时，审计人员应关注风控措施的有效性，审查基金公司是否具备多层次的监控机制，并评估是否存在因操作失误或技术故障导致市场异常波动的风险。

程序化交易的合规性还包括防范外部干预。审计人员应核查基金公司是否建立了有效的内部控制制度，评估程序化交易策略的制定和执行过程是否会受到外部干扰。审计人员需特别关注基金公司是否采取相应的措施，防止外部因素影响交易策略的独立性和公正性。

8　基金销售的合规与审计

8.1　基金销售的基本流程

8.1.1　虚构案例：客户老赵买基金

老赵是一位资深教师，近期对投资理财产生了浓厚兴趣。在浏览手机时，他注意到“益恬美基金”公司发布的“益恬美食品行业股票型证券投资基金”（以下简称“益恬美食品”）的信息，介绍了食品行业的投资潜力及基金管理团队的专业能力。由于对食品行业较为熟悉，老赵决定进一步了解并通过“益恬美基金”App 购买该基金。

老赵下载并安装了“益恬美基金”App 后，按照系统提示注册了账户，并完成了身份验证、密码设置、手机号绑定和银行卡绑定等必要步骤，顺利完成开户。接着，系统提示他填写了投资者基本信息表，内容包括年龄、财务状况、投资经验和投资目标等。在此基础上，系统进行了风险承受能力评估，结果为 C4 等级，即具有较高的风险承受能力。

根据评估结果，“益恬美基金”App 为老赵提供了适合其风险承受能力的产品清单。在股票型基金中，老赵找到了“益恬美食品”。进入基金界面后，老赵仔细查看了基金的投资策略、费用结构（申购费、管理费和赎回费等）以及风险揭示书。系统明确标注该基金为 R4 风险等级，具有较高的市场波动风险和行业特定风险，这一风险等级与老赵的 C4 级别风险承受能力相匹配。

在确认完全理解所有信息后，老赵点击“申购”按钮，输入申购金额并确认了扣款账户，然后通过输入交易密码完成支付。系统随即弹出“交易成功”

的提示，确认了购买份额和交易日期。同时，“益恬美基金”App 提供了适当性匹配意见确认书，记录了老赵的 C4 级别风险承受能力与 R4 基金风险等级的匹配情况。

完成申购后，老赵发现，“益恬美基金”App 支持实时查询基金净值变化和持仓情况。通过登录“益恬美基金”官网、拨打客服热线等方式，老赵能够随时查询账户信息，全面掌控资金流动和投资表现。

在体验了线上购买基金的流程后，老赵对线下购买公募基金也产生了兴趣。因为他希望能在面对面的环境中获得更加直观和详细的咨询。于是，他决定去附近的一家银行，咨询公募基金的购买事项。

老赵来到银行，找到一位客户经理，询问有关投资基金的信息。客户经理了解了老赵的基本情况后，询问了他的投资目标、风险偏好和财务状况等内容。老赵告诉客户经理，他已经进行过风险评估，且其风险承受能力为 C4 级别，对股票型基金感兴趣，尤其是类似食品行业这样的细分领域。

听到老赵的描述后，客户经理提醒老赵，银行的投资产品销售也需要进行风险评估。为了帮助老赵选择最合适的基金产品，客户经理引导他填写了银行的投资者适当性评估表。表格中包括老赵的年龄、收入、财务状况、投资经验以及投资目标等信息。完成评估后，银行系统给出了老赵的风险承受能力为 C4 级别，与他在“益恬美基金”App 中的评估结果一致。

客户经理根据老赵的风险承受能力推荐了几款适合的公募基金产品，其中也包括“益恬美食品”基金。客户经理详细解释了该基金的投资策略、费用结构（如申购费、管理费和赎回费等）以及基金的风险等级（R4）。客户经理专门指出，该基金的风险等级与老赵的 C4 级别风险承受能力相匹配，适合他的投资需求。

在向老赵解释清楚相关信息后，客户经理还向他展示了基金的风险揭示书，并提醒他注意市场波动和行业特定风险等可能影响投资回报的因素。老赵仔细阅读了所有材料，提出了一些疑问，客户经理一一做了详细解答，确保他完全理解。

确认所有信息无误后，老赵决定通过银行柜台购买该基金。他填写了投资申请表，并提供了身份证明、银行卡信息等资料。在客户经理的协助下，他完成了购买手续，并收到了基金申购确认单，确认了投资金额、购买份额及交易日期。

完成交易后，客户经理告知老赵，他可以通过银行的网银系统或App随时查看基金的表现，若有任何问题，银行客服也会随时提供帮助。老赵对客户经理的详细解答表示感谢，感到更加安心和踏实。

通过这次线下购买体验，老赵不仅加深了对公募基金的理解，更加明确了自己的投资方向和目标。他感到自己在投资理财的道路上迈出了重要的一步。

8.1.2 基金销售流程的分析

结合案例中老赵购买“益恬美食品”的流程，基于基金销售相关法规，下文将对基金销售的关键流程进行分析，并阐述每个环节的总体合规要求。

8.1.2.1 宣传推介材料的发布

老赵最初通过“益恬美基金”管理公司发布的介绍材料了解“益恬美食品”。这些材料属于法律意义上的“宣传推介材料”。基金公司在制作、发布此类宣传推介材料时，必须严格遵守《公开募集证券投资基金销售机构监督管理办法》《公开募集证券投资基金宣传推介材料管理暂行规定》等规定，确保材料的真实性和合法性。

宣传推介材料的内容必须真实、准确，不得包含虚假、误导性或夸大的信息。根据《公开募集证券投资基金宣传推介材料管理暂行规定》，宣传推介材料中引用的统计数据必须真实、准确，并注明出处，严禁使用未经核实的数据或模拟数据。此外，基金的过往业绩不能作为未来表现的保证，宣传推介材料中需明确提示投资者这一点，并要求附上显著的风险提示声明。宣传推介材料必须全面提示投资风险，不能片面强调收益。在所有的宣传形式中，无论是平面材料还是互联网发布的资料，均需包含足够的风险揭示，确保投资者充分了解投资可能面临的风险，避免盲目投资。

所有宣传推介材料必须经过公司内部合规审查。基金公司和基金销售机构需建立完善的合规审查机制，相关负责人应对材料进行审核，出具合规意见书，并确保材料符合证监会的相关要求。

8.1.2.2 客户信息获取与风险评估

在老赵通过“益恬美基金”App以及银行柜台购买基金的过程中，都经历了客户信息收集和风险评估的环节。无论是线上还是线下购买，基金销售的合规要求都确保了基金公司或销售机构能够充分了解客户的投资偏好和风险承受能力，从而为客户推荐合适的基金产品。

销售机构必须全面获取客户信息，确保所收集资料真实、准确，并包括客户的基本情况、财务状况、投资目标以及风险承受能力等。在线上，通过“益恬美基金”App，系统会自动引导老赵完成标准化的风险评估问卷，并根据他的个人信息评估其风险承受能力。在银行柜台，客户经理则与老赵面对面沟通，了解老赵的财务状况和投资目标，并通过问卷和询问的方式进一步评估其风险承受能力。无论是线上还是线下购买，确保客户信息的完整性和适当性匹配都是必不可少的。

根据《证券期货投资者适当性管理办法》的要求，销售机构必须对客户进行深入的风险承受能力评估，并确保评估过程的公正性与透明度。老赵的风险评估结果为C4级别，代表着较高的风险承受能力。在“益恬美基金”App购买过程中，系统会根据老赵的评估结果推荐符合其风险承受能力的基金产品；在银行柜台，客户经理则会向老赵解释不同基金的风险等级，并提供适合其C4级别风险承受能力的基金推荐，确保匹配的基金产品符合老赵的投资需求。

此外，基金销售机构还需妥善保存所有与风险评估相关的资料，无论是通过“益恬美基金”App收集的客户信息，还是银行柜台填写的纸质资料，都需要存档以备后续合规审查。这些资料的保存期限通常不少于20年，确保在未来需要时可以提供完整的记录和证据，以保证透明度和合规性。

无论是通过哪个渠道进行购买，销售机构必须确保每位客户都在充分了解自身风险承受能力的基础上，做出知情决策，避免为推销特定产品而调整评估结果。

8.1.2.3 产品匹配、信息披露与风险揭示

在老赵通过“益恬美基金”App和银行柜台购买“益恬美食品”的过程中，产品匹配、信息披露与风险揭示均遵循了严格的合规要求，以确保老赵的

投资决策与其风险承受能力相符。

根据《证券期货投资者适当性管理办法》的相关规定，销售机构必须根据客户的风险承受能力进行产品匹配。在老赵的购买过程中，无论是在线上App还是线下银行柜台，销售机构都根据老赵的风险评估结果（C4等级）推荐了符合其风险承受能力的基金产品。为确保符合适当性要求，销售机构会根据老赵的投资目标、风险承受能力和财务状况，提供匹配的产品清单，避免推荐不适合客户的高风险产品。

关于信息披露，基金公司和销售机构有责任向客户提供真实、准确且完整的信息，确保客户在做出投资决策前，充分了解产品的各项条款与风险。在老赵的购买过程中，销售机构遵循了《公开募集证券投资基金销售机构监督管理办法》《证券投资基金销售管理办法》的相关要求，提供了详细的法律文件，包括《招募说明书》与《基金合同》。这些文件详细列出了基金的投资策略、费用结构、历史业绩等内容。根据合规要求，所有这些法律文件都应更新并准确反映产品的风险特征，确保客户能够全面理解投资产品。

特别是在风险揭示方面，销售机构必须确保投资者充分理解产品的风险性质，并进行明确的风险提示。《证券期货投资者适当性管理办法》明确要求，基金公司必须在销售过程中充分揭示产品风险，特别是市场波动、行业特定风险等不确定性。在老赵的购买过程中，销售机构提供了完整的风险揭示，包括基金可能面临的市场波动风险、行业特定风险以及其他潜在的不确定性。此外，根据《公开募集证券投资基金宣传推介材料管理暂行规定》，基金公司需要确保投资者在确认购买前充分阅读并理解相关风险提示，同时要求客户确认已理解所有潜在风险。

8.1.2.4 基金的认/申购与资金划转

在老赵充分了解并接受"益恬美食品"的相关风险后，他通过"益恬美基金"App和银行柜台分别完成了基金申购。整个过程严格遵循了基金销售的合规要求，以确保客户权益得到保护。

基金认/申购协议的签署必须由老赵本人在自主、知情的情况下完成。在通过"益恬美基金"App进行认/申购时，系统确保老赵在确认已阅读并理解

《招募说明书》及《基金合同》后，才允许继续签署操作。此外，在银行柜台购买时，客户经理同样要求老赵提供身份信息，并确认他已经了解相关基金的风险和投资条款。无论是在“益恬美基金”App还是银行柜台，基金公司和销售机构都需确保签署过程的透明性，并保存签署记录，以备日后合规审查。此举有助于避免任何形式的强制签署或未充分揭示风险的情况，保护客户的知情权。

在资金划转过程中，无论是在“益恬美基金”App还是通过银行柜台购买，资金都需要直接进入指定的基金销售专用账户进行结算。该专用账户的设立符合《公开募集证券投资基金销售机构监督管理办法》的要求，确保投资者的资金安全，避免资金被挪用或侵占。基金销售专用账户应当确保投资者的资金不受销售机构破产清算的影响，不会作为清算财产进行处置，确保资金的独立性和安全性。

资金划转过程严格遵循反洗钱和反恐怖融资的相关法律法规。无论是通过“益恬美基金”App还是银行柜台，基金公司和银行都需对每笔交易进行监控，及时识别和报告任何可疑交易行为。

8.1.2.5 交易确认及后续服务

在老赵成功申购“益恬美食品”基金后，无论是通过“益恬美基金”App还是银行柜台，基金销售机构都严格遵守合规要求，确保交易信息及时确认和透明披露。

在老赵通过“益恬美基金”App或银行柜台成功完成基金申购后，系统立即向老赵发送交易确认信息，内容包括申购金额、购买份额、扣款账户、交易日期及其他关键信息。这些信息的及时披露符合《公开募集证券投资基金销售机构监督管理办法》等规定，确保老赵可以清楚了解每笔交易的细节，便于他核对确认购买信息。这不仅有助于提升交易透明度，也有助于防范潜在的交易纠纷，确保投资者的权益不受侵犯。

系统还生成了适当性匹配意见确认书，记录老赵的风险承受能力（C4等级）与所购买基金（R4风险等级）之间的匹配关系，确保投资的基金产品与老赵的风险偏好相符。这一合规文档不仅支持未来可能的监管审查，还向老赵清楚解释了产品推荐的依据，确保其知情权和决策权得到保障。

在后续服务方面，“益恬美基金”严格按照基金销售机构的信息服务要求，通过多种便捷渠道为老赵提供全面的查询和支持服务，确保他能够随时掌握投资动态。通过“益恬美基金”App，老赵可以实时查看其所持基金的净值变动、持仓情况及交易记录，清晰了解投资表现；同时，“益恬美基金”还定期向老赵主动提供基金保有情况信息，便于他进行长期投资管理。此外，老赵还可以通过“益恬美基金”官网查询账户详情，或拨打客服电话获取对其投资决策有重大影响的信息支持。这些服务符合《证券期货投资者适当性管理办法》的信息披露要求，进一步提升了投资透明度和客户体验，助力老赵做出明智的投资决策。

8.2 基金销售的合规管理重点

8.2.1 基金销售合作机构的选择与管理

根据《公开募集证券投资基金销售机构监督管理办法》第二条的规定，基金销售是指为投资人开立基金交易账户，宣传推介基金，办理基金份额发售、申购、赎回及提供基金交易账户信息查询等活动。基金公司在与其他机构合作开展这些活动时，必须确保合作机构具有基金销售资格。选择合规、可靠的基金销售机构不仅有助于规范业务流程，还能降低法律风险，保护投资者权益。

在选择基金销售机构时，基金公司应当从多个维度进行严格的合规评估，以确保合作机构能够有效支持基金销售业务的合法合规开展。首先，必须确保基金销售机构具备合法的销售资格。依据法律规定，基金销售机构必须经过中国证监会的批准或备案，取得相应的销售许可。未经监管机构批准的机构，不得从事任何基金销售相关业务。因此，基金公司在选择合作机构时，需核实其销售资格是否经过合规备案，确保其具有合法的经营资质。其次，基金公司需关注合作机构的合规记录与运营状况。这意味着对合作机构的历史运营数据进行深入分析，评估其是否曾因违反法律法规受到处罚，以及其运营过程中的合规管理水平。此外，财务健康状况同样是选择合作伙伴时需要重点审查的内容，良好的财务基础可以确保合作机构在长期内提供稳定的销售支持，降低基金公司可能面临的运营风险。另外，合作机构的客户管理与风险控制能力也是选择的关键。合规的基金销售机构应具备健全的客户管理系统，能够有效评估投资者的风险承受能力，确保所推介的基金产品与投资者的需求相符。这不仅有助于提高投资者的信任感，还可以帮助基金公司降低因不当推介导致的投诉和法律风险。在客户服务方面，合作机构应展示出较强的服务能力和应对潜在市场风险的能力，保证在整个基金销售过程中能够为投资者提供良好的服务体验。

基金公司在与基金销售机构建立合作关系后，必须持续关注合作过程中的合规性，确保合作机构在销售行为中的各项活动都符合监管要求。基金销售机构必须履行信息披露义务，确保投资者获得完整、真实且及时的产品信息。同时，合作机构需承担投资者适当性管理职责，确保销售的基金产品与投资者的风险承受能力相匹配，避免因销售不当产品导致法律风险。为了保障整个合作过程的合规性，基金公司需对合作机构的业务活动进行定期审查和监控。合规监控是防止违规行为发生的重要措施。合作机构在执行过程中出现任何违规行为，基金公司应及时采取纠正措施，甚至在必要时终止合作。此外，基金公司在与合作机构合作时需特别注意对利益冲突的管理，应避免任何可能影响合作公正性的利益冲突，尤其是在合作机构的推荐或引流行为中，必须确保这些行为不会损害投资者的利益。为避免不当激励，基金公司需避免向合作机构支付过高的费用，以防止销售行为受到不正当的利益驱动。

在基金公司与不具备基金销售资格的第三方网络平台进行合作时，需特别关注以下合规事项。首先，基金公司应当避免与第三方平台发生《公开募集证券投资基金销售机构监督管理办法》第二条所述的基金销售活动。其次，基金公司需明确第三方网络平台的作用仅限于为基金管理公司提供网络空间经营场所及相关的技术支持服务，第三方机构不得介入基金销售的任何环节。这意味着第三方平台仅负责提供技术支持或网络页面，不得参与投资者招揽、风险评估、交易执行等关键基金销售活动。最后，第三方平台不得收集、传输或保存投资者的任何基金交易信息，基金公司必须确保投资者的交易信息、个人数据等仅在合规的基金销售机构内进行处理，确保数据安全和业务独立性。

8.2.2 基金销售的禁止行为

基金销售机构及其从业人员在开展基金销售业务时，应严格遵守法律法规，避免出现一系列禁止行为。根据《公开募集证券投资基金销售机构监督管理办法》第二十四条的规定，基金销售的禁止行为大致可以归纳为几个方面：信息披露与宣传违规、销售手段违规、操作与管理违规，以及利益冲突与数据保护违规。

基金销售机构不得进行虚假记载、误导性陈述或重大遗漏，必须确保信息披露的真实性和完整性，避免通过虚假信息误导投资者。此外，基金销售机构不得违规承诺收益、本金不受损失或限定损失的金额或比例，也不能预测基金的投资业绩或宣传预期收益率。这些行为会导致投资者对基金的回报和风险产生不合理的期望。销售机构还应确保投资者购买与其风险承受能力相匹配的基金产品，避免误导投资者购买不符合其风险偏好的产品。同时，销售机构应准确揭示承担基金销售业务的主体及销售的基金产品信息，避免通过过度包装服务平台或品牌模糊这些重要信息。

在销售手段上，基金销售机构不得采取抽奖、回扣或赠送实物、保险、基金份额等方式进行销售。这类行为被视为诱导投资者非理性购买基金，违背了公平销售的原则。此外，基金销售机构不得在基金募集申请完成注册前开展销售业务，也不得擅自分发或公布基金宣传推介材料，或发售基金份额。基金销售机构必须严格按照法律法规规定的时间进行，任何未按规定公告擅自变更基金发售日期的行为都是不被允许的。

在操作管理方面，基金销售机构不得挪用基金销售结算资金或基金份额，也不得违规利用基金份额转让等形式规避基金销售结算资金的闭环运作要求，这类行为可能会损害投资者资金安全。此外，基金销售机构不得以低于成本的费用进行基金销售，这种行为被视为不正当竞争，可能扰乱市场秩序。在销售过程中，基金销售机构也不得实施歧视性、排他性或绑定性销售安排，应确保所有投资者获得公平对待。

在数据保护与利益冲突管理方面，基金销售机构应确保投资者信息的保密性，禁止违规泄露投资者的相关信息或基金投资运作中的非公开信息。基金公司不得利用基金资产和基金销售业务进行利益输送或利益交换，以防止利益冲突损害投资者的合法权益。

8.2.3 宣传推介材料的合规性

基金销售宣传推介材料的合规审核是确保基金信息透明、保护投资者权益的重要环节。根据《公开募集证券投资基金宣传推介材料管理暂行规定》及相关规定，基金管理人和基金销售机构在制作与使用基金宣传推介材料时，必须严格遵循合规审核的要求。

基金公司和基金销售机构必须建立健全内部合规审查机制，确保宣传推介材料符合相关要求。合规审核的流程应从初步制作到审查再到发布，都经过严格把控。基金公司或销售机构应集中统一制作宣传推介材料，确保材料内容真实、准确，能够反映基金的实际情况。所有宣传推介材料在发布前，必须由负责基金销售业务的高级管理人员和合规负责人进行严格审查，确认其符合《基金法》《证券发行与承销管理办法》等相关法律法规要求，并出具合规意见书。合规审查材料需保存备案，以备监管部门检查，确保材料通过内部审查程序，并符合所有合规要求。

在内容合规性方面，宣传推介材料的合规审核应特别注意以下几个方面。一是当展示基金及基金管理人过往业绩时，宣传推介材料必须明确声明“过往业绩不预示未来表现”，并不得明示或暗示承诺未来收益。二是所有业绩数据应当经过基金托管人复核，并且展示的业绩区间应超过 6 个月，以保证其长期表现的真实性和完整性。三是宣传推介材料应当包括醒目的风险提示，尤其是涉及基金的收益、风险特征和投资策略时，风险提示必须清晰明确，方便投资者阅读。四是禁止在宣传推介材料中加入误导性内容，如材料中不得使用诸如“保本”“高收益”或“无风险”等可能误导投资者的词汇，避免让投资者产生错误的预期。五是宣传推介材料不得使用夸大或片面的业绩宣传，也不得仅选取特定时间段的基金表现进行宣传，必须全面、客观地反映基金的实际情况。

除了以上法定要求，建议在宣传推介材料的合规审核中还需要关注以下三点，一是避免讨论具体的股票或者债券，二是避免对具体证券或者证券市场的价格走势进行预测，三是避免发表与国家大政方针不相符的言论。

此外，宣传推介材料中的统计数据引用也需符合规定，所有引用的数据必须真实、准确，并注明其来源。不得使用未经核实的数据或虚构的模拟数据。同时，当宣传推介材料涉及基金业绩比较时，必须使用可比的统计数据，保证数据来源和比较方式的公平性与准确性。

8.2.4 投资者适当性管理

在基金销售过程中，投资者适当性管理是确保投资者利益得到有效保护的关键环节。根据《证券期货投资者适当性管理办法》及相关法律法规，基金销售机构必须勤勉履行职责，充分了解投资者的情况，并根据投资者的风险承受能力和产品的风险等级进行匹配，确保适合的产品销售给适合的投资者。

基金销售机构应当在销售产品或提供服务时，全面了解投资者的基本信息，包括个人的财务状况、投资经验、风险偏好、投资目标等。根据这些信息，投资者被分为普通投资者和专业投资者两类。普通投资者享有更多的保护措施；而专业投资者由于具备更多的投资知识和经验，承担的责任也相对较大。

对于普通投资者，基金销售机构在进行产品销售时，必须特别注重风险提示，确保投资者充分了解所购产品的风险。如果普通投资者主动要求购买超出其风险承受能力的高风险产品，基金销售机构需要通过书面形式特别提示风险，并在获得投资者明确确认后，方可继续销售。

在产品风险等级的划分上，基金销售机构必须综合考虑产品的流动性、杠杆情况、投资方向、投资期限等因素，并根据产品的风险等级向投资者提供适当的匹配建议。在这个过程中，基金销售机构应避免向不符合条件的投资者销售高风险产品。

基金销售机构需建立完善的适当性管理制度，确保在产品销售的各个环节遵循合规要求，及时更新投资者信息并重新评估其风险承受能力。通过严格的适当性管理，基金销售机构能够有效防范投资风险，保护投资者的合法权益，并确保市场长期健康发展。

8.2.5 私募产品销售的合规管理

私募资产管理计划（私募基金）的销售有着严格的法律法规要求，主要涉及合格投资者的确定、非公开募集的方式、投资者适当性管理、产品审慎调查、利益冲突防范等方面。根据《公开募集证券投资基金销售机构监督管理办法》《证券期货经营机构私募资产管理业务管理办法》《证券期货经营机构私募资产管理计划运作管理规定》等规定的要求，私募基金的销售合规管理要求归纳如下。

私募基金的销售必须仅面向合格投资者。合格投资者，是指具备相应风险识别能力和风险承受能力的自然人、法人或其他组织，且必须满足《证券期货经营机构私募资产管理业务管理办法》及相关规定中关于投资者的资产和收入标准。例如，自然人投资者需具备 2 年以上的投资经历，家庭金融净资产不低于 300 万元等条件。基金销售机构需严格审查投资者的身份及资金来源，确保投资者符合合格投资者标准，并要求投资者承诺其投资资金为自有资金。

私募基金的募集必须以非公开方式进行，禁止通过公共传播媒体、互联网、社交媒体等向不特定对象宣传或推介私募基金产品。基金销售机构不能通过报刊、电视、微信等渠道公开或变相公开推广基金产品。销售行为必须遵循非公开募集的原则，只有合格投资者才能通过特定途径获得相关信息。基金销售机构必须确保所有宣传和推介行为符合非公开募集的要求，防止违规推销行为的发生。

在销售私募基金之前，基金销售机构还需对投资者进行详细的适当性管理。这包括了解投资者的财务状况、投资经验、风险偏好和承受能力等信息，确保推荐的私募基金产品与投资者的风险承受能力相匹配。适当性管理的核心是遵循“风险匹配原则”，禁止销售与投资者风险承受能力不符的产品。基金销售机构需通过问卷或其他方式收集投资者的相关信息，并确保其真实、准确。同时，投资者必须以书面形式承诺资金来源的合法性，并确保参与资金不涉及非法集资。

此外，基金销售机构在销售私募基金之前，必须对产品进行审慎调查和评估，包括深入分析基金产品的投资范围、投资策略、杠杆水平、风险收益特征等内容。产品的相关法律文件中应明确披露基金的投资方向、潜在风险以及投资者可能面临的风险，确保信息充分披露。

基金销售机构还需建立健全的利益冲突防范机制。如果基金销售机构与基金公司之间存在利益关联，那么基金销售机构必须进行严格的利益冲突评估。经评估后，如果无法有效防范利益冲突，则基金销售机构不得销售相关产品；如果利益冲突在可控范围内，则需向投资者充分披露该利益冲突，并要求投资者签字确认。此外，在销售私募基金时，基金销售机构需确保投资者资金与公司自有资金严格分离，从而确保私募基金销售结算账户独立、透明。

8.2.6 直播业务的合规管理

近年来，基金管理人开始通过语音会议、视频路演和网络直播等线上方式与客户沟通。这些新的营销手段在提升效率的同时，暴露出合规边界模糊、内控管理不完善等问题。为解决这些问题，基金业协会于 2020 年召开了基金直播业务专题讨论会，梳理了基金直播中存在的合规问题，并提出了规范建议，最终形成了《公募基金直播业务专题讨论会会议纪要》，为直播业务的合规管理提供了重要指导。

在公募基金直播业务的合规管理中，基金公司应严格遵循专业和合规的底线。直播的内容和形式应根据具体用途选择适当的表现方式。例如，投资者教育或品牌宣传类的直播可以采用轻松的形式，但不能娱乐化；涉及基金产品推介的直播则应保持专业性，并遵守相关法律法规。此外，直播过程中发放红包的做法需谨慎处理，红包应用于投资者教育，而非刺激基金销售，红包金额也应适度，避免将红包与基金收益挂钩。

投资者适当性管理是直播推介中的重要环节，必须遵守《证券期货经营机构投资者适当性管理办法》。直播平台在推介基金产品时，应建立完善的内部审核流程，确保投资者选择符合其风险承受能力的产品，并通过风险测评确定适合的投资者类型。在直播过程中，应对产品的风险收益特征进行充分揭示，并在屏幕上持续展示基金的风险评级和适合的投资者范围。

为了确保合规和风险控制，基金公司需要与直播平台明确权责，签订协议，防止直播平台介入基金销售业务的任何环节。同时，基金公司应对直播脚本进行事前审核，并在直播过程中做好同步监控，确保直播内容符合审核要求，及时纠正潜在的问题。此外，所有直播内容和记录应保存备查，以应对未来的合规审查。

8.3 基金销售业务的内部审计重点

8.3.1 基金销售业务活动的审计

基金销售业务的合规性和规范性对于基金公司稳定运营、保护投资者权益以及维护市场秩序具有重要意义。内部审计应从多个维度对基金销售业务进行严格检查，确保基金公司在销售过程中遵循相关法律法规和内部制度，降低合规风险，保障投资者利益。以下是基金销售业务活动的内部审计要点。

基金公司应当建立完善的基金销售业务制度，并实施销售人员持续培训制度。审计人员需核实基金公司是否制定了清晰的销售操作流程和合规管理标准，并确认是否定期对销售人员进行培训，关注销售人员是否具备必要的专业知识、法律意识及销售技能。审计人员还应关注基金销售活动的适当性管理是否得到了执行，关注销售人员是否根据投资者的风险偏好和投资目标推荐合适的基金产品。

基金公司需建立并严格执行基金份额持有人账户和资金账户的管理制度。审计人员应重点检查账户开立、资金存取、资金流转等环节的管理是否规范，特别是对基金份额持有人的资金存取程序和授权审批流程进行审查，核查资金的存取是否符合相关规定，关注是否出现过未经授权的交易或滥用资金的情况。审计人员还应检查是否存在不当的账户管理行为，如多重账户、虚假账户等。

在档案管理方面，基金公司应当建立完善的档案管理制度，确保基金份额持有人的开户资料以及与销售业务相关的其他资料得以妥善保管，并确保保存期不少于十五年。审计人员需核实档案管理是否符合规定，资料是否完整、准确，是否存在随意销毁或遗漏资料的情况。此外，档案存储的安全性也需要得到审计的重点关注，关注是否存在客户信息泄露或被非法访问的情况。

基金销售人员的资质审查是内部审计的重要内容。审计人员应核查销售人员是否经过公司正式聘用，且是否取得基金从业资格证书。同时，审计人员应检查销售人员是否严格按照公司的销售规范和法律法规开展销售活动，关注是否出现过误导性销售或未经授权的销售行为。

对于基金募集和发售的合规性，审计人员应检查基金募集申请是否已获得中国证监会的核准，且是否在核准前未擅自开展基金销售活动或分发基金宣传推介材料。此外，审计人员还应关注基金合同生效后的销售情况，核查基金公司是否擅自停止发售或拒绝投资人的申购、赎回请求，并核实公司是否严格履行了招募说明书中对客户服务的承诺。

审计人员还需关注是否存在违反市场竞争规则的行为，如商业贿赂、压低收费水平或不正当竞争等。这些行为不仅违反法律法规，还可能导致基金公司声誉受损。审计人员应特别关注基金销售活动中是否有不正当行为的发生，关注基金销售过程的公正性和透明性。

8.3.2 宣传推介材料的合规性审计

宣传推介材料是基金销售过程中重要的一环，直接影响投资者的决策，因此应当及时对宣传推介材料进行严格的合规审计。

审计人员应对已发布的宣传推介材料进行全面审阅，核查其内容是否真实、准确，重点关注投资方向、基金历史业绩及未来展望等方面的信息。宣传推介材料中涉及的业绩展示部分是审计的重点，审计人员应核实所有历史业绩是否经过合法渠道确认，并确保宣传推介材料中有清晰的说明，表明“过往业绩不预示未来表现”。根据监管要求，基金管理公司不得在宣传推介材料中做出关于未来业绩的承诺，因此审计人员应特别关注宣传推介材料是否有暗示未来高收益的描述。

风险揭示是宣传推介材料的核心合规点之一。审计人员需核查宣传推介材料中是否包含足够的风险提示，特别是对于市场风险、流动性风险、行业风险等方面的披露是否充分透明。审计人员应当关注任何可能对基金产品的风险特征产生误导的内容。此外，审计人员应重点审查宣传推介材料是否片面强调基金的收益，而未充分揭示潜在风险，因为这些问题都是投资者投诉和后续纠纷的重要来源。审计人员应审查宣传推介材料中的风险提示是否符合监管要求，特别是是否在明显位置展示风险声明，提醒投资者基金产品的高风险特性。

除对宣传推介材料内容的真实性和风险揭示进行核查外，审计人员还需检查宣传推介材料的审批流程是否符合内部和外部的合规要求。审计人员应当核实宣传推介材料在发布前是否经过公司内部的合规审查流程。审计人员可以通过抽查合规部门的审查记录，核实宣传推介材料是否有明确的审核人和时间戳，并核查相关文件是否经过严格的合规程序后才发布。

8.3.3 基金销售费用的审计

基金销售费用是基金公司在销售过程中向投资者收取的重要费用，涉及的各项费用项目、标准及收取方式必须符合相关法律法规以及基金合同的规定。为了确保基金销售费用的合规性，内部审计需要对费用的收取、管理和使用进行全面审查。

基金公司应在基金合同和招募说明书中明确列出所有销售费用的项目、条件及方式，并且在招募说明书中清晰标明相关费率标准。审计人员需要核查基金合同和招募说明书，关注其中所列的销售费用收取标准、金额及计算方式是否符合规定，并且内容是否透明、易于理解。此外，审计人员应确认这些费用的收取标准没有超出法律法规的限制。例如，对于短期交易费用，审计人员需关注收费标准是否符合相关规定，检查基金公司是否按照相关规则收取短期交易费用，并防止不合理收费情况的发生。

基金转换费用也是审计的重要内容之一。审计人员应关注转换费用的收取情况，核查转换费的计算标准是否符合规定。基金转换费用应该按照转出基金的赎回费用和转入基金的申购费用的差额来收取。在实际审查过程中，审计人员需要关注，如果转出基金的申购费率低于转入基金的申购费率，基金公司是否按照转出金额计算差额并补收费用；反之，如果转出基金的申购费率高于转入基金的申购费率，基金公司是否按照规定不收取费用补差。

对于定投的基金，审计人员还需要检查基金公司是否遵循了相关的费用收取规则，关注定投业务的费用收取是否符合相关规定，并核实费用是否在招募说明书中做出了明确的披露。

审计人员应审查公司是否按照基金合同和招募说明书的规定收取销售费用，核查其是否如实进行核算和记账。任何未经基金合同或招募说明书约定而收取的销售费用，都应作为审计的重点。审计人员还应重点关注公司是否存在向销售机构支付非以销售基金的保有量为基础的客户维护费以及在基金销售协议之外支付或变相支付销售佣金或报酬奖励的情况。

8.3.4 销售合作机构的审计

在基金公司与销售机构的合作中，审计人员应重点审查合作机构的合法资质及其履行销售职责的能力，以确保所有合作符合《公开募集证券投资基金销售机构监督管理办法》的相关要求，进而有效防范合规风险。

审计人员需要核实基金公司所选择的销售机构是否已获得中国证监会的批准，核实其是否具备合法的基金销售资质。同时，审计人员应审查基金公司在选择合作机构时是否进行了充分的资质审核，核查相关审核过程是否符合内部制度的要求，并关注审查记录是否完备。在对销售机构的合规记录进行审查时，审计人员需要重点关注该机构的历史运营情况，特别是其风险管理能力和客户管理机制。审计人员应关注销售机构是否曾因违规行为受到处罚，以及其在客户信息保护、风险评估和客户适当性管理方面是否采取了足够的措施。此外，审计人员还应关注销售机构在信息披露方面的表现，核查其是否充分、透明地向客户披露了基金产品的关键信息，包括投资策略、费用结构和风险提示等，并核查销售机构推荐的基金产品是否与客户的风险承受能力相匹配。

除审查销售机构的合法资质外，审计人员还应关注基金公司与未具备销售资质的机构或个人的合作是否符合规定。依据相关法规，基金销售只能由具有合法资质的机构或人员进行。因此，若基金公司与未具备销售资质的机构或个人开展合作，则可能构成非法销售行为。审计人员应重点审查是否有通过无资质机构或个人进行市场推广、客户招募或销售推荐等情况。若发现此类问题，审计人员应及时评估相关法律风险，并向管理层报告，以避免此类不合规销售对基金公司带来的潜在法律及声誉损害。

9 基金会计运营的合规与审计

9.1 基金会计运营的基本流程

9.1.1 虚构案例：基金会计运营部的日常工作

在“益恬美基金”的基金会计运营部（以下简称“运营部”），每天的工作从早晨的数据核对开始。各渠道的申购和赎回申请会在上一个交易日收盘后陆续进入系统，运营专员通过 TA 系统（注册登记系统）处理这些交易。TA 系统负责记录投资者账户的增减情况，确保份额登记的准确性。在核对所有投资者的交易明细后，运营部根据申购和赎回金额安排资金划拨。申购资金通常在交易结束后由销售渠道划转至基金清算账户。赎回资金是由托管机构按合同规定在 T+2 日或相应周期内，划转至清算账户，然后由基金公司划转到直销账户或者代销机构清算户。

在交易时间内，运营部与交易部紧密配合，清算已执行的股票、债券等交易。这些交易的清算工作通常集中在交易结束后的特定时间窗口进行。运营部负责制作有效的基金投资指令，通过加密方式传送至托管机构，并与托管机构进行确认。对于买入交易，托管机构会在核对运营部提交的划款指令后，于 T+1 日将基金账户中的资金转出支付给交易对方。卖出交易的款项则会在 T+1 或 T+2 日到账，到账资金会被记录为基金新增头寸，并同步更新至 FA 系统（基金会计核算系统），供次日投资使用。这一过程不仅确保了基金的流动性，还为基金经理制定投资策略提供了及时、准确的资金数据支持。

在 15:00 收盘后，运营部开始陆续通过 FA 系统进行估值核算。FA 系统从数据供应商处或者交易所获取当日各类资产（如股票、债券等）的收盘公允价格，并以此为基础计算基金单位净值（NAV）。FA系统还会根据基金合同自动扣除当日的管理费、托管费和销售服务费等费用，确保基金单位净值的计算结果准确无误。如果某些资产因停牌或市场异常波动导致价格数据缺失，则运营部会根据监管要求和基金合同采用调整后的估值方法，修正相关资产的价格，以保证估值结果的公允性。

17:00至20:00是对账和数据报送的关键时段。运营部将每日的交易数据与托管机构的记录进行逐一核对，如发现数据差异，会立即追查并修正，确保数据的完整性与一致性。在完成对账工作后，基金的净值及相关交易数据会按时上传至证监会基金信息报送系统，以便监管机构、投资者及其他相关方及时了解基金的运营信息。在与托管机构核对基金估值表和基金净值无误后，运营部还需要在投资交易系统中，分基金调整次日可用的现金。

9.1.2 基金会计运营的主要目标

基金会计运营的主要目标如下。

一是保证基金会计核算估值的准确性，确保记录的及时性，并符合相关会计制度。这一过程通过TA系统实现，系统自动记录投资者账户的增减情况，确保份额登记的准确性。交易结束后，运营部利用FA系统获取市场收盘公允价格（股票是收盘价，债券是中债估值或者中证估值，不一定是收盘价）进行NAV的计算，系统自动扣除管理费、托管费和销售服务费，保证估值的准确性和及时性。当市场出现停牌或因异常波动导致价格数据缺失时，运营部依据监管要求和基金合同，采用调整后的估值方法修正相关资产价格，确保估值结果的公允性。这一机制不仅符合相关会计制度，还提高了基金核算的可靠性，保障了投资者的利益。

二是确保资金清算金额的准确性，并按规定的资金交收日完成交收。运营部在处理申购和赎回申请后，负责安排资金划拨。在交易时间内，运营部与交易部紧密配合，确保股票、债券等交易的交收工作按时完成。通过TA系统和FA系统的协同运作，资金划拨和清算过程透明且高效，确保资金交收金额的准确性和及时性，符合资金交收日的规定。

三是审核开放式基金注册登记业务记录，确保其准确性。运营部通过TA系统处理每日的申购和赎回申请，系统记录详细的投资者交易明细。运营专员在核对交易明细后，确保所有注册登记业务记录的正确性。在每日交易结束后，运营部将基金净值及相关交易数据上传至监管系统，供监管机构和投资者查阅，进一步确保记录的准确性和透明度。此外，运营部在与托管机构核对基金估值表和基金净值时，严格审核每一个会计科目，确保开放式基金的估值核算记录无误。这一流程有效防范了数据错误和潜在的合规风险。

四是保证对基金会计处理和资金划拨均在有效的授权下进行。基金会计处理和资金划拨涉及多个关键环节，运营部通过严格的权限管理和流程控制，确保所有操作均在有效授权下进行。FA系统和TA系统的使用不仅提升了操作效率，还通过系统权限设置，确保只有经过授权的人员才能进行关键操作，如资金划拨指令的生成和提交。此外，运营部在完成对账和数据报送后，与托管机构进行确认，确保每笔资金划拨操作的合法性和合规性。通过多重审核和授权机制，运营部有效防范了未经授权的操作风险，保障了基金资产的安全。

五是确保账面资金与实存资金（实际银行账户）定期核对相符。运营部在每日收盘后，进行对账和数据报送工作。在这一过程中，每天运营部将每个会计科目与托管机构的记录逐一核对，发现差异及时追查和修正，确保账面资金与实际银行账户资金的一致性。此外，运营部通过每日的系统初始化工作，将托管机构核对后的基金的最新持仓、头寸等数据同步至投资交易系统，为下一工作日的投资交易决策做好准备。这一过程不仅保证了账面资金的准确性，还通过定期核对和更新，确保账面资金与实存资金相符，防范了潜在的财务风险。

9.2 基金会计运营的合规管理重点

9.2.1 注册登记管理

9.2.1.1 日常业务和特殊业务

基金公司注册登记业务的合规管理是确保基金稳健运营、维护投资者权益和公司声誉的重要环节。基金运营部负责TA系统的日常管理，确保系统运行的稳定性和数据的准确性。在基金募集发行前及运作或清盘期间，基金运营部门需依据基金合同和相关法律文件完成TA系统的参数设置。此过程严格遵循双重复核机制，经办人员负责初始设置，复核人员进行复核，确保参数设置的准确性和合规性。所有系统配置均严格依据基金合同、发行法律文件及代销协议进行，确保符合监管要求和合同约定，避免因参数设置错误导致运营风险。

对于日常的基金认购、申购、赎回、转换及转托管等业务，注册登记经办人员需按照标准化流程执行操作。这要求基金公司严格遵守公司内部的开放式基金业务规则，确保所有操作符合内部规章和法律法规。在处理特殊业务时，如基金（产品）的冻结/解冻、分红、非交易过户及强制赎回等，基金运营部门更需要审慎对待，必须确保每一步操作都有详细的记录与合理的解释，以备内部审计和外部监管检查。对于基金的冻结和解冻，需要严格按照法院等有权机关的指令执行，确保所有操作都有明确的法律依据，并及时更新基金持有人的信息。在分红操作中，要确保分红政策符合基金合同的约定，并且分红流程透明、公正，同时保护投资者的利益。非交易过户业务需要严格按照相关法律法规和公司内部规定执行，确保所有过户操作合法合规，并且过户文件齐全、准确。对于强制赎回，基金运营部门需要评估其对基金运作和投资者权益的影响，并确保操作符合基金合同和相关法律法规的要求。

9.2.1.2 巨额赎回的应对

根据《公开募集证券投资基金运作管理办法》的规定，巨额赎回的认定标准为单个开放日净赎回申请超过基金总份额的10%。这一标准同样适用于处于开放期的定期开放式基金。当巨额赎回发生时，基金管理人可以采取以下应对措施。首先，如果基金管理人认为有能力支付投资人的全部赎回申请，将按正常赎回程序执行，按时并足额支付赎回款项。其次，如果基金管理人当日办理的赎回份额不低于基金总份额的10%，对其余赎回申请可以延期办理。对于单个基金份额持有人的赎回申请，应按照其申请赎回份额占当日申请赎回总份额的比例，确定该单个基金份额持有人当日办理的赎回份额。此外，当开放式基金连续发生巨额赎回时，基金管理人可以按基金合同的约定和招募说明书的规定，暂停接受赎回申请；已经接受的赎回申请可以延缓支付赎回款项，但延缓期限不得超过二十个工作日。在发生巨额赎回并延期办理的情况下，基金管理人应当在三个交易日内通过邮寄、传真或者招募说明书规定的其他方式通知基金份额持有人，并在指定媒介上予以公告。

通常而言，基金公司在面对巨额赎回时大部分会按照正常赎回程序执行，很少发生延期办理的情况。基金公司应对大额赎回的内部程序主要包括：运营部在得知大额赎回情况后立即通知相关部门，并在无异议的情况下按规定和合同处理赎回份额；若存在异议，则由基金经理或投资部门召集协调会，讨论应对策略，并形成会议纪要，若协调会无法达成一致，则由基金公司指定的决策机构，如总经理办公会进行最终裁决。

基金公司在应对巨额赎回时，要尽量避免因大额赎回可能导致的净值大幅波动。历史上曾经发生过多次因大额赎回导致基金净值单日暴跌的情况。对此，基金公司通常可以采取的策略是提高基金份额净值精度，以确保持有人利益不因净值小数点保留精度而受到不利影响。值得注意的是，提高净值精度的操作必须经过基金公司内部的决策程序（如通过公司的估值委员会），相关操作应取得托管人的同意，并应当及时对外发布公告。

9.2.1.3 基金分红

基金分红是指基金公司将基金投资所得的利润，按照一定比例分配给基金份额持有人的行为。这种分配通常以现金形式进行，也可以选择再投资，即把分红所得自动转换为基金份额。基金分红的目的是让投资者分享基金投资的收益，也是基金管理公司吸引和保留投资者的一种方式。根据 2008 年财政部和国家税务总局的通知，投资者从证券投资基金分配中获得的收入暂时免征企业所得税。虽然这一政策对公募基金行业的发展起到了积极作用，但是也诱发了某段时期机构客户利用基金分红进行不当避税的情况，典型的表现为客户在分红公告日前大量申购、权益登记日后大量赎回，快进快出，利用基金分红不当避税。

为了规范基金分红业务，保护投资者利益，并防止税收优惠政策的滥用，证监会专门就基金分红业务提出了明确的要求。首先，基金公司需建立和完善基金分红信息管控机制，明确基金分红流程和岗位职责，由公司总经理作为第一责任人，并指定高管负责基金分红管理，同时加强员工合规培训和保密制度，禁止泄露未公开的基金分红信息。其次，基金分红决策应审慎，结合基金运作和市场状况，并在分红决议通过后两日内对外公告，严格控制公告日至权益登记日的时间间隔。再次，基金分红敏感期间应审慎处理大额资金的申购赎回业务，原则上暂停大额资金申购，并加强对大比例分红行为的监测与分析，及时向监管机构提交相关说明。最后，基金公司应依法合规实施分红，防范滥用税收优惠政策。[①]

9.2.1.4 单一投资者比例的控制

2016 年前后，部分公募基金公司接受个别机构投资者申购，导致单一投资者持有基金份额比例过于集中，引发管理人独立性缺失、公募基金通道化等问题。为了有效防控产品流动性风险、公平对待投资者以及保障中小投资者合法权益，证监会对公募基金的单一投资者持有比例进行了严格控制。当单一投资者持有基金份额比例达到或超过 50% 时，不得向个人投资者公开发售。对于存续产品，基金公司需审慎确认大额申购，确保单一投资者持有比例不会超过 50%。同时，基金公司应采取有效管控措施，确保旗下产品不存在变相规避 50% 集中度要求的情形。[②]

在实际操作时，基金公司一般会将一致行动人视为单一投资者来合并计算持有比例，防止通过客户利用分散持股规避对单一投资者持有比例的限制。

9.2.2 资金清算管理

资金清算是公募基金运作中的核心环节，不仅确保了基金资产的安全和流动性，也保障了投资者的利益。资金清算主要分为销售清算和投资清算两大类，每一类都包含了一系列复杂的操作和流程。

---

① 21 世纪经济报道 . 基金分红监管升级：4 家基金公司遭处罚，不当避税被严肃问责 [EB/OL] . (2017-12-22) [2024-12-19] . https://m.21jingji.com/article/20171222/herald/706cc75d7a4726215a93724d152daaa3.html.

② 中国基金报 . 严禁公募基金通道化委外定制基金迎严厉监管 [EB/OL] . (2017-03-20) [2024-12-31] . https://www.chnfund.com/article/AR20211218032043861633 73.

9.2.2.1 销售清算

销售清算主要涉及投资者的申购和赎回交易资金处理。这包括客户的认 / 申购、赎回、转换、分红等款项的清算和划付工作，确保投资者的资金按照基金合同和相关法律法规的规定进行处理。同时，销售渠道的认 / 申购费、赎回费、转换费、补差费及销售服务费等费用也需要进行定期清算和划付。这部分工作涉及与销售渠道的结算，包括计算和支付销售渠道的佣金、服务费等。

对于销售清算，合规管理的核心在于确保投资者的申购和赎回交易得到准确无误的处理，并且相关的款项能够及时划付。这包括准确计算和支付销售渠道的费用，如认 / 申购费和赎回费，以及定期向投资者披露相关的费用信息和交易情况，保证信息的透明度和公平性。同时，需要对销售渠道进行监管，确保它们遵守销售规范，防止不当销售行为，并且确保客户资金的安全，防止挪用客户资金等违法行为。

9.2.2.2 投资清算

投资清算主要涉及基金对资产的购买和出售后的资金处理。这包括各类受托产品的交易清算，确保交易完成后，资金和资产的交割按照合同与市场规则顺利完成。基金公司需要根据交易结果进行资金的划拨，包括支付购买资产的资金和接收出售资产的回款。此外，基金公司还需要支付与交易相关的各种费用，如交易手续费、过户费、结算费等，以及管理基金运营过程中产生的其他费用，如审计费、律师费、信息披露费等。

在投资清算方面，合规管理的重点在于确保所有的资产购买和出售交易都遵守市场规则与法律法规，监督资金和资产的交割过程，确保交割的准确性和及时性。此外，在实际操作中需要特别关注与交易相关的所有费用，包括交易手续费、过户费等，确保费用的合理性和合规性。投资清算过程中的风险控制也是关键，包括市场风险、信用风险和流动性风险的识别与管理。基金公司需要建立和维护有效的内部控制体系，以防止操作错误、欺诈行为和内部舞弊；同时与监管机构保持良好的沟通和合作，确保清算活动符合监管要求，并及时响应监管检查和查询。基金公司还应保持完整的交易记录和数据，以备内部审计和监管检查时使用。

9.2.3 基金会计及估值核算

9.2.3.1 基金会计核算

基金会计核算有两部比较重要的官方文件，一是基金业协会于 2012 年修订发布的《证券投资基金会计核算业务指引》，二是基金业协会于 2024 年发布的《证券投资基金会计核算操作实务手册》。《证券投资基金会计核算业务指引》要求基金管理人和托管人应以基金为会计核算主体，单独建账、独立核算，单独编制财务会计报告。同时，该指引还强调会计确认、计量和报告应以权责发生制为基础，并遵循实质重于形式原则、重要性原则、谨慎性原则和及时性原则，确保对外提供的财务会计报告的信息真实、可靠、完整、相关、明晰及可比。《证券投资基金会计核算操作实务手册》则结合了证券投资基金行业的实际操作，提供了关于各类投资品种的会计核算问题的描述和具体账务处理的建议，汇集了行业内的通用做法与成熟经验，为基金管理人、基金托管人和基金服务机构提供了实操层面的参考。

为了满足基金会计业务的合规性要求，基金公司应当通过一系列严格的管理和控制措施确保基金的财务活动符合法律法规、会计准则与内部控制要求，从而实现资金的透明管理、准确核算和风险防范。

会计岗位的职责应当进行明确划分，以保障岗位分工的合理性和职责的清晰性。在这一过程中，每个会计岗位的具体职责和权限应当清晰界定，确保其在基金会计核算中发挥特定作用，避免责任不明或职责重叠。尤其对于涉及相互监督和制约的岗位，必须避免同一人独立操作全过程，这不仅有助于确保核算流程的透明度和完整性，还能有效防止操作失误或故意舞弊的风险，进一步加强对财务管理的内控机制。

此外，基金会计核算的独立性是合规要求的核心组成部分。每只基金应当作为独立的会计核算主体进行管理，这意味着基金在账户设立、资金划拨、账簿记录等方面必须与其他基金或公司财务活动保持完全独立。这种独立性有助于确保各基金的财务活动不被公司其他会计核算干扰，避免因资金和账务混杂而导致合规问题。

为了实现上述要求，基金公司必须建立严格的会计控制措施，确保会计核算的准确性和合规性。这包括建立全面的凭证管理制度，涵盖凭证的设计、录入、传递和归档等环节，通过规范化的操作流程确保每项经济业务均正确记录。

同时，基金公司必须建立完善的账务组织和账务处理体系，确保会计账簿的正确设置和会计记账程序的有效控制。通过规范化的账务处理体系，能够提高核算工作的准确性、透明性和一致性，确保基金财务数据的真实性和完整性。同时，复核制度也是不可或缺的，它通过会计复核和业务复核相结合，防止差错发生，特别是在基金会计的估值和记录方面，确保核算数据的及时性、准确性和合规性。

此外，所有基金会计的处理和资金划拨操作必须在有效授权的框架内进行。只有在明确授权的基础上，才能确保每项资金操作都经过充分的审查和批准，避免未经授权的资金流动或财务操作带来的合规风险。通过定期核对账面资金与实存资金的匹配情况，可以进一步保障资金管理的准确性和安全性，防范资金风险。

9.2.3.2 基金估值

2017年发布的《中国证监会关于证券投资基金估值业务的指导意见》规定了基金估值工作的一系列合规要求，以确保估值的准确性和公正性，保护投资者权益。基金公司需建立和完善估值业务管理制度，保持估值程序和技术的一致性，确保估值政策和程序的一贯性，并定期评估及修订估值方法。同时，基金公司必须履行相关的披露义务，特别是在定期报告中详细披露估值政策及其重大变化。对于缺乏活跃市场的投资品种，应采用合适的估值技术，并优先使用可观察输入值。在市场或证券发行人发生重大变化时，应及时调整估值。此外，基金业协会负责建立估值工作机制，为行业提供估值指引，以促进基金估值工作的规范化和透明度。

在日常运营层面，基金公司应设立多层次的管理体系，以确保估值核算的规范性和合规性。具体来说，估值委员会、估值工作小组及基金会计部门应该明确各自的职责和权限，确保估值方法的制定、执行和监督都能得到有效管理。其中，估值委员会负责全面审查和批准估值方法与政策的制定，估值工作小组则负责日常估值操作的实施与数据收集，而基金会计部门负责核对估值结果并与财务数据进行对账，从而确保估值工作有序开展。

9.3 基金会计运营的内部审计重点

9.3.1 会计制度与操作流程的合规性审查

会计制度与操作流程的合规性审查是确保基金会计核算和估值准确性的核心环节。审计人员需重点核查基金公司是否根据《中华人民共和国会计法》《金融企业会计制度》《证券投资基金会计核算办法》《企业财务通则》等相关法律法规，制定并落实了完善的基金会计制度。这些制度应当全面涵盖基金会计核算、估值、报告、审批等各项工作要求，并在实践中得到有效执行。审计人员应审查公司财务制度是否与相关法规保持一致，以支持基金公司运营的实际需求，满足监管要求，且不偏离法律法规或监管的操作流程。

进一步地，审计还应审查基金公司是否建立了完备的会计工作操作流程和岗位工作手册，关注各会计岗位的职责分工是否明确，操作流程是否清晰，财务操作是否都在合法合规的框架下进行。审计人员应核实这些操作流程是否覆盖基金会计核算中的所有关键环节，如资金入账、支出审核、投资收益计算、估值方法、财务报表编制等。在审查过程中，应特别关注制度和流程是否定期更新，以适应新的法律法规变化或基金公司业务发展的需求。通过这样的审查，可以促进基金公司的会计制度和操作流程与法律法规要求保持一致，有效支持基金的合规运作，并及时适应行业变化和业务发展。

9.3.2 职责划分与岗位分工的合理性

职责划分与岗位分工的合理性直接影响基金会计的处理效率、资金划拨的准确性和公司内部控制的有效性。审计人员在这一环节的工作，旨在评估基金公司是否合理地设置了会计岗位和职责分工，并且这些分工是否符合业务的实际需求和内控的最佳实践。明确且科学的职责划分能够有效防止出现职责重叠、空缺或职责不清的情况，确保公司操作的合规性和透明性。

审计人员应检查基金公司在不同的会计和清算岗位职责划分上的实施情况。具体来说，要核实是否在各个不相容业务岗位之间（基金会计、清算会计、注册登记）建立了清晰的职责界限；是否在经办、审核岗位之间建立了清晰的分工界限。例如，基金会计、清算会计、注册登记职能是否由不同人员负责且不得相互备份，以避免不相容岗位的利益冲突；资金经办岗和资金复核岗是否由不同的人员负责且不得相互备岗，以避免同一人同时承担同一流程中多个关键岗位的职责导致道德风险。

审计人员应确认会计岗位的分工是否科学合理，并且与基金公司业务流程相匹配。岗位分工的合理性不仅需要满足合规要求，还需要与公司的业务发展、规模扩展及内部管理流程相契合。审计人员可通过访谈、文件检查、人员调动记录以及实地观察等手段，对岗位分工的实施情况进行全面评估，识别可能存在的职责重叠、空缺或不合理的分工，及时提出改进建议。

此外，审计还应特别关注会计处理和资金划拨操作的授权问题。审计人员需要核查每项会计操作是否都在明确授权的框架内进行，审查所有资金划拨、账务调整等敏感操作是否都经过适当的审批程序，关注是否存在未经授权的财务活动。审计过程中还应关注是否有适当的审批链条和检查机制，通过抽样检查的方式，核查发生的资金流动和会计处理是否都有对应的审批记录与责任人。

9.3.3 基金会计独立核算的实施情况

基金会计独立核算的实施情况是审核开放式基金注册登记业务记录准确性的关键。基金公司需要以每只基金为独立会计核算主体，分别建立账户、账簿和资金管理系统，避免不同基金之间的财务数据交叉或受到其他业务的影响。在此过程中，审计人员需要检查基金公司是否按照相关规定，为每只基金建立了独立的会计账簿、资金账户和财务记录。

审计人员应核实基金是否在会计核算上独立于其他业务，特别是在资金划拨、账务记录和名册管理等方面。审计人员应检查基金产品的会计核算是否与公司其他业务单独区分，以防止其他业务对基金财务数据的干扰。通过检查基金的账户设置、资金流动和账务记录，审计人员可以评估基金会计核算的独立性和完整性。

审计还需要关注基金会计是否具备足够的独立性，避免公司整体会计体系对基金核算产生影响。在基金公司内部存在多个部门或业务单元的情况下，基金的财务数据应当独立于其他业务的处理流程。审计人员应检查相关会计制度、系统操作流程及内部控制措施，审查基金会计部门能否独立完成基金的所有财务核算工作，不受其他业务或部门的干扰。

此外，审计还应关注基金会计核算流程的独立性，检查相关的财务软件和信息系统设置能否有效支持基金核算的独立性。

9.3.4 会计控制措施的有效性

会计控制措施的有效性不仅直接关系到基金会计的准确性和财务报告的真实性，也对防范和控制会计差错及潜在的资金风险起到重要作用。

审计人员需检查公司是否设立了完善的凭证管理制度。凭证作为会计核算的基础，必须确保每笔经济业务都有正式凭证记录，并符合标准操作程序。审计应核实凭证的填写、审批、传递和归档流程是否符合公司内控要求，关注凭证的每个业务环节是否都符合公司内控要求。具体来说，审计人员要核查凭证编号是否唯一、审批签署是否齐全、附件是否完整，以及凭证能否追溯至每项经济活动的具体情况。审计还需评估凭证的存档和保管是否符合公司规定，评估其在合规时效内能否随时查阅并出具有效支持材料。

在账务处理体系方面，审计人员应检查基金公司是否按照规定设置了各类会计账簿，能否保证账簿记录的准确性与完整性。审计需重点核实账务处理流程是否严谨，是否有防止重复、遗漏或错误记账的机制。例如，审计人员要重点核查涉及资金划拨、账户变动和现金流转的交易，评估相关账务记录是否准确反映了实际操作的情况。同时，审计人员应检查是否存在错误匹配账户、资金误拨等问题，避免因操作不当导致账簿记录不准确或资金管理失控。

此外，审计人员还需评估会计复核和业务复核制度的实施情况。复核制度是防止会计差错和提高数据准确性的有效手段。审计应核实是否有独立的复核机制，关注每项会计处理是否都经过复核，并重点检查复核过程中是否存在遗漏或疏漏。审计人员需要评估复核人员的独立性、复核流程的完整性，以及复核记录的透明度和可追溯性，关注在复核过程中能否及时发现和纠正错误。此外，审计人员还需检查是否有机制保障账面资金与实际银行账户的定期核对，防止账簿数据与实际资金出现不符现象，进而保证资金管理的透明度和合规性。

9.3.5 估值方法与估值程序的合理性

估值方法与估值程序的合理性直接影响基金会计核算的准确性和基金净值的公允性。在审计过程中，审计人员应重点评估基金公司采用的估值方法是否适当，且是否符合相关的法律法规和行业标准。审计人员应核实基金公司是否选择了合适的估值方法，如市场报价法、估算法或收益法等，依据资产的性质和市场环境来判断每项资产的合理估值方法。例如，对于具有良好市场流动性的资产，通常会采用市场报价法；而对于流动性较差或停牌的资产，则需要使用估算法或收益法，结合市场数据和公司评估进行调整。

此外，审计人员应审查基金公司估值程序的合理性。基金公司应有明确的估值操作流程，确保各项资产的估值依据合理、程序清晰。审计人员应核查基金公司是否有固定的估值人员或委员会负责定期复核估值结果，确认估值过程的透明性和客观性。审计还应关注是否有完善的估值报告和备查材料，以便追踪和验证每次估值的依据与过程。

在面对市场波动或资产停牌等特殊情况时，审计人员应特别注意基金公司在估值调整方面的合理性。市场的不确定性或极端波动可能导致资产的市场价格大幅偏离其实际价值，基金公司需通过合理的估值调整，避免过度影响基金净值的公允性。审计人员应检查在这些特殊情况下，基金公司是否有清晰的应对措施，在调整估值时所依据的假设和计算方法是否具有合理性，是否符合市场惯例，并且是否不受主观因素影响。

9.3.6 基金清算交割工作的规范性

基金清算交割工作的规范性是确保资金清算金额准确性并按规定交收的关键环节。基金公司在进行每日资金清算、交割时，必须遵循严格的程序和规定，以确保资金交收的及时性、准确性和合规性，保障投资者和基金公司的合法权益，并防范资金风险。

基金公司应在清算交割过程中建立完善的内部控制机制，并确保所有操作符合行业规定和监管要求。基金公司还需要通过托管机构这一第三方机构的支持，确保资金的准确划拨与交割。托管机构在这一过程中履行监督和验证职责，确保资金划拨按照指令执行，并符合双方协议。

审计人员需重点检查基金公司是否建立了规范的清算交割流程，审查相关操作是否严格遵循内部控制制度和行业规定。同时，审计人员应确认托管机构在清算过程中的参与情况，关注托管机构是否履行其监督和验证职责，确保资金交割的及时性与准确性。

审计人员应通过核实划款指令的准确性和及时性，评估是否在规定的资金交收日内完成交收工作。特别是在交易量较大、市场波动较大的情况下，审计人员需要关注基金公司及托管机构能否快速响应，避免清算延误或错误。

在核实资金划拨指令时，审计人员应确认划款指令是否有明确的审批流程，确保每项指令均经过适当的授权，且内容完整、准确。审计人员还需检查是否具备有效的核对机制，核查每笔划款指令是否与实际的申购或赎回金额一致，避免资金划拨过程中的任何误差或漏洞。

此外，审计人员还应评估基金公司清算系统的有效性，特别是在自动化匹配申购和赎回金额的过程中，是否存在系统性问题或人工干预的可能性。现代基金清算系统通常能够自动化匹配交易金额和划拨指令，有效减少人为操作错误，提升清算效率。然而，审计人员应检查系统是否具备足够的可靠性和冗余措施，以应对可能的系统故障或数据错误，避免对清算工作造成影响。

10　基金产品业务的合规与审计

10.1　基金产品业务流程

10.1.1　虚拟案例：一个公募基金产品的一生

“益恬美基金”公司推出了一只专注于食品行业的公募基金——“益恬美食品”。这只基金的“一生”从设计到清盘，经历了多个重要阶段。

基金的研发团队经过市场调研，发现食品行业具有稳定的需求和较强的抗周期能力，适合作为投资标的。于是，他们确定了基金的投资目标：精选优质食品企业，实现长期资本增值，投资范围涵盖食品产业的上下游。基金定位为中高风险中高收益产品，并采用每日开放申购和赎回的交易方式。设计方案经过内部审批后，提交给中国证监会注册。

在获得证监会批准后，“益恬美基金”公司正式启动募集阶段。他们设定了两个月的募集期，并通过官方网站、社交媒体和金融展会等多个渠道进行宣传，吸引了大量投资者的关注。募集期结束时，基金资产规模达到 3 亿元人民币，超过法定要求，顺利完成验资和备案手续，基金正式成立。

基金成立后，进入为期三个月的封闭期。在此期间，投资者无法进行申购或赎回操作，以确保基金管理团队专注于投资运作，保障基金的长期稳健发展。封闭期结束后，基金公司发布开放公告，投资者可以正常申购和赎回基金份额。

随着基金规模的不断扩大，“益恬美基金”公司决定增加 C 类份额，以满足不同投资者的需求。C 类份额的设置降低了前期申购费率，吸引了更多短期投资者和机构参与，进一步提升了基金的市场竞争力和流动性。

运营三年后，基金管理团队决定对“益恬美食品”进行转型，由股票型基金转型为混合型基金。转型方案经过基金份额持有人大会的批准，“益恬美食品”更名为“益恬美食品行业混合型证券投资基金”。

经过五年的运营以后，“益恬美食品行业混合型证券投资基金”的规模持续萎缩，触发了基金合同的清盘条款。基金公司按照清盘流程，开始对基金资产进行清算，确保所有债务和费用得到妥善处理。清算完成后，剩余资产按照投资者持有的份额比例进行分配，“益恬美基金”公司将基金清算报告上报中国证监会备案并公告、向基金份额持有人分配清算后的全部剩余财产、办理账户注销后，完成基金产品的整个清算流程。

10.1.2 基金产品的生命周期管理

基金产品的生命周期管理是一个系统化的过程，涵盖了从产品设计到清算终止的各个环节。本章以公募基金产品为例，探讨基金产品的生命周期管理过程。基金公司通常设有专门的产品部门，负责基金产品从设计到清算的全过程管理，以确保产品符合市场需求、法律法规及公司战略目标，并能实现良好的投资回报。

基金产品的生命周期通常包括设计与注册、募集与发行、存续与运作以及最终的清算与终止四个关键阶段。在这些阶段，产品部门的主要职责是确保每个环节顺利进行，并根据市场环境的变化对产品策略进行及时调整，以使产品的市场竞争力和投资者的利益最大化。

在基金产品的设计与注册阶段，基金公司会根据市场调研和宏观经济分析，结合自身的投资目标与策略，进行基金产品的构思和设计。这一阶段的关键任务是确定基金的投资目标、投资范围、策略框架、风险收益特征以及费率结构等。设计完成后的基金方案需要经过公司内部的审批流程，以确保符合公司战略、风险管理体系及合规要求，进而确保产品设计的合理性和执行的可行性。完成内部审批后，基金公司向监管机构提交注册申请，注册文件包括基金合同草案、招募说明书草案和基金托管协议草案等。

基金注册成功后，进入募集与发行阶段。在这一阶段，基金公司通过多种渠道向潜在投资者宣传基金产品，详细介绍基金的投资策略、风险特征和预期回报等信息，以吸引资金的参与。募集期通常为三个月以内，但具体时长可能根据基金类型和市场状况有所调整。基金公司通常会通过路演、线上推广、金融机构的销售渠道等多种方式进行宣传和推广，力求吸引足够的投资者参与。募集期结束后，基金公司需要进行验资程序。验资通常由独立的会计师事务所进行，目的是核实募集资金是否符合募集目标并确认募集资金的实际到账情况。验资报告作为基金成立的前提之一，将被提交给相关监管机构进行审核，以确保募集过程的合规性和透明度。验资完成后，基金公司会向监管机构申请正式的基金成立备案。

基金产品成立后进入存续运作阶段。在这一阶段，投资团队将根据设定的投资目标和策略，开始构建和调整投资组合。通常，开放式基金产品在成立初期会经历一个封闭期，在封闭期内，基金经理可以根据市场变化和投资策略，不受日常申购和赎回影响地进行投资决策。封闭期结束后，基金将进入开放期，投资者可以进行申购和赎回操作。此时，投资团队将持续跟踪市场动态，并适时调整投资组合，以实现基金的预定目标。在基金存续期间，基金公司可能根据市场需求和战略调整，推出不同类型的份额（如C类份额），以满足不同投资者的需求。此外，基金还可能面临需要进行投资策略调整或转型的情况，以应对市场环境的变化。在转型过程中，基金公司的产品部门必须向监管部门申请变更注册，确保相应的调整符合监管要求，并且对投资者没有不利影响。

基金产品的清算与终止阶段标志着基金生命周期的结束。清算的触发条件通常由基金合同明确规定，或者通过召开持有人大会做出决定。在满足触发条件后，基金公司开始进行资产变现、债务清偿、投资者权益分配以及相关的法律和合规程序。触发清算后，基金公司应当组织清算组对基金财产进行清算，将按以下步骤推进清算工作：首先，将基金资产变现，即出售或赎回投资组合中的资产，将其转化为现金；其次，偿还所有债务和费用，包括管理费、托管费等；最后，将剩余资金按投资者的份额进行公平分配。清算结束后，基金公司需要编制清算报告，并经会计师事务所审计，律师事务所出具法律意见书后，报中国证监会备案并发布公告。

10.2 基金产品业务的合规管理重点

10.2.1 基金设计和注册阶段

基金公司申请募集公募基金时，需要向证监会提交一系列文件和材料，以确保基金产品符合相关法律法规和监管要求。基金公司应提交承诺函，承诺所提交的所有材料真实、完整，并符合相关的法律法规要求。此外，基金公司还需要提交申请报告，报告中应包括拟募集或变更注册后基金产品的方案要点，详细说明基金产品的设计思路、投资目标、策略、风险控制措施等，并确认该基金符合相关的注册条件。申请报告中还应提到基金公司在流动性风险管理方面的内控体系及其准备情况，确保基金能够有效应对市场变化中的流动性风险。同时，基金公司需明确流动性风险评估与检测相关岗位的人员配置以及风险报告的路径和机制，以确保风险管理的有效性。申请报告还需要详细分析拟募集的基金与公司已获批产品以及行业中同类产品的差异，评估这些差异对基金投资运作和投资者的潜在影响。此外，基金公司还应说明基金在人员、销售渠道、系统平台等方面的准备情况，确保基金能够顺利进行销售和运营。如果基金属于复杂或创新型产品，中国证监会还可能要求基金公司提交额外的文件，如证券交易所和证券登记结算机构的授权函、投资者适当性安排、技术准备情况和主要业务环节的制度安排等。这些补充材料有助于监管机构全面评估基金的风险特征与合规性。

除了上述材料，基金公司需提交基金合同草案、基金托管协议草案和基金招募说明书草案。这些文件应确保基金产品的法律合规性、运作透明性和投资者权益的保护。基金公司还需要提供律师事务所出具的法律意见书，以确保所有材料的合法性和有效性。此外，基金公司需就一些特定问题进行详细说明：一是获批超 6 个月未募集产品的数量及其占未募集产品总数的比例；二是近一个月内申报产品数量和与已批复未募集产品是否存在同质化，以及同质化产品数量；三是管理的资产净值低于 5000 万元的产品数量和类型；四是近一年内被监管措施的情况，包括时间、原因和措施；五是基金经理管理的产品数量、类型和人均管理产品数。对于短时间内大量申报及同质化产品未募集再次申报的情形，基金公司需论证其合理性和必要性。

10.2.2 新基金的募集与发行阶段

公募基金新基金募集发行阶段的合规管理，涵盖了基金宣传、投资者适当性、募集资金的合规性等多个方面。基金公司必须确保在募集过程中严格遵守相关法律法规，以确保基金的合法性并保障投资者的权益，同时为基金的后续运营奠定稳固的基础。

基金公司在募集期间需确保所有宣传材料、招募说明书和其他销售文件的内容真实、准确、完整。所有信息必须符合监管要求，不得误导投资者，特别是对于风险的提示必须充分且明确。招募说明书中需要详细说明基金的投资策略、风险因素、预期收益以及费用结构等，确保投资者在做出投资决策时能够全面了解基金的运作机制和潜在风险。

投资者适当性管理是合规管理中的关键环节。基金公司应确保销售渠道对投资者进行适当性评估，确保基金产品的风险特征与投资者的风险承受能力、投资经验相匹配。尤其是对于风险较高的基金产品，销售人员应通过问卷调查、风险评估等手段，确定投资者是否适合购买该基金。此外，基金公司需确保投资者的权益受到保护，尤其是在基金产品宣传、投资建议和销售过程中，避免出现不当销售或过度推销的行为。

募集资金的合规性也是合规管理的重要内容。基金公司必须确保募集资金来源合法，并在募集过程中严格遵守《中华人民共和国反洗钱法》的规定。所有投资者的资金应按规定存入指定的托管银行账户，并在募集期结束后通过验资程序确认资金到位，确保募集资金的真实性与合规性。验资程序由会计师事务所负责，主要集中在以下几个方面。首先，会计师事务所需要确认所有投资者的认购资金是否已按要求存入托管银行的指定账户。这一核实过程旨在确保基金募集的资金不被转移到不符合规定的账户。其次，验资需确认募集资金是否达到基金的最低规模要求，以及是否满足监管要求的投资者人数。例如，公募基金的最低募集金额为 2 亿元人民币，且投资者人数不得低于 200 人。会计师事务所将核实这些要求是否得到满足，以确保基金符合法律规定的最低成立条件。在验资完成之后，基金公司向证监会提交验资报告，办理基金备案手续，并对外发布公告。

对于基金募集期限届满，不能满足法定资产规模和法定募集人数要求的，基金公司需要以其固有财产承担因募集行为而产生的债务和费用，并在基金募集期限届满后三十日内返还投资人已交纳的款项，并加计银行同期存款利息。

10.2.3　基金存续与运作阶段

公募基金的存续与运作阶段是基金生命周期中的核心环节，合规管理贯穿基金运营的各个方面。产品的持续跟踪是确保基金运作符合预定目标和策略的重要环节。基金公司需建立健全的投资策略执行与监控机制，确保基金运作始终符合招募说明书和基金合同的约定，及时发现和纠正偏离策略的行为。在持续跟踪过程中，基金公司应加强风险管理，识别和评估各种潜在风险，采取有效的风险控制措施，确保基金资产的安全和稳定增值。同时，基金公司需按照监管要求定期编制和披露基金的运作报告、净值报告及其他相关信息，确保投资者能够及时了解基金的运作状况和风险状况。

随着投资者需求的多样化，基金公司常通过增加不同类型的份额，如 C 类份额、Y 类份额等，以满足不同投资者的需求。在这一过程中，合规管理尤为重要。新增份额的设计必须符合相关监管规定，确保不同类别份额在费率结构、赎回机制等方面的差异合理合法，避免利益冲突和不公平待遇。此外，基金公司需在招募说明书及其他相关文件中详细披露各类份额的具体条款、费用结构及适用对象，确保投资者充分了解其权利和义务，避免信息不对称导致的投资风险。新增份额类型的发行需经过严格的内部审批和监管机构的批准，确保其合法性和合规性。

基金转型是指基金在存续期间，根据市场环境变化或投资策略调整需要，对基金运作模式、投资方向或结构进行重大调整。基金转型通常发生在对“小微基金”的处置过程中。根据《公开募集证券投资基金运作管理办法》的规定，基金合同生效后，如果连续 60 个工作日出现基金份额持有人数量不满 200 人或者基金资产净值低于 5000 万元情形的，基金公司应当向中国证监会报告并提出解决方案，如转换运作方式、与其他基金合并或者终止基金合同等，并召开基金份额持有人大会进行表决。面对“小微基金”的规模不达标问题，基金公司经常会采取基金转型作为解决方案。在基金转型前，基金公司应及时、充分地向投资者披露转型的原因、具体方案及可能产生的影响，保障投资者的知情权和选择权，及时召开基金份额持有人大会审议转型方案。在转型过程中，基金公司应制订详细的转型计划，明确各阶段的操作步骤和时间安排，确保转型过程有序进行，防范操作风险和合规风险。在转型完成之后，基金公司应当及时发布公告。

10.2.4 基金清算与终止阶段

根据《基金法》第八十条的规定，公募基金合同终止的情形主要包括基金合同期限届满而未延期、基金份额持有人大会决定终止、基金管理人或基金托管人职责终止且在六个月内未找到新的承接方，以及基金合同约定的其他情形。

基金合同终止时，基金公司应组织清算组对基金财产进行清算。公募基金的清算流程包括确定最后运作日、组建基金财产清算小组、处理清算程序后的业务以及清算费用与剩余资产的分配。确定最后运作日时，开会终止的情形下可定为基金份额持有人大会表决通过的次日、决议生效公告的次日或其他指定日期；自动终止的情形下，最后运作日为基金合同终止事由出现之日或之后的合理时间。

进入清算程序后，基金停止接受新的申购、赎回、定投等业务申请，停止收取管理费、托管费及销售服务费，仅进行资产处置和变现操作。清算费用优先从基金财产中支付，剩余资产则按支付清算费用、交纳所欠税款、清偿基金债务后的持有份额比例进行分配。

清算过程中，基金公司应依法组织清算组编制清算报告，报告需经过会计师事务所审计和律师事务所出具法律意见书。清算报告应在规定网站和报刊上公开披露，确保投资者及时了解清算进展和结果。在完成清算报告备案和剩余资产分配后，基金公司应发布资产分配公告和基金合同终止公告，明确基金正式终止的时间，保障投资者的知情权和合法权益。

在清算与终止阶段，二次清算和 ETF 联接基金、FOF 的同步清算也是需要关注的合规管理重点。对于因资产流动性限制未能及时变现的基金，基金公司可根据基金合同约定进行二次清算，确保二次清算过程的合规性和透明度。当 ETF 联接基金或 FOF 同时进入清算程序时，基金公司需确保被投资基金先完成清算和资产分配，随后方可进行 ETF 联接基金或 FOF 的清算，避免出现利益冲突和操作风险。[①]

10.3 基金产品业务的内部审计重点

10.3.1 基金设计和注册阶段的审计

在基金设计与注册阶段，内部审计的重点是审查基金的投资目标、投资策略、风险控制措施以及费率结构，判断其是否符合《基金法》及相关监管要求。审计人员应深入核查基金合同、招募说明书等核心文件的准确性与完整性，确保信息披露充分，避免存在不必要的信息不对称现象。审计团队还需重点审查基金的投资策略与风险控制措施，评估其是否科学、合理，是否能够有效管理市场风险，并为投资者提供清晰、透明的投资方向。

在流动性风险管理方面，审计应关注基金公司是否有健全的内控体系，以应对可能出现的市场波动和资金流动问题。审计团队需核查基金公司在设计阶段是否考虑到流动性风险，并且是否建立了有效的管理机制，以便基金在市场变化中能够保持足够的流动性。同时，审计团队需要核实基金设计是否经过了严格的内部审批流程，特别是是否有合规的审批文档和审查记录，以保证设计方案既符合监管要求，也具备实际可操作性。

审计人员在此阶段的工作还应包括对基金投资结构、资产配置比例和投资限制等方面的审查，关注基金设计是否符合投资者的风险承受能力和基金目标，评估基金产品在运营过程中是否可能出现重大不合规的风险。

10.3.2 募集与发行阶段的审计

在募集与发行阶段，内部审计的主要任务是对基金募集过程进行全面合规

① 上海源泰律师事务所 . 公募基金的退场姿势——清算［EB/OL］.（2023-06-21）［2024-12-20］. http://www.yuantai.com.cn/news/280.html.

性检查，重点关注宣传材料的内容是否真实、准确，以及募集活动中是否遵循了适当的程序和法律法规。审计人员需详细审查基金的宣传材料，包括基金招募说明书、广告及其他推广文件，核查这些材料是否会误导投资者，并且能否准确传达基金的风险特征、投资策略以及其他关键信息；同时，审查这些材料是否按照规定及时披露了基金的管理费用、投资限制、风险提示等内容，是否存在任何形式的误导或虚假陈述。

在募集资金使用方面，审计人员应核查募集资金是否及时存入指定的托管银行账户，核查资金的转移和存放是否符合相关法律法规。审计团队还需确认募集资金的到账情况，检查资金的使用是否符合募集说明书中的承诺，并核查资金使用的合规性与透明度；同时，需要对资金管理进行严格审查，关注是否存在资金被挪用或滞留的异常情况。

此外，审计还应重点关注销售渠道的合规操作，特别是检查基金销售过程中是否存在不当销售行为，如夸大宣传、过度推销或不适当的风险匹配等。审计人员需审查销售人员是否按照公司制定的销售政策和投资者适当性评估标准进行操作。

10.3.3 存续与运作阶段的审计

在存续与运作阶段，内部审计的重点转向基金的日常运营和投资管理。审计团队需对基金的投资决策过程进行审查，关注投资组合的管理是否符合基金的投资策略、风险管理规定和法律法规。审计人员应重点关注基金是否根据既定的投资政策进行投资操作，特别是在进行资产调整或大规模交易时，是否遵循了适当的审批程序和投资决策流程。审计还需要检查基金在投资组合中的风险分散情况，评估其是否具备有效的风险控制措施，以避免集中投资某一行业或资产类别带来的系统性风险。

对于基金在运作过程中涉及的新类型份额（如 C 类份额、Y 类份额）及基金转型等变动，内部审计要特别关注相关操作的合规性，重点核查新份额类型的发行是否取得了监管部门的审批，并审查基金合同和招募说明书是否清晰列明各类份额的投资条款、费用结构与适用对象。

此外，审计团队还需定期审查基金的业绩评估和持续跟踪机制，验证基金产品的运作是否符合投资者的预期回报目标。特别是在市场波动较大的情况下，审计人员要密切关注基金经理是否及时调整投资策略，以确保基金产品的持续增长与风险管理目标的一致性。审计还要评估基金的业绩评估标准和过程，关注评估结果的客观性和公正性。

在风险管理方面，审计团队需要评估基金公司是否已采取有效的措施来应对潜在的市场风险、信用风险、流动性风险等。通过对基金资产的安全性和增值稳定性的审查，审计人员可以发现潜在的操作风险或管理缺陷，及时提出改进建议，以维护基金的长期稳定运作。

10.3.4 清算与终止阶段的审计

清算与终止阶段是基金生命周期的最终环节，内部审计在此阶段的工作重点是审查清算过程的合规性、资产变现的公允性、债务清偿的准确性和剩余资产分配的透明度。审计团队需核查清算组的组建是否符合相关规定，检查清算组成员是否具备必要的资质和独立性，并评估其职责划分和工作流程的合理性，确保清算活动有序推进。

在资产变现方面，审计需核实资产处置是否公平合理，确保交易价格公正，通过公开市场或其他透明方式进行。审计人员应检查资产出售过程中是否存在低价抛售或高价购入等不当行为。

在债务清偿环节，审计需验证清偿顺序是否符合规定，是否优先支付清算费用、税款和债务，并审查相关凭证和记录，关注是否存在账目不清或资金挪用的情况。此外，审计还应关注是否存在拖延清偿或遗漏付款的情况。

在剩余资产分配阶段，审计需检查分配依据和流程的合规性，关注是否按照持有份额比例公平分配资产，并审查分配过程中的凭证和记录。审计人员还应关注基金公司是否按规定及时通知投资者分配结果，以保障其知情权。

清算报告的编制与审核也是审计的重要内容，审计团队需核查清算报告是否全面、准确，并确认是否经过注册会计师事务所的审计和律师审查，关注报告的准确性和合法性。

11 信息披露的合规与审计

11.1 信息披露业务流程

11.1.1 虚构案例：基金年报的编制

12 月 31 日，“益恬美基金”公司迎来了财年的结束。这一天标志着全年投资活动的总结，也是公司展示业绩与管理成果的重要时刻。在完成四季报编制及披露后，1 月 22 日，合规管理部的何经理根据证监会的规定，迅速启动了年报编制流程。何经理依照《基金年报信披分工责任表》(以下简称《分工表》)的要求，向相关部门发送了提示邮件，明确了年报编制的具体分工与时间节点。邮件中特别指出，年报的最终披露日为 3 月 31 日，提交董事会的截止日期为 3 月 21 日。

在年报编制过程中，各部门根据《分工表》的职责分工有序推进工作。基金会计部于 1 月 23 日率先启动了主要会计数据和财务指标的整理工作，包括编制资产负债表、利润表以及年度财务报表。同时，运营部还负责期末基金资产组合及投资明细的整理和初步录入工作，所有数据需在 2 月底前完成。研究部则从 1 月 23 日开始，整理年度基金净值表现数据，并撰写投资策略和市场分析部分，包括宏观经济走势和行业展望。此外，人力资源部从 1 月 23 日起负责基金经理及相关人员信息的编制工作，并协助完善基金公司的从业人员持仓报告。风险管理部于 1 月 23 日启动了对基金金融工具风险及管理的评估，同时撰写报告期内公平交易情况的专项说明。

各部门在完成初步录入后，合规管理部于 3 月 1 日导出年报初稿，并逐条核查各项内容，确保数据的准确性和完整性。在核查过程中，发现研究部在提交基金净值表现部分时存在数据遗漏，何经理于3月3日通知研究部进行更正，并于3月5日完成修订。与此同时，风险管理部也补充了“金融工具风险及管理”中的详细说明，确保年报内容的合规性和完整性。

初稿完成后，合规管理部继续按照《分工表》的要求，对重点章节进行细致核查。例如，基金运作的合规性说明由合规管理部负责，运营部则提供托管人相关数据支持。同时，针对单一投资者持有比例达到或超过20%的情况，风险管理部特别补充了“产品特有风险”的说明。经过多部门协作，年报内容逐步完善，合规管理部于3月14日导出审核后初稿，并于当日由董事会办公室统一报送至董事会审阅。

在董事会于3月24日完成审阅并提出修订意见后，各相关部门迅速响应，于3月24日至3月29日完成了修改、复核和终版校对工作，其间运营部把修改后终稿发托管人核对。合规管理部在3月29日对年报进行了最终版导出，并通过XBRL系统校验了所有数据，确认无误后完成报送。次日，运营部与托管机构保持密切沟通，确保所有签字文件齐备，并完成OA系统的年报审核流程。

3月30日晚上，合规管理部在流程签批完成后将最终定稿的年报发送至营销运营部信披联络人，由该联络人将年报发送至指定媒体登载，同时在证监会XBRL系统上上传。3月31日上午，年报最终在指定媒体上正式发布，整个年报编制和披露过程顺利完成。

11.1.2 信息披露工作概述

公募基金公司的信息披露业务是保障基金运作透明性、提升市场信任度以及保护投资者合法权益的重要组成部分。作为连接基金公司与投资者的重要桥梁，信息披露不仅是法律法规的强制性要求，更是公募基金行业稳健发展的基石。通过规范的信息披露制度，投资者可以及时、全面地了解基金的财务和经营状况，从而做出更加理性和明智的投资决策。

公募基金的信息披露主要分为定期报告和临时报告两类。定期报告包括每日、季度、半年和年度的各类信息披露。每日净值日报以“T+1”的形式报送，披露基金每日的净值数据，反映基金的日常波动，为投资者提供及时的信息支持。季度报告在每季度结束后规定的时间内提交，涵盖基金的财务状况、投资策略及运营成果，帮助投资者了解基金的短期表现和风险控制情况。中期报告则提供更为全面的信息，包括财务数据、投资组合及收益表现，同时对市场环境和未来发展做出分析。年度报告作为最详尽的披露文件，总结了基金全年的运营情况，并展望未来，是投资者了解基金整体表现的重要文件。临时报告的披露内容则基于基金运营过程中发生的特定事件，如产品更新、合同变更、份额拆分或分红公告等。这类信息披露通常需要及时提交，并根据事件的重要性遵循特定的披露流程。例如，产品更新可能涉及概要更新、招募说明书修订及合同变更等多个环节，需确保各文件之间的内容一致且表述清晰。基金的份额拆分或利润分配等事件需要结合资产负债表的日后事项进行披露，同时满足临时公告的时间要求。此外，人事类信息披露也属于临时公告的范畴。例如，基金经理的变更或其他相关岗位调整可能需要发布公告，而某些特定岗位的变动仅需在公司官网上公开。基金的销售或营销活动相关信息也属于披露范围，包括但不限于开放延期公告或营销计划调整等事项。

信息披露工作在内容、格式和时间节点上需严格遵循法律法规及监管要求。例如，《基金法》《公开募集证券投资基金信息披露管理办法》等法律法规明确了信息披露的基本原则和具体要求，确保披露内容真实、准确和完整。同时，基金公司需要按照中国证监会制定的内容与格式准则和编报规则，规范信息披露文件的编制和发布流程。信息披露工作的执行涉及基金公司的多个部门协作，包括但不限于基金运营、合规、风控和市场部门。各部门在信息披露中承担具体责任，从数据收集、文件编制、内容审核到最终报送，都需要按照既定流程高效完成，确保信息披露的合规性和时效性。

11.2 信息披露的合规管理重点

11.2.1 信息披露的法规体系

公开募集证券投资基金的信息披露法规体系由多个层次构成，涵盖法律、行政法规、规范性文件和自律规则等，为信息披露提供了全面而清晰的指引。

这一法规体系的核心是《基金法》和《公开募集证券投资基金信息披露管理办法》。前者确立了基金信息披露的法律基础，明确了披露的基本原则，如真实性、准确性、完整性和及时性；后者则具体规定了基金公司在日常运作和特定情境下的信息披露义务，为披露的操作性提供了指导。

在核心法律法规之下，证监会发布的《证券投资基金信息披露内容与格式准则》和《证券投资基金信息披露编报规则》进一步细化了信息披露的要求。内容与格式准则详细规定了披露文件（如年度报告、季度报告、招募说明书等）的具体内容和结构，而编报规则对财务指标、基金净值表现、投资组合等数据的计算和编制提出了统一标准。这些规则确保了披露信息的规范化和可比性。

此外，基金信息披露还要求使用 XBRL（可扩展商业报告语言）格式，证监会制定了相应的模板以规范不同类型文件（如季度报告、净值公告和基金产品资料概要）的编制与报送。这种数字化的格式有助于提升信息披露的效率和准确性。

行业自律规则和证券交易所的相关规范文件进一步完善了信息披露的体系。例如，基金业协会及各大交易所发布的一系列指引和通知，从实践操作层面为基金公司的信息披露工作提供了细化指引，其中，基金业协会在 2024 年 10 月发布了《公开募集证券投资基金信息管理办法》，将各法规中关于信息披露的条文进行系统归集、整理，为行业和机构提供了重要参考。

11.2.2　定期报告

定期报告是基金公司履行信息披露义务的重要内容，是投资者了解基金运作情况、财务表现及投资策略的核心途径。通过定期报告，基金公司能够提高运作透明度，保障投资者的知情权，增强市场信任。为了确保定期报告的合规性和有效性，基金公司在编制和披露过程中需严格遵守相关法律法规与监管要求，并建立高效的内部管理机制。

定期报告主要包括每日净值日报、季度报告、中期报告和年度报告，每种报告都承担着不同的信息披露职能。每日净值日报以“T+1”的形式披露基金的每日净值数据，及时反映基金净值的波动情况，帮助投资者实时了解基金的运作状况。季度报告在季度结束后规定的时间内披露，内容涵盖基金的财务状况、投资组合、净值表现以及风险管理措施，为投资者提供短期运营成果的总结。中期报告在内容和分析深度上比季度报告更进一步，披露基金的财务数据、收益表现、市场环境分析及未来发展展望，为投资者提供更全面的信息支持。年度报告是最为详尽的定期报告，回顾基金全年运营情况，涵盖财务状况、投资策略、风险管理及未来计划，是投资者评估基金整体表现的重要依据。

为了确保定期报告的合规性，基金公司在编制过程中需重点关注报告内容的真实性、完整性和准确性。所有披露的信息必须如实反映基金的实际运作情况，避免任何虚假陈述、重大遗漏或误导性信息，这不仅是法律的基本要求，也是维护投资者权益和市场公信力的重要基础。此外，报告的内容编制需严格遵循监管部门制定的内容与格式准则。统一的格式与规范化的表述能够提升数据的可比性和透明度，帮助投资者更清晰地理解基金运营状况。

时间节点的严格执行是定期报告合规管理的另一个重要方面。每日净值日报需在开放日次日上午 9:00 前披露，季度报告、中期报告及年度报告则需分别在季度、半年及年度结束后的法定工作日内完成。时间的延误不仅会影响投资者决策，还可能引发监管处罚和合规风险。为了避免延误，基金公司需要建立严密的内部管理机制，确保各项报告能够按时完成。

定期报告的合规管理还需依赖跨部门的协同工作和严格的内部审查机制。基金公司的多个部门需密切配合，从数据收集、内容编制到最终审查和报送，每个环节都需高效运作，以确保信息的准确性、一致性和规范性。例如，财务数据需来源于合法渠道并与审计报告保持一致，净值数据需基于每日核算结果。内部审查机制则负责对披露内容的合法合规性进行全面审查，防范数据冲突和内容偏差。

11.2.3 临时报告

临时报告是基金公司针对特定事件或重大事项进行的信息披露，其目的是及时向投资者传递可能影响其投资决策的重要信息。这类报告因其披露时间较短、内容要求精细，对基金公司合规管理的及时性和准确性提出了更高要求。在信息披露过程中，合规管理的核心在于确保披露内容的真实性、完整性和及时性，同时符合监管要求和法律规范。

临时报告通常由不同的部门根据事项性质发起，而合规部门负责审核、复核和披露流程的经办工作。基金产品的概要更新、招募说明书修订以及合同变更等重大事项需要特别关注。此类事项的更新需严格按照规定的 XBRL 汇编模板进行，确保所有文件内容保持一致，并减少表述上的歧义。例如，产品概要的更新不仅需要额外制作 XBRL 文件，还需要提交一整套完整的更新文件集。同时，为确保及时报送，相关部门需在内部审批流程中提前协调，避免因流程拖延导致披露时间超出法定要求。

基金分红是另一个常见的临时披露事项。此类披露需与季报、中期报告和年度报告内容保持一致，并作为资产负债表的日后事项说明。披露文件需包括 XBRL 文件及更新后的法律文件，在编制和审核时必须确保条款的准确性和清晰性，以免因表述不当对投资者造成误导。

对于基金合同和托管协议的更新，重点在于对合同主体、业绩时间及披露条款等核心信息的审查。合规管理需确保合同的修改内容符合相关法律法规，同时在披露中保持文件格式和内容的规范性与一致性。对于基金分红公告，披露前需通过公司内部的决议程序，明确分红时间并提前发布相关公告，如限制大额申购的通知。在披露前，所有分红相关的文件，包括 XBRL 格式的文件和托管机构签名文件，均需经过严格的内部审查。

基金的申购与赎回公告也属于重要的临时报告事项。在特殊情况下，如不可抗力事件导致基金申赎受限，公司需快速发布相关公告，以保障投资者的知情权。对于定期开放的基金，公告中需明确开放时间和相关条款，确保披露内容清晰、无歧义。

基金销售和营销活动的公告，如定期开放延期公告，通常不需要制作 XBRL 文件，但同样需要确保信息的完整性和准确性。这些公告对于维护投资者对基金公司的信任具有重要作用。此外，人事类公告也是临时报告的一部分。例如，基金经理的变更需发布正式公告，而其他岗位的变动（如债券交易人员或私募管理人员）仅需在公司官网发布相关信息即可，无须通过 XBRL 系统报送。

临时报告的合规管理还需特别注重流程管理和时间节点的把控。由于临时报告具有较强的时效性，各部门需在事件发生后第一时间启动披露流程，相关审核工作需快速完成，以确保信息能够按时披露。合规部门需全程监督各环节的执行情况，确保流程高效运转，避免任何延误或遗漏。

文件的一致性和内容的完整性是临时报告合规管理的另一个关键点。所有披露文件必须保持内容一致，特别是在涉及多部门协作时，需确保不同版本文件之间不存在矛盾或冲突。同时，文件内容需完整呈现事项的核心信息，避免模糊或不清晰的表述影响投资者的理解。对于涉及法律条款或技术性内容的披露，应确保其专业性和准确性。

11.3 信息披露的内部审计重点

信息披露的内部审计是确保公司在信息披露过程中符合真实性、准确性、完整性和及时性的关键环节。有效的内部审计不仅有助于防范信息披露不当带来的法律风险和市场风险，还能提高公司透明度，保护投资者权益，增强公司声誉。以下从信息披露制度流程的审计、定期报告的审计、临时报告的审计三个方面对信息披露的内部审计进行系统梳理。

11.3.1 信息披露制度流程的审计

信息披露制度是公募基金合规管理的核心组成部分，确保基金在信息披露过程中的合规性、透明度和时效性。内部审计需重点评估基金公司是否建立了完善的信息披露制度以及相关制度能否得到有效执行。

审计人员需要审查基金公司信息披露制度是否符合中国证监会及其他监管机构的要求，审查基金披露的内容和程序是否符合规定，是否涵盖所有可能影响基金份额净值及投资者决策的重大事项。审计还要检查制度是否明确规定了定期报告（如季报、半年报、年报）和临时报告的制作程序与披露程序。

信息披露流程的规范性也是审计的重点。审计人员应评估信息披露的责任分配、审核机制和报送程序，评估这些环节是否有序、透明且无疏漏。信息披露的流程涉及多个部门协作，审计需要重点关注各部门的责任是否明确，审核机制是否有效，报送程序是否及时，以及是否存在信息披露错误或遗漏。审计人员应检查基金公司是否建立了有效的风险评估机制，关注相关重大事项是否能在合规框架内及时、完整地披露，以及是否存在滞后或遗漏披露带来的合规风险。此外，审计人员还需审查信息披露流程的执行情况，关注基金公司是否定期开展合规培训，相关人员能否充分理解并遵守信息披露制度。

11.3.2　定期报告的审计

定期报告是基金公司依法必须按时披露的重要文件，包括季度报告、中期报告、年度报告等。内部审计的主要目标是确保这些报告的编制和披露符合相关法律法规、监管要求以及公司内部规定，从而保障信息披露的合规性、真实性和时效性。

在审计过程中，需要评估定期报告内容的合规性。审计人员应确认报告是否按照证监会规定的格式和要求编制，尤其是否涵盖了财务状况、经营成果、风险提示等核心信息。报告的结构和内容应符合相关法规，确保投资者能够获得充分信息并做出决策。

审计还需关注报告信息的真实性与准确性，特别是财务数据、管理层讨论与分析等关键信息。根据监管要求，信息披露涉及的所有数据必须经过严格核实，确保无虚假记载或误导性陈述，避免影响投资者判断。审计人员应验证报告中所有信息的来源、计算方法和披露方式是否符合公司内部控制要求，并检查是否存在信息遗漏或错误。

此外，定期报告的披露时效性和完整性是审计的重点。审计人员需审查定期报告是否按规定的时间披露，是否存在延期披露的情况。审计人员需审查定期报告的完整性，是否包含了所有可能对投资者决策产生重大影响的信息。在审计过程中，还需重点审查定期报告的内部审核与审批流程，关注定期报告在发布前是否经过了合规部门和相关管理层的审批，相关信息和数据是否均经过严格审核与确认。

11.3.3　临时报告的审计

公募基金的临时报告审计旨在确认基金公司在发生重大事项时，能否及时、准确、完整地披露相关信息，避免因信息披露不及时或不准确而引发法律风险。审计人员的核心任务是检查基金公司是否遵循了信息披露的相关规定。

首先，审计人员需评估基金公司能否及时识别出重大事项，并及时判断其是否需要进行临时报告。基金公司应根据监管要求和披露标准，迅速做出判断和决策。在涉及基金产品调整、重大变化或其他可能对投资者决策产生重大影响的事项时，审计人员应关注公司是否及时对该事项的影响进行评估。

其次，审计人员需关注临时报告内容的完整性、及时性和合规性。临时报告应当全面、客观地披露重大事项的背景、发生原因、潜在影响及相关风险，确保信息的准确性与客观性，避免遗漏关键信息或出现虚假、误导性陈述。例如，当发生基金产品概要更新、招募说明书修改或基金份额拆分、基金合同更新等事项时，审计人员需核实报告中是否详尽披露了相关内容，确保其符合相关法律法规的要求。同时，审计人员应关注报告是否经过了必要的内部审查与合规审定，避免因披露不符合规定而导致法律责任。

再次，披露的时效性是审计的关键环节。基金公司在发生重大事项时，必须确保能够在最短时间内完成临时报告的编制与披露，特别是当事件涉及市场敏感信息时，任何延迟披露都可能对市场及投资者产生不利影响。审计人员需要确认临时报告是否在法定时限内披露，并核实信息是否及时传达给投资者。延迟披露会导致信息不对称，可能使投资者做出错误的决策，因此，审计人员需确保基金公司已采取有效措施，避免因披露延误而导致法律风险。

最后，审计人员还应重点关注临时报告的审核和审批流程。临时报告的准确性和合规性不仅依赖于其内容的全面性，还依赖于公司的内部控制和审批程序。审计人员需检查公司是否建立了有效的报告编制、审核和审批流程，确保相关信息在披露前经过了适当的层级审批，且所有必要的授权均已到位。特别是在涉及复杂或敏感事项时，审计人员需要验证是否有充分的审查和批准记录，以确保报告内容的准确性和合法性。

参考文献

[1] 马勇 . 理解现代金融监管：理论、框架与政策实践 [M]. 北京：中国金融出版社，2021.

[2] 黄益平 . 金融的价值：改革、创新、监管与我们的未来 [M]. 北京：中信出版集团，2021.

[3] 尤盖斯 . 全球金融监管：如何寻求金融稳定 [M]. 尹振涛译 . 北京：经济管理出版社，2019.

[4] 凯勒曼，德汗，德弗里斯 .21 世纪金融监管 [M]. 张晓朴译 . 北京：中信出版集团，2016.

[5] 孟咸美 . 金融监管法律制度研究 [M]. 北京：经济日报出版社，2014.

[6] 喻晓平 . 金融监管体制的国际比较研究 [M]. 成都：西南财经大学出版社，2018.

[7] 李成 . 金融监管学（第二版）[M]. 北京：高等教育出版社，2016.

[8] 刘超，谢启伟，马玉洁，等 . 金融监管学 [M]. 北京：中国铁道出版社，2019.

[9] 宋玮 . 银行监管学 [M]. 北京：清华大学出版社，2017.

[10] 胡滨 . 中国金融监管报告 2024 [M]. 北京：社会科学文献出版社，2024.

[11] 郭青红 . 企业合规管理体系实务指南（第二版）[M]. 北京：人民法院出版社，2020.

[12] 储育明，朱庆 . 企业合规管理理论与实践 [M]. 北京：法律出版社，2022.

[13] 栾立冰 . 商业银行法律合规实务：国际化综合化专题 [M]. 北京：法律出版社，2015.

[14] 王卫国 . 银行法学 [M]. 北京：法律出版社，2011.

[15] 李东方 . 证券监管法论 [M]. 北京：北京大学出版社，2019.

[16] 刘黎明. 证券法学 [M]. 北京：北京大学出版社，2006.
[17] 王家华，许莉. 金融审计 [M]. 北京：高等教育出版社，2016.
[18] 叶陈云. 公司内部审计 [M]. 北京：机械工业出版社，2018.
[19]《商业银行审计指南》修订组. 商业银行审计指南 [M]. 北京：中国时代经济出版社有限公司，2020.
[20] 中国证券投资基金业协会. 证券投资基金（第二版）[M]. 北京：高等教育出版社，2017.
[21] 中国证券投资基金业协会. 基金 [M]. 北京：中信出版集团，2019.
[22] 中国证券投资基金业协会. 公募基金行业合规管理手册（2020 修订版）[M]. 北京：中国证券投资基金业协会，2020.
[23] 中国证券投资基金业协会. 证券投资基金会计核算业务指引 [M]. 北京：中国证券投资基金业协会，2012.
[24] 中国证券投资基金业协会. 证券投资基金会计核算操作实务手册 [M]. 北京：中国证券投资基金业协会，2024.
[25] 中国证券投资基金业协会. 公募基金行业信息披露操作手册 [M]. 北京：中国证券投资基金业协会，2024.
[26] 上海市基金同业公会. 海外资管机构赴上海投资指南（2024 版）[M]. 上海：上海市基金同业公会，2024.
[27] 中国银行间市场交易商协会. 风帆正劲　聚力前行——中国债券市场改革发展报告（2024 年）[R]. 北京：中国银行间市场交易商协会，2024.
[28] 中国银行间市场交易商协会. 中国债券市场投资手册 [M]. 北京：中国银行间市场交易商协会，2022.

后　记

本书的创作始于五年前，当时的初步构思在时间的沉淀中慢慢清晰起来。在写作过程中，感谢领导、同事和朋友们的指导与支持，他们的建议和鼓励使我受益匪浅，让我在探索过程中少走了很多弯路，也让本书内容不断丰富和完善。在本书定稿和校对的最后阶段，尤其要感谢章悦和蔡流的专业意见，两位的帮助让本书在内容和结构上有了进一步提升，增强了整体的可读性。同时，也要衷心感谢中国经济出版社的各位老师，他们在编辑、设计、校对和出版过程中倾注了大量心血，以专业的水准和敬业的态度，为本书的顺利出版提供了有力保障。

在撰写本书的过程中，妻子和孩子们给予了我无尽的支持与理解。感谢你们在我忙碌时的耐心与包容，是你们的爱和鼓励让我得以专注于研究与写作。你们的陪伴和支持，始终是我不断前行的动力源泉。